引爆流量

公域引流与私域裂变实战手册

杨坤龙 著

中信出版集团 | 北京

图书在版编目（CIP）数据

引爆流量：公域引流与私域裂变实战手册 / 杨坤龙著 . -- 北京：中信出版社，2022.1
ISBN 978-7-5217-3875-9

Ⅰ . ①引… Ⅱ . ①杨… Ⅲ . ①网络营销－手册 Ⅳ . ① F713.365.2

中国版本图书馆 CIP 数据核字 (2021) 第 256347 号

引爆流量：公域引流与私域裂变实战手册
著者：　杨坤龙
出版发行：中信出版集团股份有限公司
（北京市朝阳区惠新东街甲 4 号富盛大厦 2 座　邮编　100029）
承印者：　河北鹏润印刷有限公司

开本：787mm×1092mm 1/16　　印张：21　　字数：263 千字
版次：2022 年 1 月第 1 版　　印次：2022 年 1 月第 1 次印刷
书号：ISBN 978–7–5217–3875–9
定价：69.00 元

服务热线：400–600–8099
投稿邮箱：author@citicpub.com

目 录

精准获客篇

第 1 章 私域流量的精准触达与高效转化

新媒体引流篇

第 2 章 引流不难，先找到正确的渠道运营方式

第 3 章 全网引流之搜索与信息流引流

第 4 章 全网引流之社区引流

第 5 章 全网引流之短视频引流

私域流量成交篇

第 6 章 成交有方法，构建私域流量成交体系

行业案例实战篇

第 7 章 私域流量运营 3 步走，人设 + 内容 + 成交

精准获客篇

第 1 章

私域流量的
精准触达与高效转化

第 1 章

客户画像：以客户为中心，实现精准营销

这几年来，我与很多中小企业主交流时，谈论最多的就是客户这个话题。

在交流过程中，我发现一个问题——大多数中小企业主对自家产品的目标客户不甚了解。比如，他们不知道客户群体的年龄阶层，不了解客户群体的偏好，自然也就无法根据客户需求不断优化自己的产品。更有甚者，在做产品时，胡子眉毛一把抓，总是试图让产品满足所有人的需求。慢慢地，产品就丧失了原本的特色，原有的精准客户也因此流失。在获客成本越来越高的今天，采用这种做法无异于走入死胡同。

想要了解自己的客户，想要迅速找到目标客户群体，低成本获客的第一步就是——制作客户画像。

什么是客户画像

所谓客户画像，就是企业主动或者被动地收集客户在互联网上留下的痕迹，最后形成的一系列关于客户的标签。一般来说，我们会对客户的性别、职业、学历、工作属性、收入等静态数据进行统计，也会对其浏览历史、搜索行为等

动态数据进行统计，根据这些数据就能得出大致的客户画像。

另外，产品不同，统计的具体数据内容也不同。如果你的产品是服务于B①端，那你就需要在统计时添加企业的一些数据内容：企业的行业特征、行业类别、业务情况、发展阶段，以及决策人的个人属性、企业想要解决的问题等。

举个具体的例子：我的产品是网络课程，我在一期朋友圈训练营中做了统计：男女学员占比分别为17%和76%（部分学员未透露），广东、北京、山东、云南、上海的学员最多，学员行业多集中在教育培训、医疗/保健、零售，其中有54%的学员是企业执行层。每一期课程结束之后，我们都会对数据进行统计，制作客户画像，然后根据客户画像对课程进行优化、迭代。

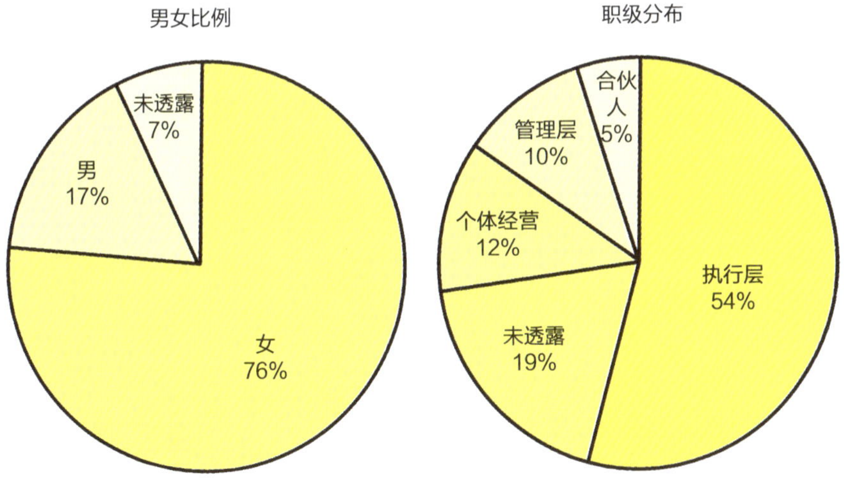

网络课程客户画像

① 是指以企业为服务对象，为企业客户提供平台、产品或服务并赚取利润的业务模式。——编者注

为什么要制作客户画像

在大数据的时代背景下，商家们对大数据的应用也变得广泛且频繁。通过大数据将网络用户的信息具体化、标签化，从而为其定制符合需求的针对性服务，因此客户画像一开始是在电商领域被广泛运用的。

后来，“客户画像”一词逐渐被大家熟知，很多企业也慢慢意识到它的作用。可是，客户画像到底能为企业解决什么问题呢？

1. 更加清晰地了解客户的真实需求

企业可以根据客户画像了解客户需求，明确产品定位，有针对性地开发、优化、迭代产品。

2. 准确定位目标客户

从胡子眉毛一把抓到有的放矢，从泛流量到精准流量，企业在进行营销推广时便能做到精准投放，做到事半功倍，降低获客成本。例如，你是做女装产品的，通过数据统计描绘出了客户画像：女性，35 岁左右，本科学历，比较有文艺气质，喜欢紫色，喜欢带绣花的东西，月收入基本在 1 万元以上。

那么打造产品时，你就可以把大部分产品的颜色调整为紫色系，选择中高端面料，定价自然也可以高一些，这样客单价也会变高。如果你想进一步打造品牌女装，或者通过其他渠道引流，那么投放广告的时候就可以选择目标客户经常浏览的文艺网站或者喜欢逛的地方，做到精准投放。

3. 对客户实现精准分层，为其提供更好的消费体验

我们的客户可能不止来自一个行业。如果你从事培训工作，客户可能来自教育培训、珠宝、电商、微商等多个行业，设计培训内容时，你就可以根据这些行业群体的特点、需求去考虑。

例如，珠宝的客单价比较高，但是很多做珠宝产品的电商往往比较缺乏私域运营方面的知识，那么你在培训或者后续辅导的时候，可以有针对性地教客户设计卖货的话术和方案。

我们的客户可能也不止一种类型。如果你是做儿童教育工作的，那么你的目标客户就是形形色色的家长，他们的认知水平、消费能力、消费预期等都不尽相同，而这些因素决定了他们的成交意愿。但这些因素是不可能凭空被臆测出来的，它们都基于真实客户，你只能通过详细的客户调研、反复的客户沟通和描绘客户画像得出。

有了这些客户画像，我们就可以根据每类客户的需求提供具体的服务。比如，认知水平和消费能力高的家长在选择课程的时候通常更看重品牌和课程效果，那么我们在争取这类客户时就可以多向他们展示一些品牌实力强劲、口碑卓越的证明；而对于认知水平和消费能力一般的家长，我们可以对他们多一些热情和耐心，动之以情，晓之以理，让他们感受到我们的课程对孩子成长的重要性，让他们感觉到这笔钱是值得花的。

何时制作客户画像

关于何时制作客户画像，我认为每个阶段都可以去制作，但是每个阶段的制作要求不一样。一般来说，企业可分为以下几个阶段制作客户画像。

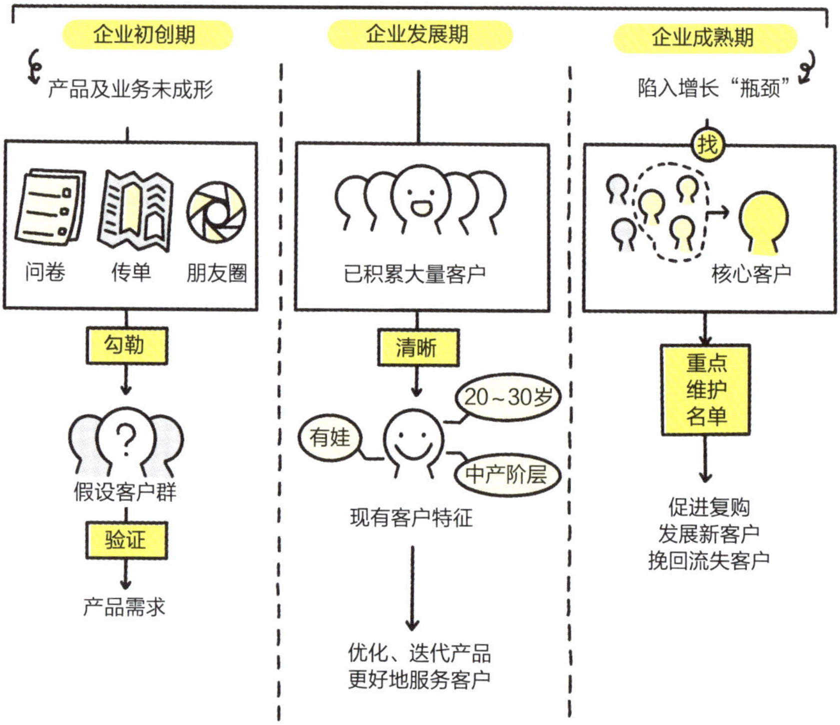

何时制作客户画像

1. 企业初创期，还没有太多客户和数据时

在初创阶段，企业才刚刚起步，产品及业务还没有完全成形，制作客户画像有助于清晰定义产品模式，而不是盲目地凭着臆想去做。刚创业的人几乎都会在这一步踩坑。

当然，在这一阶段，企业的客户还比较少，所以只能通过大量的宏观市场调研——使用问卷调查、发传单、在微信朋友圈发起投票等方法，从中确定企业的目标客户到底是哪些人，他们的兴趣爱好是什么，消费水平怎么样，从事哪些职业，他们是否愿意为之付费，等等。在这个过程中，我们可能会发现调研结果和自己最初的构想有很大出入。比如，你原来以为自家产品的需求量很大，调研之后发现，这其实是个伪需求。那你就要赶紧考虑是否更换产品，或者看能不能挖掘出目标客户在某个方面的需求。

2. 企业发展期，已经积累了大量客户和数据时

在这个阶段，企业的产品已经在市场上获得了部分客户的认可，积累了不少好的数据。这个时候制作客户画像，有助于企业优化、迭代产品，能够更好地服务客户。

比如，我在前文提到的朋友圈训练营，我可以从已有的数据中描绘出更加清晰的客户画像，从而得知来参加训练营的都是什么样的人，他们有什么需求，哪些课程是他们最感兴趣的，等等。在这一阶段，客户画像能够制作得更加精准，我们能够有针对性地满足目标客户的需求，对公司的业绩提升和品牌塑造都大有助力。

3. 企业成熟期，商业模式已经成熟，但可能陷入增长“瓶颈”时

在企业成熟期，企业的产品经过了市场检验，企业运营稳定，但是我们会发现，企业业绩不再像之前那么容易增长了。在这一阶段，我们需要为企业找到新的增长突破点，也必须重新做一次客户画像。

比如，我们可以看看哪些老客户成了核心客户，然后将其列入重点维护名单，促使他们不断复购；或者通过设计一些奖励机制让他们为企业发展新客户；我们还可以看看哪些客户流失了，是否能挽回；最后可以考虑哪些创新想法能够让新客户大幅增加。

需要注意的是，千万不要在这一阶段因满足于现状而有所松懈。很多企业都是前期发展势头很好，但是在成熟期由于没有注意到客户画像的变化而做了错误的决策，因此企业发展停滞不前，甚至一蹶不振。

如何制作客户画像

你平常所见的客户画像描述可能大多和前文提到的类似：18 至 35 岁，高中以上学历，月收入 5 000 元以上，二、三线城市白领青年，无车无房……还有一些客户画像会对场景进行描述，比如早上 7 点左右起床，匆匆出门，乘地铁或公交车上班，在单位附近的摊位买早点……

这些描述都没有错，但我想问的是，你真的知道自己的产品卖给谁了吗？你所描绘的客户群体真的对你的产品感兴趣吗？

显然答案是否定的。

比这些外在的描述更加重要的是客户内心的想法和感受，以及客户和企业品牌或者产品相关的行为是什么。例如，你现在销售的是珠宝类产品，描绘出的客户画像是“35 至 45 岁，月收入 10 万元以上的高级白领”，此种描述就不如这种描述：想买珠宝去参加一些高端聚会，但是因为不懂珠宝曾被骗过，害怕再次买到太贵的珠宝或假货的人。

那么我们又如何得知目标客户的内心想法、感受以及行为呢？最简单的方法是，与他们进行沟通。你可能会说：“我知道呀，但是我跟客户好像聊不出什么重要的信息。”别着急，从现在开始，干货来了。

不管企业处于哪个阶段，你都可以找到已经成交的客户，去问他们 5 个问题。

初创期的企业可以通过这 5 个问题找到初始客户画像；发展期的企业可以通过这 5 个问题找到新业务或者新产品线的客户画像，也可以用来明确目前的客户到底有哪些，什么样的客户人群占的比重大；而成熟期的企业则可以通过这 5 个问题找到新的增长突破点。

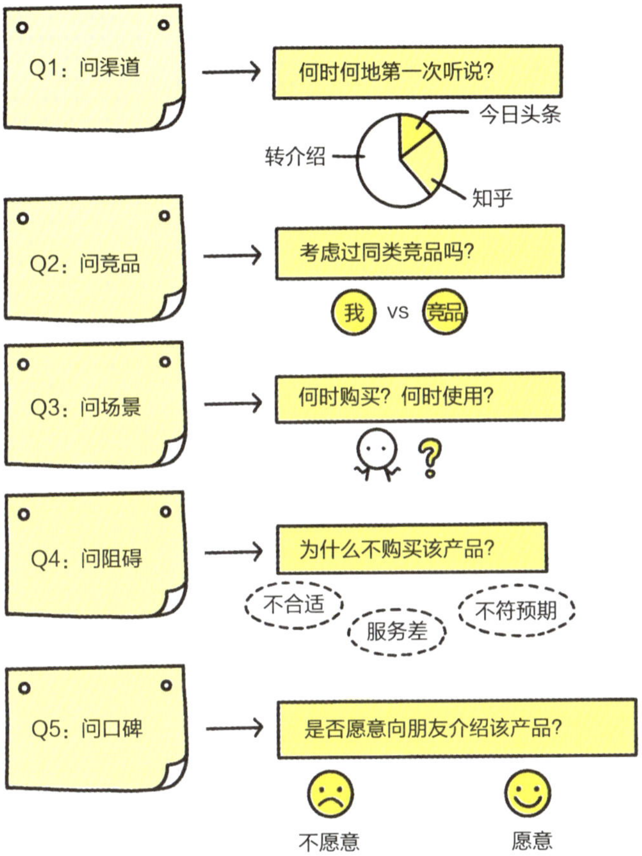

5 问明确客户画像

Q1：问渠道——你首次听说该产品是在什么地方、什么时候？

此时是把客户当作渠道开发者，他们的每一个答案里都可能隐藏着我们的“鱼塘”。

例如，很多学员是从今日头条和知乎这两个渠道了解我们的，当我们知道了这个事实，就可以加大对这两个渠道的运营投入。还有一些学员是通过口碑转介绍了解我们的，我们通过对介绍加入的每一个学员做记录，最后得出转介绍率为 94%，也因此知道了客户分布在何处，何时会向他人介绍我们。

问清渠道后，我们就能做到有的放矢，有针对性地进行推广和引流，获取更多新客户。

- **Q2：问竞品——你在考虑该产品时，还在考虑哪家的同类竞品呢？**

客户回答了这个问题之后，你就会知道自家产品的竞品大概有哪些。

例如，我问 ×× 烧烤的竞品有哪些，你第一时间想到的可能是 ×× 龙虾、×× 烤肉，但是当你和客户聊过之后会发现，真正的竞品其实是路边的烧烤摊。

知道这个信息之后，我们就可以对路边烧烤摊的优缺点进行仔细的分析，然后思考怎么把它们的缺点变为自身的优点，怎么改进自家的产品，又怎么进行营销……

问清竞品后，我们在这些制作产品的关键问题上就有了一个相对清晰的导向，就能找到自己的方向和定位，明确什么样的产品和服务是客户真正需要的，并且扬长避短，做到“人无我有”“人有我优”。

- **Q3：问场景——此处有两点要注意，一是问购买场景，二是问使用场景。**

这一问尤为重要，其秘诀就是发挥打破砂锅问到底的精神。我们要想办法问清楚客户是在哪一个瞬间决定购买该产品的，当时发生了什么，以及是什么触发了他的购买意愿。

如果客户已经使用过产品，你还可以追问几句，如他买回去之后具体是如何使用的，产品是否解决了他想解决的问题，是否还有其他问题需要解决等。

假如你的产品是珠宝，当客户购买珠宝时，你就可以问问购买场景和使用场景是什么。

你收到的答案可能是：正好要参加某场重要的聚会，不能输了面子；给好朋友的生日礼物，让她感觉自己被重视；自己要订婚了，觉得佩戴珠宝订婚更有仪式感；看到你的珠宝设计得很特别，因为喜欢而购买；你的售后做得特别好，比如一年内免费补钻、褪色包换等，在你这里买珠宝感到很放心，进而复购……

你可以把这些场景下的需求统计一下，按照需求所占比例的高低进行排序，然后在后续的营销活动里重点突出占比高的需求。比如，你统计出客户的第一需求是一年内免费补钻，那你就可以把这句话当成卖点，放到所有客户可以看到的地方。同理，客户的第二需求、第三需求也可以灵活地运用到日常的推广营销中。

每一个购买原因背后都有一个真实的客户需求，每一个使用场景背后解决的都是一个真实的问题。如果你不知道这些真实的需求和问题，就很可能陷入盲目的臆想之中，对客户的真实需求和问题视而不见。因此，问场景是我们制作客户画像时极其重要的一问。

当然，问场景的时候也要注意分寸，最好是在闲话家常中，用真诚和热情敲开客户的心扉。如果问得不得法，让客户产生反感就得不偿失了。

- **Q4：问阻碍——当初你为什么没有购买该产品？**

客户没有选择你的产品可能会有很多种原因，有客户会回答价格不合适，有客户会回答服务不够好，有客户会说产品的某些特质不符合他的需求，也有一些客户会把真实的原因说出来，即因为该产品和自己的预期或需求不符，所以不会购买。

举一个例子，经常关注“媒老板商学院”的人都知道，老学员介绍新学员购买课程时，新学员有 1 000 元的优惠，再加上我们的转介绍率为 94%，在业内获客成本越来越高的情况下，我们因为学员的自发介绍而省去了一大笔广告费用。

但是最初的情况并不是这样的。最开始，我们激励老学员介绍新学员的方式，就是给老学员减免学费或者给新、老学员减少学费，又或者给老学员其他奖励，但是我们后来发现大家连朋友圈广告都不太愿意发。

有一次我和一个学员聊到了这个话题，问他为什么不愿意把课程介绍给朋友，他说："不是我不想介绍，你们的课程确实好，但是如果朋友因为我的介绍来购买课程，后来又知道我拿了钱，可能会觉得我是想赚推广费才向他介绍……"我恍然大悟。

所以，问阻碍也是我们制作客户画像时不可缺少的一环。因为每一个阻碍背后，都有一个你无法一眼看破的原因，只有通过跟客户沟通才能找出症结所在，然后做到对症下药，清除获客的障碍。

Q5：问口碑——你愿意自发地向周围的朋友介绍该产品吗？

最后这一问的答案并非"愿意"或者"不愿意"这么简单，这一问的目的是要搞清楚客户对产品的具体感受。

所以，我们可以把这个问题问得再具体一些：在 0 ~ 10 分这个区间里，你有多大可能向朋友推荐该产品？

如果客户的答案在 8 ~ 10 分，说明客户推荐该产品的可能性比较大，也说明他对我们的产品是比较满意的，这时可以接着问他认为产品最值得推荐的地方是什么，被扣除的分数是因为哪里做得还不够好。

如果客户的答案在 4 分以下，就说明客户对产品特别不满意。这个时候，我们可以问问他认为该产品的得分之处在哪里，失分之处又在哪里。如果得分是 5 分，说明客户对产品感觉一般，我们也要把这些问题弄清楚。

问口碑是我们优化、迭代产品的重要依据，更能为企业树立一种不断进取、真正以客户为先的品牌形象。

面对这 5 个问题，你都要发挥打破砂锅问到底的精神，因为客户很少会说出自己真正的需求，或者说许多人对自己真正的需求也只是有一些模模糊糊的概念。

所以在问这 5 个问题的过程中，我们要不厌其烦地与之沟通，在一次次的追问中使客户画像逐渐变得具象，在沟通过程中挖掘出连客户自己也不甚清楚的真实需求。必要的时候，我们还可以转换角色，从做产品或做服务的人，变成产品或服务的体验者，这样才能做出经得起市场考验、满足客户真正需求的产品。就如乔布斯所说："消费者并不知道自己需要什么，直到我们拿出自己的产品，他们就会发现，这就是我要的东西。"

3 问找准目标鱼塘，实现精准营销

著名的鱼塘理论把客户比喻成一条条游动的鱼，把客户聚集的地方比喻为鱼塘。目标鱼塘就是目标客户所在的地方。

客户画像制作好之后，我们大体上就知道自己的客户究竟身在何处了，然后去挖掘目标客户所在的鱼塘。

例如，你根据前 5 问制作的客户画像首先是刚刚做完手术、不太方便吃东西的人，其次就是中老年人和消化系统不太好、吸收功能差的人。你就可以先找到中老年人这个群体，然后缩小范围，进一步找和中老年健康相关的群体，如中老年健康社群、广场舞协会、居委会、线下营养品门店等。这些就是你的目标鱼塘。

如果想要找到更多、更精准的目标鱼塘，我们应该怎么做呢？方法就是“鱼塘3问”，即自问自答，也就是先假设再验证。

- **购买了我的产品的人，之前买了什么？**

这是你的上游，一个买了健身器材的人之前很可能办了健身卡。

- **购买了我的产品的人，同时买了什么？**

这是你的同行，买了健身器材的人可能同时购买了瑜伽服。

- **购买了我的产品的人，之后买了什么？**

这是你的下游，买了健身器材的人，为了防止自己半途而废，可能还买了一些低热量食物。

不管是你的上游、下游，还是同行，这些都是你的目标鱼塘，你可以想想怎样和他们联合营销，实现合作共赢。

5问也好，3问也罢，都可以根据自己的实际情况进行裁夺，但最适合你的企业制作客户画像的方法，还需要你在企业的每个阶段，结合这些方法，通过实践去摸索和总结，在客户画像会随时变化的商业浪潮中找到企业增长的每个节点。

只要时刻把客户放在心中，以客户的需求为导向，企业就能在任何时候找到增长点。

第 1 章

精准渠道：

选择合理的引流渠道，获客数量提升超 10 倍

你是如何选择引流渠道的呢？是将所有的热门平台一网打尽，还是只重点运营几个平台？如果你选择的是前一种广撒网的做法，我想你大概已经尝到了苦头：时间和人力成本都消耗巨大，广种薄收。如果你选择的是专攻几个重点平台，那这些平台究竟是不是精准渠道呢？

选择渠道的目的是获取精准流量，1 个精准流量可能抵得过 100 个泛流量。如果产品客单价高，那就更需要精准流量了。所以，选择最合适的引流渠道就尤为重要。

公域流量与私域流量

在选择渠道之前，我们首先要思考的是流量从哪里来。

要解决这个问题，就要搞清楚什么是流量。在《现代汉语词典》中，流量指在单位时间内通过某处的人员、车辆等的数量。那么在商业世界中，流量又是什么呢？

流量也就是用户，或者说潜在用户。你选择任何一个渠道的目的，都是让

这些流量有机会看到你和你的产品。目前，流量分为两种，一种是公域流量，另一种是私域流量。

1. 公域流量

公域流量，简单来说就是指商家可以通过直接入驻平台实现流量转换的流量平台，常见的大概有以下 4 种类型。

· 视频平台：抖音、快手、糖豆、腾讯视频、爱奇艺等。

· 电商平台：淘宝、京东、网易严选、考拉海购等。

· 社区平台：百度贴吧、微博、知乎、简书、豆瓣、小红书、哔哩哔哩等。

· 搜索平台：百度、知乎、今日头条、360 搜索等。

在全面进入互联网时代的今天，你能在大多数人的手机、电脑或者其他智能设备中见到这些熟悉的应用程序。但是几乎所有公域流量都存在获客成本高而用户留存度低的问题，所以与此相对应的私域流量出现了。

2. 私域流量

私域流量指的是属于品牌或者企业私有的、可自由支配的、可直接触达用户的流量。相较于不可控的公域流量，私域流量的用户黏性会高很多，而且可实时触达，成交压力也小得多。因为这一部分流量在私域流量池里，所以抗风险的能力也较强。

而微信是存储私域流量的最大平台。所有微信好友、微信群都是私域流量，所以如何增加微信好友、微信群友的数量就是重中之重。因为每个人的购买能力和消费频率都有限,所以你不能总是指望同一批人一直高频率地与自己成交。这也是我们选择引流渠道的最终目的——让流量源源不断地进入私域流量池，提升企业品牌影响力和增加企业利润。

现在在淘宝上买东西，在美团上点外卖，很多人都会收到各种各样加商家微信的卡片，而这些商家吸引客户加微信的常见手段就是发微信红包。在抖音、快手、知乎等内容平台上，作者也会在个人主页或者评论等地方留下提示用户加微信、关注微博的信息。

当然，除了公域流量和私域流量，还有一些介于二者之间的流量，如微信小程序、微信公众号、App（应用程序）以及官网。它们可以通过付费推广流量。当这些公域流量能够在你的自有渠道沉淀之后，也就变成了你的私域流量。

1 个公式教你挑选引流平台

如何选择适合自己的平台呢？我们可以依据挑选引流平台的公式，它的关键点在于用户匹配度和内容创作难度系数。

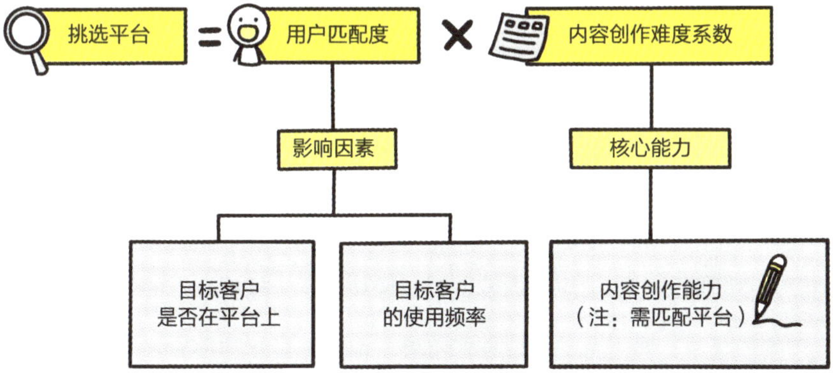

挑选引流平台的公式

1. 用户匹配度

用户的匹配度涉及两个问题。

第一，目标客户是否在这个平台上。如果你是做女装产品的，想在一些免费平台上做推广，你就要先考虑哪个平台上的女性用户比较多。

第二，目标客户对平台的使用频率。通俗地说，也就是你的目标客户是否会经常浏览和搜索相关的话题。例如，公司想要组织员工出去团建，询问大家想要去哪儿玩，于是员工们纷纷拿出手机，在名叫“××游”的 App 上进行搜索。这就说明，用户对于旅游类相关信息使用××游的频率很高。如果你的产品与旅游相关，那么引流重点就需要放在××游这类 App 上，以获取更高的用户匹配度。

2. 内容创作难度系数

可以说，公域引流的核心就是内容创作能力。如果没有内容创作能力，或者内容创作能力比较弱，那么你做内容平台的难度就会大得多。因此，我们可以根据内容创作难度和需求选择平台。

➔ 判断入局平台的 3 个标准

几乎所有的公域流量都来自内容平台。平台上的内容创作者就像农夫一样，他们源源不断地创作出优质的内容，就好像种下了一棵棵鲜嫩的青草，逐渐发展成广阔的草原；而平台的用户就像羊群，他们走进这片草原之后会根据自己的喜好和需求选择符合口味的青草。

羊群之中有企业也有个人，如果企业想像农夫一样圈住自己的羊群，就要成为内容创作者，在这片草原上种出属于自己的青草。青草的质量，也就是内容的质量决定了你能圈住多少只羊。

因此，如果你的内容创作能力一般，最好选择内容创作难度系数低一些的平台。那么，除了内容质量，入局平台是否有其他标准呢？我们一起来看看。

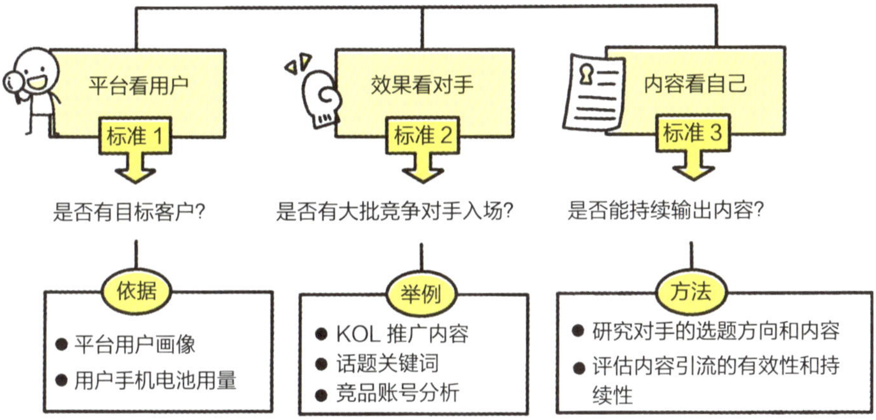

判断是否入局的 3 个标准

1. 平台看用户

入局的第一个标准就是看用户，也就是说要先搞清楚这个平台上是否有你的目标客户。如果一个平台没有你的目标客户，你还大费周章地在此布局，那可能会事倍功半、得不偿失。

具体应该如何操作呢？我们可以通过查找平台的用户画像、存量用户的手机用电量（也就是用户手机中 App 的电池用量）等真实数据辅助判断。

怎么找平台的用户画像呢？最简便的方法就是在百度指数里搜索。例如想知道小红书的用户画像，我们可以在百度指数的搜索栏中输入“小红书”，就会看到搜索这一词汇的用户的地域分布、人群属性、性别分布等，由此可以推断出小红书的用户画像。

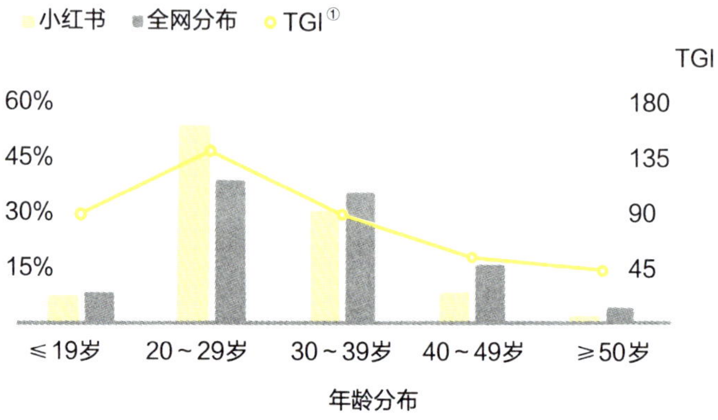

数据统计时间为 2020.9.1—2020.9.30

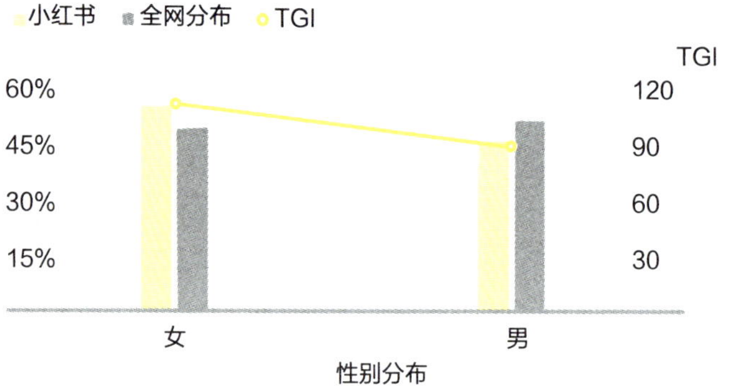

数据统计时间为 2020.9.1—2020.9.30

小红书的用户画像

根据这些基本信息，就可以初步判断这个平台是不是适合自己。当然，如果你想要更确定，可以使用屡试不爽的“5 问明确客户画像”，去问一问与自

① TGI是Target Group Index（目标群体指数）的缩写，TGI=（目标群体中具有某一特征的群体所占比例／总体中具有相同特征的群体所占比例）×标准数100。

已成交的客户，做出更清晰的客户画像。具体怎么问，我们在前文已经详细讲过，此处就不再赘述。如此一来，我们就能判断哪些平台可能有目标客户，就可以有针对性地在这些平台上进行内容输出。

2. 效果看对手

是否入局的第二个标准，我们称之为“效果看对手”。当你选择一个平台的时候，除了看这个平台是否与自己的客户画像相匹配，还要看该平台是否有大批竞争对手入场。

如果一个平台在你进入之前已经有大量竞争对手入场，尤其是同类大品牌，这就说明你也可以进入。要知道大品牌判断风口的能力是比我们强得多的，它们都入场了，我们还犹豫什么呢？

那么怎样判断哪些对手已经入场了呢？假如你是美妆行业的，你就可以在小红书上搜索和美妆相关的关键词，如口红，看看排在搜索结果前面的 KOL（关键意见领袖）都在推广什么品牌，大抵就能判断这个品牌有没有入场。

我们可通过在该平台上搜索自己行业的话题关键词，找到竞品账号，然后观摩、学习，拆解它们引流获客的流程，取他人之长，为我所用。

你也可以直接搜索竞品的品牌名，看一看该账号发布的内容以及与粉丝互动的情况，也可以评论、留言或者私信，看看它们是怎么获取客户的。

另外，还有一些渠道或者平台是你的竞争对手还没发现的，你也可以入场。例如，除了小红书，现在也有很多人在闲鱼上卖东西。闲鱼的定位虽然是二手交易平台，但是并不意味着在闲鱼上一定要卖二手商品。如果你用二手平台卖一手商品，物美又价廉，肯定会获取很多客户。

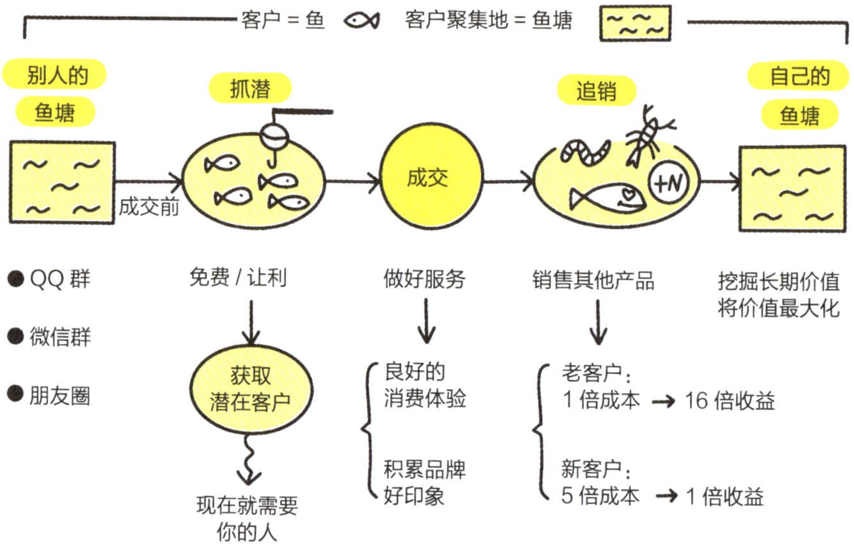

鱼塘理论

首先是抓潜。所谓抓潜，就是我们要在成交之前想办法抓住潜在客户。在这一阶段，为了吸引更多的潜在客户，我们往往需要采用免费或者让利的方式来进行推广。

从哪里抓潜？从别人的鱼塘。因为你想要的每一条鱼或者说每一个潜在客户，都是别人鱼塘里的鱼。你想把别人鱼塘里的鱼吸引到自己的鱼塘，当然要有更具吸引力的诱饵。

一般来说，我们会把一个精心挑选的产品设置成诱饵，这个产品与市面上的竞品相比性价比更高，我们采用免费或者让利的方式来促使成交。也有人不免会担心：这样做确实能把别人鱼塘的鱼吸引过来并促使成交，但是自己并不能赚钱，甚至还可能会亏本。别担心，我们当然不会止步于此。

完成抓潜和成交之后，接下来就是追销——在诱饵产品成交之后，我们要向客户销售其他产品，以保证利润。当成交和追销的客户多起来之后，自己的鱼塘就逐渐形成了。这就是鱼塘理论在实战中的运用。

其中，别人的鱼塘和自己的鱼塘是鱼塘理论的前后端，追销属于后端营销的一部分，我们需要重点解读的是中间的两个步骤——抓潜与成交。

我们在很多行业应用过鱼塘理论，都取得了非常不错的效果。

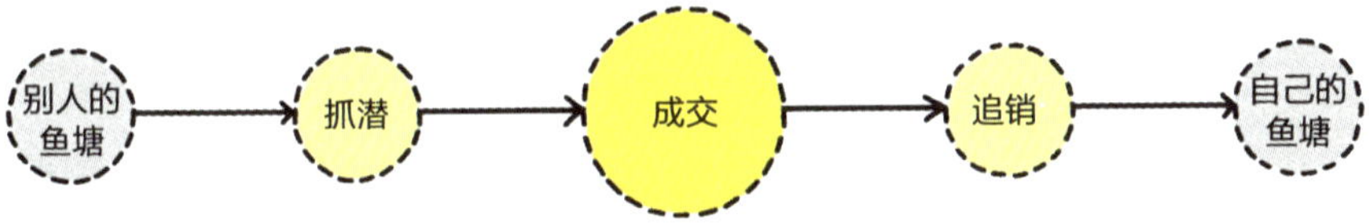

鱼塘理论：5 步营销导图

从左往右看“鱼塘理论：5 步营销导图”，第一步是找到别人的鱼塘，可以是 QQ 群 、微信群、朋友圈，或者是一个平台、一个圈子。

第二步就是抓潜，这是最重要的一步。因为不管是引流还是涨粉，根本目的就是抓潜。搞清楚潜在客户是谁，就能省去很多无效动作，也不需要盲目地进行推广。

这一步需要注意的是，引流要精准，涨粉要有价值。如果吸引过来的客户在后续根本没办法成交，这种类型的客户再多，也属于无效客户。所以，潜在客户是现在就需要你的人，即现在就有能力购买你的产品的人，而不是需要慢慢培养，以后可能会购买你的产品的人。

找到精准的潜在客户后，第三步就是成交。这一步需要做好服务，给客户良好的消费体验，让他对产品和品牌有一个好印象，为第四步追销打下基础。

追销也就是追加销售。如果客户购买了产品之后，你没有继续跟踪客户，也没有继续为客户提供产品和服务，那你就亏大了。因为市场数据表明：“争取一个新客户的成本是留住一个老客户的5倍，一个老客户贡献的利润是新客户的16倍。”我们好不容易引来了自己的鱼儿，就要挖掘其长期价值，并尽可能将其价值最大化。

鱼塘3问，找到合作的鱼塘

学习鱼塘理论，更重要的是学会利用这个理论从鱼塘里抓到鱼，做到精准引流。我们可以把这个过程分为3个步骤：找鱼塘→造诱饵→设钩子。

在开展线下课程时，我经常会做这样一个实验：请全场所有人闭上眼睛，回想一下现场有哪些蓝色的东西。这个时候，往往很少有人能够回想出5件以上，更没有人能够回想出7件以上。然后我让大家睁开眼睛，给大家30秒的时间去搜寻现场的所有蓝色东西，这一次基本上所有人都能回想出7件以上。

这个实验说明了什么？带着明确的目标去开展工作，往往会高效得多。那么，我们就要在找鱼塘这一步定下明确的目标。

如何分辨哪些是可以与之合作的鱼塘？在前文中我们就提到过“鱼塘3问”，此处我们再来看看下表，回顾一下如何利用“鱼塘3问”去寻找鱼塘。

“鱼塘3问”表

上游	同行	下游
购买我的产品的人之前买了什么？	购买我的产品的人同时买了什么？	购买我的产品的人之后买了什么？

例如，一个家具公司可以合作的鱼塘可能是什么？我们可以这样考虑。

一位需要买家具的顾客，他之前买了什么？可能是买了房，也可能是装修公司的业务，还可能是物业公司的服务，那么这些就是家具公司的上游。

一位正在买家具的顾客，他会同时买什么呢？可能是电器，也可能是灯具，还可能是厨卫用品等，那么这些就是家具公司的同行。

一位已经买好家具的顾客，他接着会买什么呢？可能是软装，也可能是灯饰，还可能是安装服务等，那么这些就是家具公司的下游。

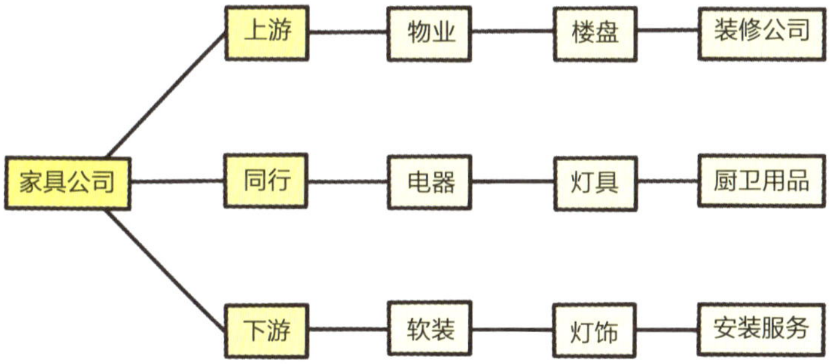

家具公司寻找鱼塘示意图

知道了哪些是可以合作的鱼塘，还要搞清楚哪些是不可以合作的鱼塘。其实很简单，就是看看彼此之间的产品有没有互斥性，是否买了你的产品就不会买别人的，或者买了别人的就不会买你的。与你的产品有互斥性的就是竞争对手，不可与之合作。

再举一个例子，“媒老板商学院”是一家专注于新媒体营销培训的公司，我们可以合作的鱼塘有哪些呢？

根据我们的梳理，公司的上游可能包括电商社群、商会组织、行业论坛等，同行可能有其他培训公司、网络推广公司和其他营销社群等，下游可能是线上推广工具、营销咨询顾问公司、代运营外包服务公司等。

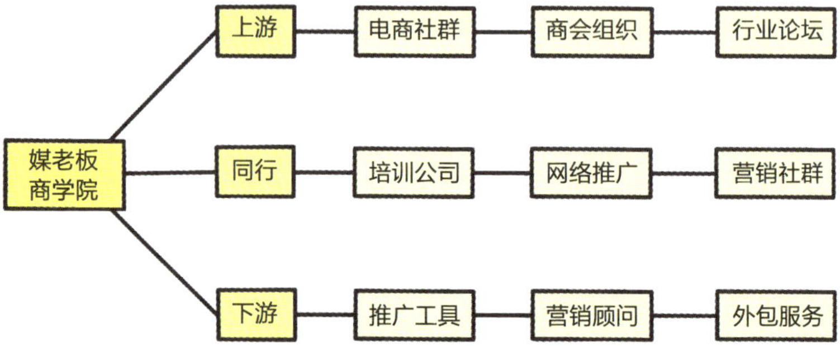

“媒老板商学院”寻找鱼塘示意图

看到这里，你能想出自己有哪些上游、同行、下游吗？可以自己罗列出来，或者和团队成员展开头脑风暴进行罗列，每一栏至少罗列 10 个鱼塘。

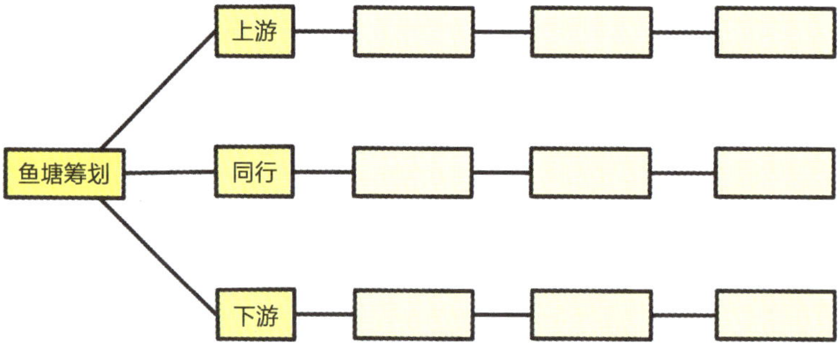

寻找鱼塘示意图

当然，罗列出可以合作的鱼塘并不困难，如何跟它们达成合作才是关键。除了优秀的谈判能力，我们还需要了解鱼塘抓潜的 3 种合作方式。

1. 投放广告

互联网是一个巨大的海洋，每一个社交媒体平台都是一个大型鱼塘，这些大型鱼塘里面又有许多小鱼塘。很多平台是支持投放广告的，只要我们能够把投入的广告费赚回来，就可以持续投放广告。

以“媒老板商学院”为例，早期做新媒体卖货的时候，我们就是找了一大批优质的微信公众号，在这些公众号上投放撰写好的销售文案，几个月的时间，公司就获得了近 2 000 万元的营收。现在微信公众号的热度越来越低了，人们更热衷于刷短视频，我们也顺势将广告投放到抖音、快手这些平台上。在短短 1 年的时间内，我们的销售额累计达到 1 亿元。正如同十几年前，很多企业将广告投放到央视一样。虽然平台在变，但是其商业逻辑并没有变。

2. 实行分销

在新媒体时代来临之前，如果想分销一款产品或者代理一个品牌，往往需要交纳高昂的代理费。随着新媒体浪潮席卷而来，朋友圈已经成为大多数人获取信息的重要场所，也成为商家趋之若鹜的“商场”。

从过去的货架展示到现在的朋友圈晒单，商业市场发生了巨大的变化。现在几乎人人都可以发布商品信息，只要能找到客户，人人都可以低成本参与经营，做到分一杯羹。这也是近几年来微商、社交电商、知识付费如此火爆的原因。

许多产品就是因为高额的分销佣金和多层级的分销机制，在短时间内火了起来。我们先不评判分销机制的是非对错，事实证明，它确实是一种当下比较有效的裂变方式。

3. 置换资源

如果某个鱼塘跟我们的目标客户群比较匹配，但是对方不接受广告，也不接受分销，我们还可以尝试采用置换资源的方式来寻求合作。

当然，在实际的推广过程中，有更多令人意想不到的困难。例如，如果你的目标客户是孕妇，那么月子中心就是一个非常适合合作的鱼塘。但是，想要跟月子中心达成合作，也不是说合作就能合作的。这个时候可以换个思路，可以从月嫂处着手，进行突破。

需要注意的是，我们与别人的鱼塘合作时应该是付出的心态，因为先有付出才有回报。如果你想着先从他人那里索取，他人怎么会愿意跟你合作呢？假如你一开始是去送福利或者提供帮助，他人自然也会做到有来有往，与你携手合作，实现互利共赢 。

精准引流 3 步走，让客户源源不断地主动找上门

如何实现精准引流呢？也是 3 步，分别是找鱼塘、造诱饵、设钩子。

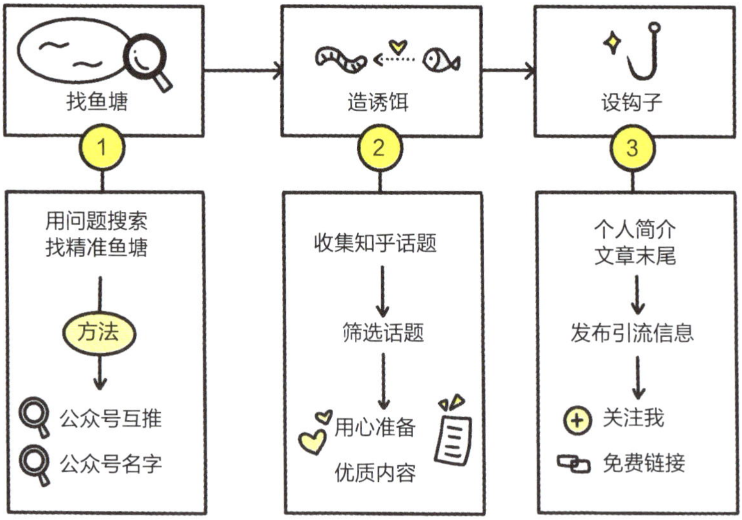

精准引流 3 步走

第 1 步，找鱼塘。前文已经详细讲述了如何去找鱼塘，此处不再赘述。总之，只有找到最合适的鱼塘才能钓到大鱼。

第 2 步，造诱饵。钓过鱼的人都知道，有诱饵，鱼才容易上钩。因此，在这一步我们需要根据鱼塘和潜在客户的特点，设置不同的诱饵，让里面的鱼能够快速地被吸引过来。在通过诱饵满足了潜在客户的部分需求之后，可以再设置一个“钩子”，让更多客户跟我们产生联结。

第 3 步，设钩子。“钩子”是客户和我们之间的桥梁。钓鱼的时候，有很多鱼看到了诱饵，但是并没有一条鱼上钩，那我们就要想办法让鱼上钩。

这里可能有人难以区分诱饵与“钩子”。举个例子，我们在抖音上发布内容，内容就是诱饵，但是看到了这些内容的人可能并没有关注我们，我们就需要一个更具吸引力的“钩子”，让他们和我们产生更深的联结。

“钩子”的形式千变万化，可以是一个小福利、小礼物，也可以是任何一个对潜在客户而言更具吸引力的理由，想要就需添加微信。如果只有诱饵，没有“钩子”，那我们的关注率可能不会特别高；如果只有“钩子”，没有诱饵，我们就无法吸引更多的客户。我们要尽量把自己的“钩子”打造得具有独特性，最好是其他人没有的，或者一般人难以获得的，否则吸引力可能不够强。

下面我将用 3 个案例来详解这 3 个步骤，其中每一个案例的核心都不一样。

我们来拆解第 1 个案例，这也是我自己的案例。

案例 1 两年累计输出近 60 篇文章，累计获赞 32 458 +，每天被动涨粉 50 +

找鱼塘：问题搜索 = 精准鱼塘

互联网里有一种平台很难被取代，那就是搜索引擎。当我们遇到问题的时候，可能会第一时间去百度搜索，有些人可能是去知乎进行搜索。每个关键词的背后，都潜藏着一群有需求的人，所以每一个关键词都是一个鱼塘。由此可以得出：问题搜索等于精准鱼塘。

现在，越来越多的年轻人会选择知乎这种搜索类的平台，因为其内容质量和公信力比百度这种类型的搜索引擎更高。在知乎上，如果某一个话题经常有人搜，那么就算是两年前的回答，也会被搜出来。

以我自己为例，两年时间内，我在知乎发表了近 60 篇回答，我的微信公众号每天涨粉 50 多人，那具体是怎么操作的呢？这就又回到了上述找鱼塘、造诱饵、设钩子这 3 个步骤。

我在找鱼塘这一步是怎么做的呢？因为我最早是教大家如何运营公众号的，所以我的目标客户就是需要运营公众号的人。

当我在百度搜索“公众号互推”“公众号名字”等关键词后，发现出现在百度首页的链接居然是知乎的，这是一个很重要的发现。于是知乎就成了我找到的一个鱼塘。

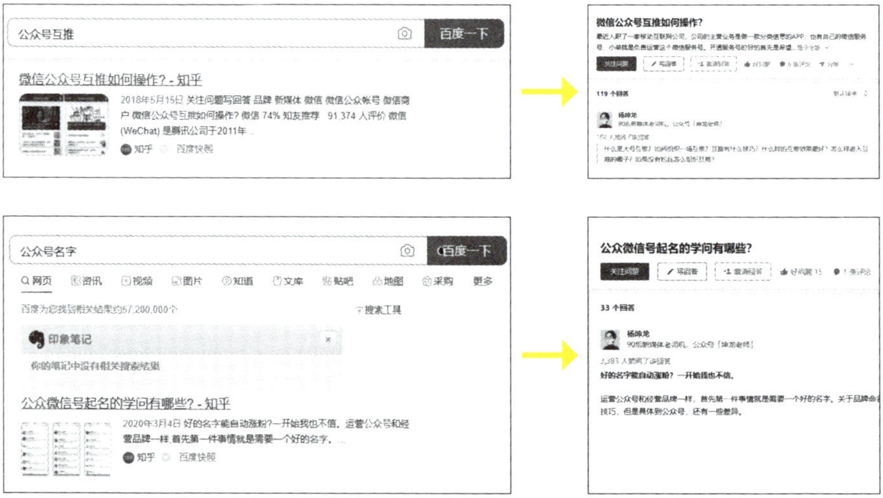

在造诱饵这一步中，我把关于公众号、新媒体的知乎话题一一收集起来，筛选出一些浏览量较大却没有多少优质回答的话题，然后做足功课，非常用心地在这几个话题下回答，获得了不少关注和点赞。朋友、同事知道我在知乎上回答问题，也纷纷过来支持。就这样，我的回答在知乎冲上了比较靠前的位置，看到的人也越来越多，点赞也就越来越多……如此往复循环，我的回答引来的流量就很可观了。

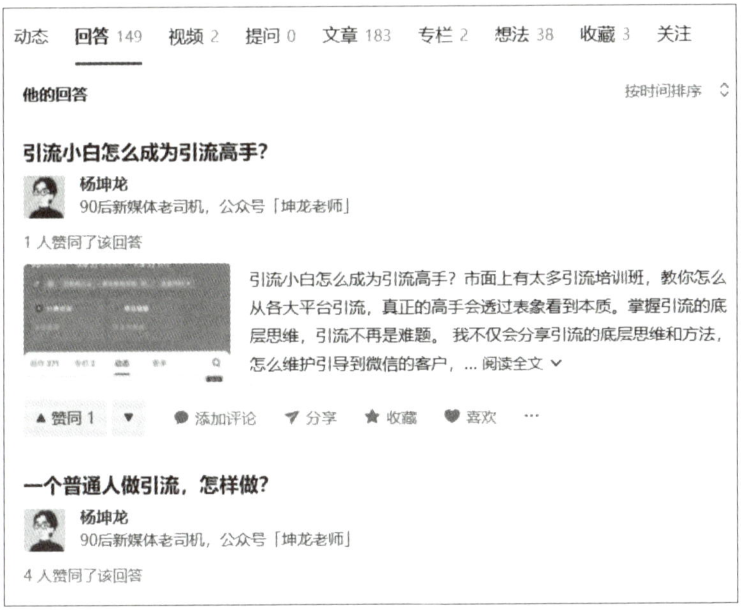

那么，我在第 3 步是怎么设钩子的呢？我在知乎的每一篇回答末尾和个人简介里都放了一些引流信息，诸如“关注我的公众号坤龙老师，回复‘涨粉’可以送你 9 个秘诀”，然后在公众号后台设置好自动回复。只要有人看到信息来我的公众号回复“涨粉”，就会得到一个免费听课的链接。

就这样，我在知乎认真回答了几十个与公众号、新媒体相关的话题，每天有 50 多人因此关注了我的公众号。类似的推广方式，我用过很多次，比如在优酷上传试听视频，在电台 App 上开设自己的节目，在简书、今日头条等自媒体平台上发表内容等。

这种方式有两个好处：一是成本低；二是看过你所创作的优质内容的人，更加容易对你产生信任感，从而更容易促成交易。在成交环节失败，往往不是客户不需要你的产品，而是对你不够信任。

在知乎上写回答的过程中，我发现这些话题中垂直类的专业回答非常稀缺，只要认真做功课，用心回答，就足以与大部分回答拉开差距。虽然每天从知乎引流 50 多人不是特别多，但是日积月累后效果很明显，这才让“媒老板商学院”这份事业初具雏形。由此可见，问题搜索等于精准鱼塘。

接下来我们拆解第 2 个案例，也就是前文提到的那位郑州学员的案例。

案例 2 青少年品格教育培训公司，1 天吸引 239 位家长，两个月成交 32.36 万元

造诱饵：实用分享 = 超级诱饵

崔娜是一家青少年品格教育培训公司的地区负责人，一开始为了推广公司的业务没少走弯路。她跟我学习了鱼塘理论之后茅塞顿开，虽然还不太懂新媒体，但是她拥有丰富的线下人脉资源，于是马上开始着手操作。

她的第 1 步同样是找鱼塘。因为这家公司已经做了 13 年的青少年品格教育培训，一直很重视口碑，效果也很好，所以某所学校就邀请她到校做一场公开演讲，当时有很多家长到场。这场演讲对崔娜来说就形成了一个颇具规模的鱼塘。

在第 2 步造诱饵时，她认真准备了两个小时的分享，设身处地从家长的角

度分析案例，例如公司学员解决了孩子叛逆问题的例子，因此许多家长都听得津津有味。

而在第 3 步设钩子时，经过校方的允许，她为在场的每一位家长免费做了一次“孩子叛逆怎么办”的咨询，结果现场超过 80% 的家长都加了她的微信。因为这个问题实在太普遍了，她索性建了一个家长群，家长们每天在群里打卡、交流，非常活跃。

首战告捷之后，崔娜如法炮制，与其他几个学校开展了合作，也是用分享案例的方法引流。后来，经过统计，在两个月的时间里，她通过这个方法获得的成交额高达 32.36 万元，算是一个非常不错的开始。

这也证明了实用分享等于超级诱饵。

最后，我们来拆解第 3 个案例。这个案例也是我的一位得意门生的经历，我见证了她从无到有、从创业初期的懵懂到逐渐找到方向和方法的全过程。

案例 3 两个月创造 40 万销售额，每天新增精准用户 30 +，复购率达到 30% 以上

设钩子：不得不加的理由 = 吸粉钩子

蛋饼是一位“90 后”大健康创业者，她第一次听我的课的时候，她的产品还没开发出来，她想做的是“蛋 × 肽”。

在此之前我并不知道“肽”为何物，她向我详细介绍了“肽”的优点。听完后，我发现她给自己的产品设计了太多卖点，这会分散目标客户的注意力，无法精准地击中目标人群。

于是我再次向她追问：“谁才是迫切需要此产品的人？谁一旦使用了此产品就会反复回购？”就这些问题，我们讨论了很久，得出了一个结论：不太方

便吃东西的人、消化系统不好的中老年人、身体吸收能力差的人是该产品的目标人群。

最后，她开发出了一款易消化、好吸收的冲饮品。

她的第 1 步也是找鱼塘。根据我们的讨论结果，因为她的目标客户是术后人群和中老年人，所以她找了很多相关的鱼塘，如中老年健康社群、居委会、线下营养品门店等。由于团队的成员大都是青春活泼、亲和力强的年轻女孩，所以她很快就跟这些鱼塘建立了不错的关系。

在造诱饵这第 2 步，我给她的建议非常简单粗暴——直接送。但是也有一个附加条件，即想要免费领取这款产品的人必须出示老年证或者自己刚刚做完相关手术的病历。只要出示任意一样，就可以免费领取一罐。

第 3 步的“钩子”又是如何设置的呢？就是邀请领取了第一罐产品的人加入微信群，只要在群里坚持打卡 7 天以上，就可以免费获得第二罐。就这样，许多人加入了微信群并且坚持打卡，分享服用这款产品的效果和感受。

在打卡半个月之后，大部分客户已经把之前免费领取的产品喝完了，这时候蛋饼和她的团队就在群里组织了拼团活动。结果超过 30% 的客户参与了拼团，复购率高达 30% 以上，两个月销售了 1 300 多罐，销售额累计 40 万元，生产的第一批货已经卖光。

所以免费获取产品这个不得不加的理由就成了蛋饼的“吸粉钩子”。

掌握了鱼塘理论以及鱼塘理论在实际引流中的应用，我们就能快速有效地找到精准客户。

第 1 章

▸▸▸ 成交心理：为什么客户会购买？教你几招让流量转化率翻倍

我们已经详细了解了客户画像、精准渠道、引流策略，这些都是为了完成最后一步——成交，对于卖家来说没有比这更重要的事了。哪怕前奏再多，最后没有成交，一切也都等于零。

成交前的 3 问

成交前何止 3 问？例如，你在哪个行业？你所在的行业是如何做成交的？你又是如何做成交的？你的客户是谁？你为客户解决了什么问题？客户对你的产品满意吗？等等。

但是此处要探讨的 3 问其实是客户的 3 个疑问。

客户每一次犹豫不决或者故意找各种理由不愿意成交的时候，你是否思考过这是为什么呢？其实是因为顾客在心里思考 3 个问题。

为什么要买？

为什么要在这里买？

为什么要现在买？

如果客户没有得到满意的答案，就不会产生购买行为。

因此，客户的这 3 个问题特别值得我们仔细研究、分析。

1. 为什么要买?

当你看到这个问题的时候，可能心中已经有了答案：因为人有各种需要。例如，冬天来了需要买厚衣服，电脑坏了需要更换新的，没有杯子喝水需要买杯子，企业在引流获客上遇到难题需要学习……

只要商家或者企业提供的产品或者服务能提供价值，可以解决客户遇到的问题，就一定会有客户买单。

你能想到这些答案，客户自然比你更清楚自己的需求是什么，以及自己为什么要买。

但不可否认的是，不管你做什么产品，基本上不可能是独家售卖。所以，第二个问题就来了，客户有了需求之后为什么要在这里买?

2. 为什么要在这里买?

这个问题的背后其实是自家的产品和别家的同类产品有什么不同。

不要回答“我们的产品质量是最好的”“我们的产品是正品”“我们的价格是最便宜的”等这些人人都会说出的答案，一定要强调自家的产品是与众不同的。

我要提醒的是，这种与众不同并不一定是产品本身有多独特，也可以是产品的包装、服务、销售渠道和支付方式、售后处理，甚至运输方式上的独特性。例如，相较于其他同类产品，你的包装会更精致、显得更高端吗?你的服务会让人感觉更舒服和愉悦吗?你的销售渠道和支付方式会让客户觉得更方便和放心吗？你的售后处理会更快速和负责吗？你的运输方式会更快捷吗？等等。

举一个买西瓜的例子。我家楼下有两家水果店，A 店的西瓜经常比 B 店的每千克贵两三毛钱，但是我一般会在 A 店买。为什么呢？

因为 B 店每次都直接给我一整块西瓜，回家我还要自己切。而在 A 店买西瓜，店员每次都会给我切好，用一个透明、有盖的盒子装好，还配有水果叉，这样我拿回家就可以吃了，非常方便。所以，即使 A 店的西瓜价格稍微高一些，我也宁愿在它家买。

你也一定有类似这样令人印象深刻的经历吧？这就是靠细节取胜的典型。那么，你是否也能这样用心对待自己的每一位客户，在产品和服务上设计一些人无我有的小细节去打动他们呢？

只要回答好了这个问题，即便是产品同质化，客户多半也会选择购买你的产品。不过，他一定会现在买吗？不一定。所以就有了第 3 个问题——为什么要现在买？

3. 为什么要现在买？

回想一下自己的购买行为，当你决定购买某个产品之前，是不是经常会产生这种心理：我非要买它吗？好像现在也可以不买，因为以前没有买它似乎也没有什么影响。客户在购买产品之前有这种心理也是很正常的。

那么，继续回想一下，你在购买时产生的犹豫心理是怎么被打破的呢？有时候是因为商家搞限时限量促销，如果现在不买，以后再想买就没有了；有时候是因为产品会限时涨价，如果现在不买，再想买就要多花钱；有时候是因为早买可以早享受……想通了这个问题，我们就可以举一反三，制订自己的成交策略。另外，我们还可以采用价值叠加的方式，如今天买就可以买二送一，或者今天买就可以享受一年延保，等等。

总结一下这 3 个问题，我们就知道客户问的究竟是什么：为什么要买，问的是产品价值；为什么要在这里买，问的是渠道价值；为什么要现在买，问的是时间价值。那么，现在请你拿出纸笔，写下你的产品价值、渠道价值、时间价值，然后进入“成交 5 步方程式”。

成交 5 步方程式，让顾客自然而然地爽快下单

“成交 5 步方程式”，分别是抓住注意力（Attention）、激发兴趣（Interest）、建立信任（Trust）、刺激欲望（Desire）和催促行动（Action），我们称之为“AITDA 营销模型”。这 5 步是客户从发现产品到购买产品所经历的 5 个阶段。

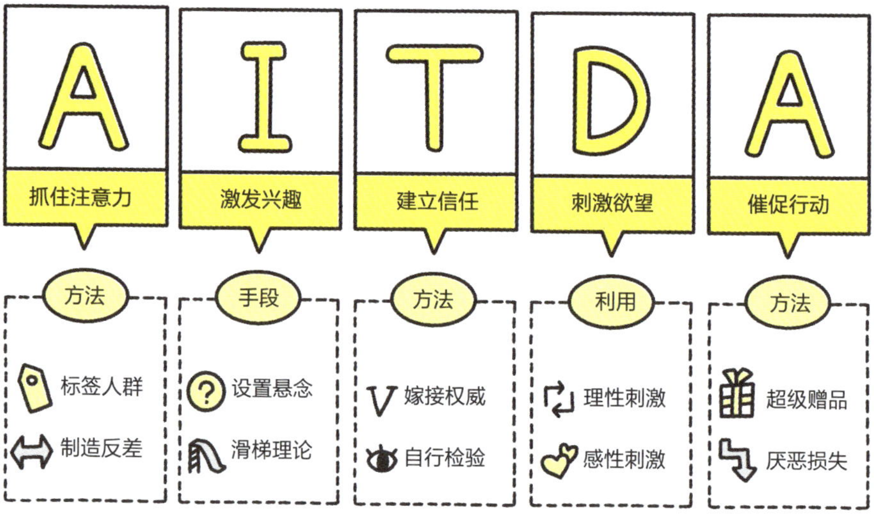

成交 5 步方程式

首先要让客户注意到你，其次要让客户对你感兴趣。客户只是对你感兴趣还不够，还需要让他信任你。客户信任你之后，还需要刺激他产生购买欲望。最后是催促客户采取购买行动。

课程宣传海报是我们经常用到的一个工具，客户先看到海报，被内容打动，然后加客服微信咨询报名，最终购买课程。我们用一张海报作为例子来给大家拆解一下。

1. 抓住注意力

不管是在线下还是在线上购物消费，注意力都是被首先抓住的。只有抓住了客户的注意力，他们才有可能对你产生兴趣。

那下面的这张海报是怎么抓住客户的注意力的呢？我们一起来看一下。

在文案部分，我们用“标签人群”“制造反差”的方式引起客户注意。标签人群是谁？对抖音感兴趣的人，而且是对投放卖货感兴趣或者有需要的人。这一步是筛选人群，因为我们不可能把一样东西卖给所有人。至于反差，目前市面上的抖音课程基本上是教授大家怎么做抖音号的，而这张海报上的课程是“抖音投放卖货指南”，这就是反差。

下面我们来对标签人群和制造反差这两点做详细拆解。

- **标签人群**

你有没有经历过这样的场景：办公室里人很多，你坐在一个角落里，在另一个角落，突然有一个人提到了你的名字。虽然他的声音很小，但是当他提到你的名字时，你是不是立马就会听见？

我相信多数人会立马听见，因为跟自己有关的信息，人们会更容易接收到。

这就是为什么很多标题或者营销广告会把人群标签写上去，如“90后”、星座、学校或妈妈群体等。如果你是抖音的用户，并且对投放卖货有需要，你只看一眼就会觉得这张海报是为自己而做的，注意力就会马上被它吸引，就像听见有人在喊你的名字一样。

- **制造反差**

反差能让客户的心理产生波动，不过需要注意，最好制造熟悉的反差。

什么是熟悉的反差？就是在人们熟悉的领域里找到一些差异化的点。熟悉，能让用户很快地融入和理解，减少了沟通和教育的成本，而若能让人们在熟悉中找出一点不同的东西，就可以激起他们的兴趣，比较容易吸引客户。

就像这张抖音海报，市场上目前针对抖音的课程基本都是关于怎么做抖音账号的，我们却从投放卖货的点切入：你不用辛辛苦苦经营账号，找到做得好的账号直接谈合作就行了。其中，抖音就是用户比较熟悉的点，而反差则是课程教的不是运营账号，而是投放卖货。除此之外，海报的字号和颜色也形成了反差。

现在就可以回想一下，你的目标受众是谁？你的客户是谁？有没有一些标签是你可以用来抓住客户的注意力的？

至于怎样去设置熟悉的反差，只要好好思考一下，你的产品解决了哪些大家习以为常的场景，但是其中有一些他们并不知道的东西或者误区，将这些不为人知之处找出来做文章即可。

2. 激发兴趣

抓住了客户的注意力还不够，我们还要激发他的兴趣。那么在引起了客户的注意之后，我们该怎样激发他的兴趣呢？有以下两种手段。

- **设置悬念**

我们在日常生活中经常会遇到这种手段，比较常见的是：购买 ×× 后可以得到一份价值 ×× 元的礼物。但是商家不直接告诉客户是什么礼物。也有些人会将其他噱头设置为悬念，例如培训行业经常会有“今晚会有神秘大咖降临”这种宣传语。制造悬念的目的就是给客户制造惊喜，从而激起他的兴趣。

你可以采用这种思路——你所在的行业可以给客户制造什么惊喜？从而设置悬念。

需要提醒的是，不管用什么方法去设置悬念，我们都要谨慎选择、诚意十足，不然客户得到的可能不是惊喜，而是失望了。例如，满 1 000 元得一张价值 10 元的面膜，这种和购买价格相差太大的“惊喜”只会产生反效果，令客户感觉自己上当受骗了。

- **滑梯理论**

所谓“滑梯理论”，就是用一个观点或者一句话吸引人的眼球，让人想一探究竟。拿文章来举例，就是让人看完第一句想看第二句，然后想看第三句，看着看着文章就看完了。

在成交过程中，我们也要让客户有坐在滑梯上的感觉，让他不断地认为自己就是这么认为的，让他顺着滑梯滑下去，一步步地“被成交”。

怎样达到这种效果？如果不是一对一成交，我们便要设计好一个路径，让客户从认同 A 到认同 B，再到认同 C，最后到认同 D。D 可能就是客户的购买动作。如果是一对一成交，那我们就要时刻站在客户的角度去思考，思考怎样让客户跟着我们一步一步往下滑。

再回到抖音课程海报，仔细看一下，你就会发现，它的设计从主标题到副标题就是运用了滑梯理论。主标题告诉客户这是什么课程，副标题告诉客户学习之后的结果是什么——“教你找到精准渠道，让你不花冤枉钱”。

只要善于设置悬念和运用滑梯理论，就能激起客户的兴趣。那么，只要激起客户的兴趣就够了吗？当然不够，还要让客户对你产生信任，这样成交之路才有可能继续下去。

3. 建立信任

为什么有时候客户好像很认同你，最后却没在你这里购买产品？很可能是因为客户对你不够信任。想要建立信任同样有两种方法：嫁接权威与自行检验。

- **嫁接权威**

嫁接权威就是让权威人士和权威事件来给产品背书。当客户对某一产品还不大了解时，会更倾向于听听专家是怎么说的。例如，马瑞是一名化妆师，你没听过他的名字，对他的化妆技术也不了解，但如果你得知他是某当红明星的御用化妆师，那么你就会对他的实力产生信任。这就是嫁接权威的力量。

还以这张课程海报为例，它在建立信任这一点上就充分运用了嫁接权威的方法——“前黑弧奥美金牌文案，台湾时报华文广告金像奖得主”。这些字眼和权威充分关联，能使客户对课程建立起信任。

因此，你也可以想一想自己的产品有没有可以和权威产生关联的地方，然后将其加入产品背书之中，让客户对你产生信任感。

- **自行检验**

那么，自行检验又做何解释呢？对于产品，客户要通过五感体验——眼睛看到、耳朵听到、嘴巴吃到、鼻子闻到、手指触摸到，才可能产生信任。不然，就算你的口才再好，文案写得再天花乱坠，客户也未必会信任你。

因此，你需要设计足够多的让客户可以实现自行检验的方式。例如，很多超市或者大型商店会有试吃服务；一些电商在包裹中附赠了许多小样，让客户提前试用；一些培训平台则经常提供免费的课程让用户体验；等等。这些都是为了让客户提前自行检验，然后放心购买。另外，你还可以像很多平台那样设置不满意无障碍退款、零风险承诺等，让客户即使还没有自行检验就已经对你产生信任。

4. 刺激欲望

如果你的产品已经成功吸引了客户的注意，也激起了他的兴趣、赢得了他的信任，但他仍然没有购买的欲望，那前面的三步就都失去了意义。

怎样刺激客户才能让他产生购买的欲望呢？我们也有两个方法：一个是理性刺激，另一个是感性刺激。

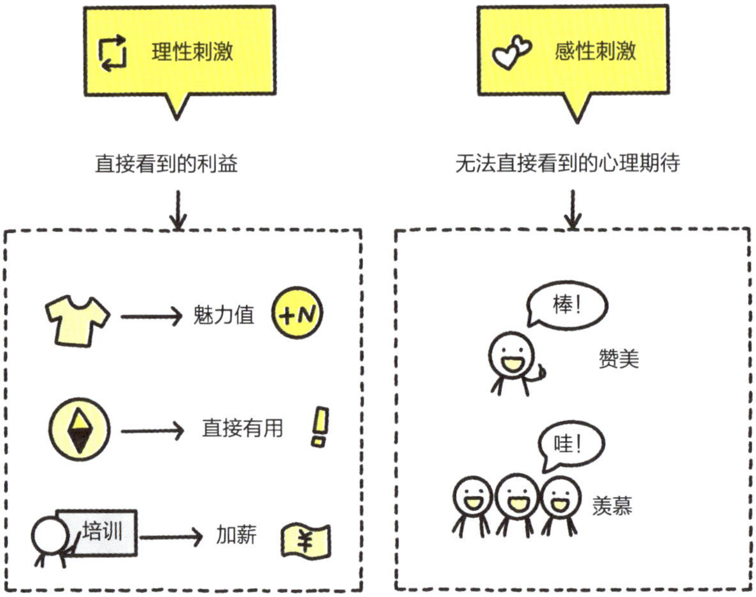

刺激欲望示意图

- **理性刺激**

我们能直接看到的利益叫作理性利益，也就是实际利益。

例如，买了一件合身的衣服可以使我变美，买了指南针可以直接当工具使用，买了课程学好之后可以升职加薪，这些都属于理性刺激。

还有一种最直接的理性刺激就是价格优惠，例如满 199 元减 20 元；原价 100 元，现价 50 元；预存 300 元送 100 元；等等。这一点可以和前文所讲的客户自行检验中的五感体验法结合起来运用，先让用户直接看到。

另外，还可以给客户算一笔账，让他看得更清楚。例如，我们可以把一件产品的价格平摊到每一天，让他看到一天几块钱或者几毛钱就可以得到该产品，从而产生强烈的购买欲望。

- **感性刺激**

感性刺激就是向客户描绘他无法直接看到的，但是通过购买这个产品能够获得的心理价值。这就涉及一些话术，例如“你穿上这件衣服，女朋友一定会赞不绝口”，“您的孩子学会这种技能，肯定会有很多亲戚朋友羡慕不已”，“您学了这个课程，在和别人谈话时，会显得您很有见识”，诸如此类，都属于感性刺激。

感性刺激的核心就是挖掘客户的心理期待，把成功画面描绘给客户。

当客户对产品表现出一定的兴趣，你就要思考一下他购买这个产品到底是为了什么，然后把他期待的画面描绘出来。例如，你是卖减肥食品的，你就要想一想用户减肥是为了什么，仅仅是为了变美，还是想通过变美吸引意中人的注意呢？又如，客户买几万元的表，只是为了看时间吗？不，他可能是想彰显自己的身份和地位。一旦挖掘出了客户的心理期待，我们就把那个场景描绘出来，如“你戴着它去谈生意，客户看到就会对你多一些尊重”……

善用理性刺激和感性刺激这两大法宝，就能让客户的购买欲望变得更强烈。

5. 催促行动

“成交 5 步方程式”的最后一步是催促行动，也是其中最重要的一环，就是那临门一脚。那怎么能保证这一脚一定踢中呢？我们也有以下两种方法。

- **超级赠品**

一种方法是使用超级赠品，客户在最后犹豫不决的时候，我们可以送给他一点赠品，满足其贪便宜或者觉得自己赚了的心理。当然，赠品一定要看起来很有价值，使顾客有获得感，不能是随随便便的一个小玩意儿。这一点，我们可以学习下阿芙精油的赠品策略——不管购买阿芙精油的哪个产品，店铺都会送顾客满满一堆赠品，有许多顾客仅仅是因为想得到超级赠品就立刻下单。

厌恶损失

另一种方法是利用客户厌恶损失的心理。什么是厌恶损失？从字面上就可以理解，就是讨厌损失。最经典的例子就是你在路上捡到了100元钱，但是后来弄丢了，虽然和原来相比你什么都没失去，但是你可能会一天都不高兴，得到的快乐并没有缓解失去的痛苦。

再举一个例子来说明。以下两个商品，你会选择购买哪一个？

A：80元，运费10元。　　　　B：90元，运费包邮。

在商品一模一样的情况下，哪怕总价是一样的，大多数人还是会选择B；哪怕A的邮费是5元，也会有更多人选择B。

为什么会这样？因为选择A会让客户觉得多付了钱，产生了厌恶损失的心理。怎样将这种心理运用到成交策略中呢？我们也可以把商品改成包邮或者限时、限购等，去触发客户的购买行动。

至此，以上内容就是有关成交心理的种种。我们来简单回顾一下，首先是"成交前的3问"，折射出客户每次产生购买行为背后的3种心理：为什么要买？为什么要在这里买？为什么要现在买？客户有任何一个问题没想清楚或者没有从你这里得到满意的答案，都不会产生购买行为。接着就是经典的"成交5步方程式"——AITDA营销模型及其具体应用。

但是，不管是"成交前的3问"，还是"成交5步方程式"，其应用都绝不仅限于成交活动。我们和客户接触的时候，如写文案、做课程、设计海报、创作短视频，甚至是谈项目时，都可以用到。我们要举一反三，身体力行地把这些知识代入具体的场景之中，去思考客户每个行为背后的意义，以及如何让客户产生成交的行动。

新媒体引流篇

第 2 章

引流不难，先找到正确的渠道运营方式

第2章

▸▸▸ 创新获客：

微信群、朋友圈，高效获客的两种方式

在以往的培训或者和学员沟通的过程中，我经常会被问道：“我的粉丝量太少了，要从哪里获取第一批用户呢？”“我也想做活动，但启动用户太少怎么办？”

我相信这是困扰很多人的问题，但是要解决其实也并不困难。为什么这么说呢？因为每个人都有自己的社交圈，如微信。有微信就代表有微信群和朋友圈，这些都是精准的流量池，用得好就能成为获客利器。

用好这3招，为微信群引流

微信群引流有两种方式：一种是自己组建微信群，另一种是加入别人的微信群。自己组建微信群绝对是个体力活儿。如果你只是想展示自己的价值，吸引别人来加微信，我建议你加入别人的微信群就够了；如果你只是一个群运营新手，我也建议你先在别人创建的微信群里待着，好好学习别人是怎样运营微信群的，再去组建自己的微信群。

那么，怎样加入别人的微信群呢？有以下3种方式。

1. 免费搜索微信群

- **用浏览器搜索“××群”**

微信公众号发布的所有内容都可以通过浏览器搜索到，很多公众号都有自己的粉丝群，我们可以试着搜一下“××群”或者“××粉丝群”，就有机会找到需要的社群。

- **利用“搜狗微信搜索”**

微信没有设计微信群搜索的功能，但有一种专门针对微信公众平台而设立的搜索——搜狗微信搜索。我们在搜索框输入关键词，然后点击“搜文章”，便能在文章末尾处找到进群二维码。搜索时，使用的关键词要精准。例如，你想进产品经理群，那么你应该输入关键词“产品经理群”，而非“产品”。

- **朋友换群**

我们还可以直接和朋友交换各自的群，这样不仅方便快捷，而且省去了不少筛选的成本。

那么加入这些群之后要怎么做呢？你可以在群中时不时地分享自己的收获、见解或者和群主题相关的干货。如果有人提出问题，你可以热诚、慷慨地给出一些建议，先让群主和群友看到你的价值。你对别人有帮助，别人自然愿意靠近你（我最开始就是用这种方法加了几千位好友）。

2. 付费加入微信群

1个高质量的社群的价值要远远大于100个不活跃的死群。

如果经济条件允许，我建议你加入一些付费社群。因为相较于免费社群，付费社群不论是活跃度、价值感，还是群友的质量都可能会更高，群主也更有动力去维护社群。

3. 多报名参加线下社群活动，争取多曝光

我相信你也一定有这种感受：线上聊百遍，不如线下见一面。相较于线上社群，有线下活动的社群更有温度，互相之间也更容易达成合作。

怎样多参加一些社群的线下活动呢？你可以关注自己所在行业的大咖、互动吧、朋友推荐等渠道，看看有没有线下社群活动，如果有就报名参加。一般组织这种活动的人都会建一个群，方便大家联系、沟通。如果你在线下活动的现场表现很活跃，并且输出了很多价值，那自然也能俘获一大批人。

如果组织活动的人没有建群，你也可以在现场主动加大家的微信，自己建一个群，或者和兴趣相投以及同行业的人建立良好的关系，然后彼此推荐群或者交换群。还有一个更直接的方法，就是去问你的典型客户在上什么课、去什么地方，你也可以去。只要愿意走出去，就能联结更多的人，获得更多的机会。

- **自我介绍 = 推广软文**

当你刚加入一个微信群或者参加线下的活动、加别人微信时，都需要进行自我介绍。一个好的自我介绍能起到很好的引流作用。

很多人对自我介绍有一个严重的误区，就是总想在第一次就把自己的业务全部介绍清楚。其实，大部分企业的业务往往是相当庞杂的，要想一点不漏地介绍清楚并不容易，就算完整地介绍清楚了，也并不意味着可以吸引到潜在客户。

所以，我们做自我介绍的出发点，要从以企业为中心转换到以潜在客户为中心，以我们能为潜在客户解决什么问题为目标。具体应该怎么做呢？

以下是一个自我介绍的模板，总共有6点：我是谁（姓名或昵称），坐标（工作或生活所在地），我的标签（职业标签、个性标签），我的成就（过往最厉害的事迹和证明），我的价值（我的优势、能给予的帮助），我想联结（我想认识和结交的人脉或资源）。

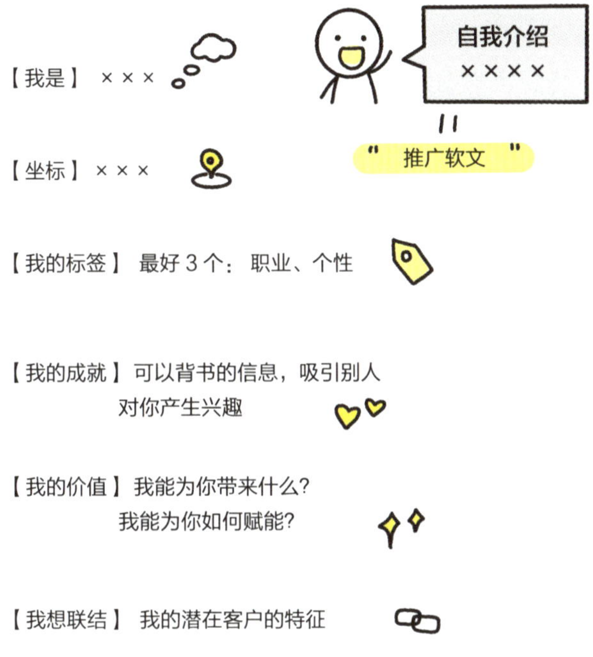

自我介绍模板

第 1 步，填上基本信息——名字和坐标。

第 2 步，写上自己的 3 个标签。

第 3 步，写上自己的成就。做过哪些厉害的事情、有哪些证明、被什么媒体报道过、获得过什么证书、服务过哪些知名的企业……这些信息都可以为你背书，吸引别人对你产生兴趣。

第 4 步，写上自己能提供的价值。这一步尤为关键，如果写得好，不仅能让潜在客户觉得你很厉害，而且能促使他们主动与你联系。

第 5 步，写出自己想联结的人。你可以主动写上自己想与什么人产生联系，这样就能更加精准地找到潜在客户。

你可以对照着这个模板写一写自我介绍，之后还可以不断迭代。以下是我的自我介绍。

【我是】坤龙

【坐标】广州

【我的标签】“90后”新媒体“老司机”，“媒老板商学院”创始人，郑州大学西亚斯学院客座教授。

【我的成就】中专毕业，自学新媒体营销年入1 000万元；前后参与近30个项目和品牌的营销与推广；辅导品牌包括西贝莜面村、苏小糖、志公教育、奶糖派、宛若故里。

【我的价值】掌握新媒体可落地营销的方法；建立品牌私域流量池，提高复购率；帮你低成本地快速把产品卖到爆。

【我想联结】电商、实体门店、教育培训创业者，有拳头产品的良心企业，想通过新媒体引流与成交的你。

社群分享＝干货诱饵

除了自我介绍，在社群中提供有价值的干货是最有效的引流方法。怎样提供有价值的干货呢？例如以文字的形式分享干货，或者认真回答群友的问题，以及进行直播分享等。当然，直播分享的要求较高，不仅需要具备较高的个人素质、大量的干货、随机应变的急智等，还需要在群友中有一定的号召力。

我在创立“媒老板商学院”之初，就是通过大量的微课直播和社群分享积累了第一批种子学员。如果社群分享的口碑好，也会陆续收到很多其他社群的邀请，也是这个契机使我走上了培训这条路。

- **群打招呼 = 主动加粉**

我们通过自我介绍、社群分享吸引了一些粉丝之后，还可以主动出击，自己去添加群好友为好友。不过需要提醒的是，加好友时，你至少要让别人感受到你是真的想与他交朋友，而不是想消费他，这样别人才会愿意加你为好友。

这里有一些参考话术。

参考话术表

精准介绍自己	①我是“媒老板商学院”创始人坤龙 ②我是腾讯产品经理张潇洒
说明加好友目的	①我听过你的课，想当面请教一下 ②我有 10 万母婴粉丝，想与你进行资源互推
表达敬仰之情	①我是你的忠实粉丝 / 听众 / 读者，关注你好久了 ②大咖，你好，可以跟你联结吗
借力知名朋友	①我是 ×××，是坤龙、Toto 的朋友 ②我是 ×××，是李教授的朋友
直接投其所好	①怎么代理你们的产品 ②你好，你的产品多少钱
说明微信号来源	①我刚刚看了你的视频 / 文章，受益匪浅，想向你请教 ②你好，我在百度上找到你
筛选感兴趣的人	①我负责知识付费用户增长，想加个好友一起交流一下 ②我擅长社交裂变增长，多交流
借助社群的信任	①我是来自“增长黑客群”的 ××× ②我是来自“玩转社群 666 深圳分舵”的 ×××
展示好处和价值	①想邀请你加入用户增长交流群 ②我有 20 万母婴粉，正在寻找广告主，有意交流一下吗
其他技巧	①感觉你很有想法，能认识你吗 ②来自通讯录好友

资料来源：“媒老板商学院”学员——吖 may | 增长女黑客

以上就是微信群引流的方法，下面要讲的就是如何通过朋友圈引流。具体的做法就是在朋友圈进行互推。

例如，你有3000位微信好友，我有3000位微信好友，我用一段文案和海报二维码在朋友圈里向我的好友引荐你，让他们来加你的微信。同样，你也在你的朋友圈发一段引荐我的文案和海报二维码，这样我们双方就能免费吸引一批精准的客户。

朋友圈互推并不算一个新概念，其实早已有之。这种方法在传统行业叫异业联盟，在网站时代叫友情链接，在App时代叫换量，在微博时代叫互粉，在微信时代就叫互推，其本质都是平等条件下的流量互换。

朋友圈引流

在朋友圈引流的最简单的方法，就是在朋友圈发布一条消息："拥有超过3000位微信好友的朋友点个赞，有合作。"这样不仅可以快速筛选出有影响力的朋友，而且可以看看哪位朋友有合作意向，然后去私聊。怎样私聊呢？我一般是这么说的：

你好，我是坤龙，正在寻找可以在朋友圈互相引流的伙伴。简单来说，我的微信里有××位好友，我可以在朋友圈引荐大家加你为好友，也希望你可以在朋友圈引荐大家来加我为好友。我们需要提前准备好一张有二维码的海报和一段介绍文案，然后我们约定一个时间一起发布，你看可以吗？

这段话，你可以根据自己的情况进行修改，然后发给对方。如果对方答应了，你们就可以进行互推了。除了自己朋友圈里的人，你还可以通过社群找到一些愿意互推的人。

如果你加入的社群不多，可以去关注“榴莲互推”这个小程序，在那里能够找到很多可以互推的微信个人号和微信社群。找到了可以互推的人还不够，你还要发给对方互推文案。互推文案怎么写呢？记住一个句式和一个法则。

句式是“不是……而是……”。这是一个并列对照句式，前后意义相反，用否定和肯定两方面的对照来表达肯定的意思，很容易勾起别人往下看的欲望。例如“人的思想不是一成不变的，而是不断变化的”。

法则是“CEB 法则”，由 3 个部分组成：首先是 Contrast，也就是反差点，主要是为了引起他人的好奇；其次是 Evidence，也就是证明点，目的是获得他人的信任；最后是 Benefit，也就是利益点，让他人因为利益想联结你。

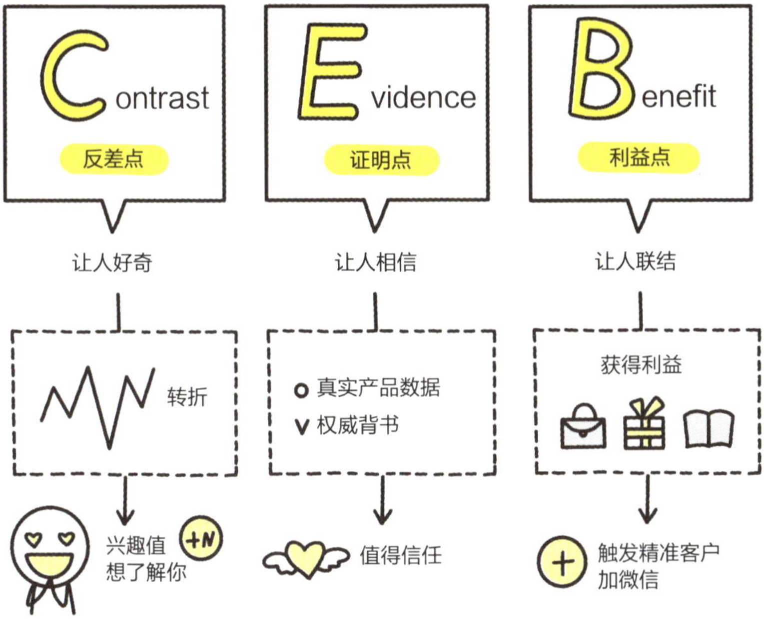

CEB 法则

反差点表示转折，就是前半部分文案和后半部分文案要形成反差。

前半部分文案可以先描述一些自己以前比较低迷的经历，后半部分文案用自己现在所拥有的一些成就和成果表示转折，形成一个前后有对比的反差点。目的是当别人看到这个朋友圈文案时会对你产生强烈的兴趣以及继续了解的欲望。

证明点是通过真实的证据证明你的成绩，如真实产品数据、权威背书等。

利益点也就是给看到你朋友圈互推文案的人一些利益，让他在对你产生兴趣的基础上，再多一些想加微信的冲动。这个利益点可以是资料包、小礼品、电子书之类，这样能触发更多更精准的客户添加你的微信。

下面我用例子来展示一下具体如何操作。

- **运用反差点**

给大家介绍一个很励志的“90后”，他是中专毕业，自学新媒体营销后年入1000万元，前后参与近30个项目的营销推广，最擅长用新媒体把产品卖爆。

- **运用证明点**

他的新媒体营销课程有超2000人报名，同时他也是许多品牌的营销顾问，许多身家过亿的老板都会称他为“坤龙老师”。

- **运用利益点**

平时他也会把最新的营销干货发布在朋友圈，大家可以加他的微信。记得说是我推荐的，他会送你一份秘籍——《私域流量全案》。

“反差点”这一段介绍的前后形成了非常鲜明的对比，让人感到好奇。

“证明点”这一段介绍了个人的成就，并且用第三方来佐证——许多身家过亿的老板都会称他为“坤龙老师”。

“利益点”这一段告诉大家加他的微信可以获得一份秘籍，这就是利益点，也是我们前面所说的“钩子”。

如果你觉得这些文案太长，也可以放在评论区。

其实获客并不是那么难，很多方法都藏在日常生活中，只是我们没有注意到。

微信群和朋友圈是我们每天都会高频接触的，如果你以前不知道这种玩法，可以现在就开始实践、大显身手了。微信群和朋友圈都是我们和用户产生联结的入口，也是打造个人 IP 和企业品牌的一部分。

第 2 章

▸▸▸ 外部流量：

3 类渠道加 3 个关键，搭建外部引流模型

在流量越来越贵的今天，谁获得流量的成本越低，谁就会具备更大的竞争优势。但是，流量从哪里来呢？我们可以换一个角度来思考这个问题：客户会从哪里找到你？客户从哪里找到你，流量就在哪里。

举个例子，你想在厨房里放置一个能够支起手机的东西，这样每次做饭的时候可以看看视频。因为你平时随便拿一本书或者一个盒子来支撑手机，手机会经常倒，而且厨房里油烟太大，每次都把手机搞得油腻腻的。但是你又不知道自己需要的那个东西长什么样子，于是就想去搜索，去哪里搜呢？淘宝、京东或者拼多多都可以。你会搜什么关键词呢？可能是手机、厨房、防水。搜出来一看，第二个商品似乎挺符合你的要求，你就会去咨询客服。如果客服善于引导，不仅可以促成成交，还可能把你引到私域流量池中。由此可见，电商平台就是一个流量来源。

现在，你可以思考一下，除了上述这些平台，你平时搜索或接收信息时，一般会访问哪些平台或网站。同理，你的客户也是这么做的。而且越多人访问、访问者停留时间越长的地方，就是流量越多的地方。

当然，流量的来源和所带来的红利一直都在变化。要搞清楚流量的来源，首先要了解随着国内互联网的发展与变迁，用户的习惯发生了哪些变化，又

是怎样改变的。在这个改变的过程中，我们能看到流量是怎么一步步变化和转移的。

互联网刚出现的时候，大家觉得很新鲜，但是因为网上的内容还不多，所以用户是网上有什么看什么。那个时候，网易、搜狐、猫扑、天涯等是用户最活跃的地方，此时的用户都还停留在浏览阶段。

后来，网上的内容越来越多，用户都看不过来了，就有了选择权，于是搜索引擎又成了用户最喜欢用的，有什么不知道的或者想知道的都要搜一下。其中，人们用得最多的应该就是百度。

再后来，网上的内容更多了，信息流出现了，于是各大平台开始根据用户的观看习惯和算法把用户想看的内容直接推送到用户面前，其中最具代表性的就是今日头条、知乎、微博、抖音、小红书等 App。

我们所说的 3 类渠道也在这个改变过程中产生了，分别是搜索与信息流、社区、短视频。简而言之，就是搜、逛、刷。其中，搜索与信息流渠道包括百度、知乎、今日头条等平台，社区渠道包括小红书、哔哩哔哩、豆瓣、微博等平台，而短视频渠道则包括抖音、快手、糖豆等平台。

你可以根据自己的需要选择一个或多个平台。这些平台的玩法也是本书的重点内容，后文将会一一详细阐述。

搜索与信息流

1. 百度

作为国内目前最大的搜索引擎平台，百度的引流效果绝对不容小觑。这是因为大多数人在这些年已经习惯了用百度去搜索自己不知道或者想知道的信息，所以人们在购买产品之前也可能会“百度一下”。如果用户在百度上搜到的是产品或商家的正面信息，就可能对产品或商家产生好感；如果是负面信息或者压根儿就搜索不到任何信息，那用户可能会对产品或商家产生疑虑，望而却步。以“媒老板商学院”为例，之前我们不重视在百度平台上的运营，有学员反馈说在百度上搜不到相关信息，要不是因为朋友极力推荐还真不敢购买课程。

那么怎样用百度引流呢？这就涉及“百度霸屏”。这是什么意思呢？举个例子，当用户有某种需求去百度搜索相关关键词的时候，出现的都是关于你的信息，霸占了百度搜索结果的首页，而且都是正面信息。这样一来，用户是不是就会对你产生初步的信任和好感呢？

那具体应该怎么做到“百度霸屏”呢？别着急，我在后面的章节将会详细说明。

2. 知乎

“有问题，上知乎。”如果你想做搜索引擎引流，一定不能错过知乎这个平台。它是国内目前最有影响力的知识平台，用户规模大，百度权重高，而且因为是问答平台，所以流量也特别精准。

在知乎上，你可以提问，也可以回答别人的问题，如果回答得好，就有可能成为大V，俘获大批粉丝。

3. 今日头条

除了百度和知乎，今日头条也是一个前景相当不错的引流平台。以“媒老板商学院”为例，有时候一个月的时间就能从今日头条引流上千人。

而且，和百度、知乎相比，今日头条已经从人对信息的单向搜索变成了人与信息的双向互动。根据浏览习惯的不同，每个用户在今日头条上所看到的内容都是不一样的。也就是说，只要内容足够优质，你就有机会获得精准曝光，吸引精准用户。

社区

1. 小红书

小红书这个平台的主力是女性用户，如果你的目标客户是女性居多，你就一定不能错过这个平台。

小红书的流量非常精准，85% 以上的用户是女性， 而 70% 以上的用户是购买力强劲的“ 90 后”。只要你会写笔记，就算一个粉丝都没有，也有可能做出爆品，轻轻松松就能实现品牌推广和引流。

2. 哔哩哔哩

哔哩哔哩就是大名鼎鼎的 B 站，是国内年轻人聚集的视频社区。B 站有各种动漫、番剧、电视剧，以及大量自制视频与视频教程。

截至 2019 年第三季度，B 站月活跃用户达 1.28 亿，移动端月活跃用户达 1.14 亿。越来越多的人进驻 B 站，上传自己制作的内容，努力成为优质 UP 主，为自己或者企业引流。

3. 豆瓣

豆瓣是一个被低估的引流平台。到目前为止，尝试用豆瓣引流的人还不多，所以它还是一片“蓝海”。

豆瓣于 2005 年创立，至今已有十几年。豆瓣上有几十万个小组，每个小组都有几千甚至几十万名用户，用户的活跃度非常高。而且，豆瓣在百度上的权重指数也不低。最重要的是它上手难度低、竞争小、操作简单，规则也没有那么复杂，很适合互联网新手操作。

4. 微博

“随时随地发现新鲜事。”正如这句广告语所说，你在微博上能随时随地接收到实时的信息和资讯。除此之外，微博也是一个相当热门的引流平台，最大优势就是用户多。截至2020年第二季度，微博的月活跃用户已经达到5.23亿，比2019同期增加了3 700万，可以说是国内最大的社交媒体平台。

很多知名品牌会在微博上进行营销和引流。虽然微博是一个巨大的流量池，但是并不意味着随便发几条微博就能达到引流的效果。微博上的营销和引流也有一套方法，具体操作在后面的章节会有详述。

短视频

1. 抖音

截至2020年1月5日，抖音短视频的日活跃用户已经超4亿，用户群体主要分布在一、二线城市，用户偏年轻化，学历也相对较高，因此不管是企业还是个人纷纷涌入，希望借着这个风口获得一拨流量。在后文讲抖音玩法的章节中，我会从算法、人设、内容和互动引流方面进行详解。

2. 快手

提到抖音，就不得不说快手。快手的用户群体主要集中在三、四线以及以下城市，这也就决定了快手与抖音在内容上的不同。除此之外，二者的推荐逻辑也不同，一个是流量会往那些优质、美好的内容上倾斜，另一个是去中心化、普惠的。

3. 糖豆

说起糖豆，你大概并不熟悉，不过你的妈妈或者邻居阿姨的手机里可能有这个 App，因为它是一个广场舞教学 App 。

糖豆目前的用户量已经达到 2 亿，在 2018 年和 2019 年曾数次荣登健身类 App 榜单榜首，周活跃度曾是悦动圈的 20 倍，可以说是目前最大的中老年人聚集流量洼地。如果你的目标客户是中老年人，那你一定要重视糖豆。

搜索与信息流、社区和短视频这 3 类渠道的平台远远不止以上这些，此处只是列出了部分比较热门或者我深入研究后觉得引流效果不错的平台，实际上还有很多优秀的平台等待我们去发掘。其实，平台虽然多，但其玩法也具有一定的共通性。不管你想通过哪个平台引流，都绕不开以下这 3 个关键。

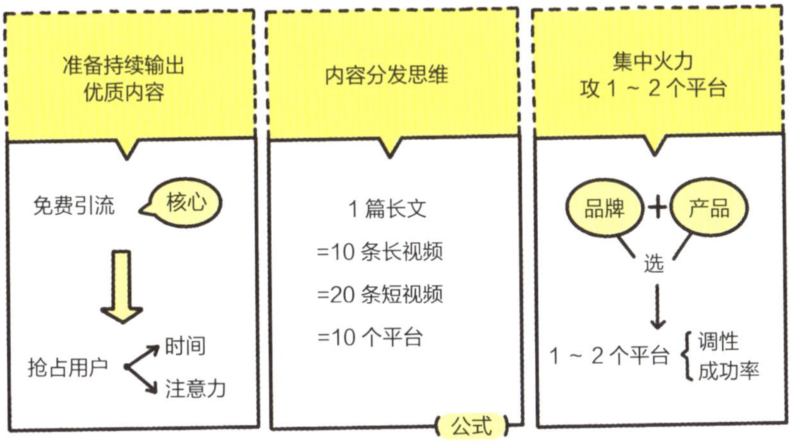

平台引流的 3 个关键

- **要做好持续输出优质内容的准备**

在任何一个平台，免费引流的核心都是具有优质的内容。只有优质的内容才能引起平台的关注，才能抢占用户的时间和注意力。

不管你选择哪个平台或者哪些平台，都要思考自己所在的行业和自己的产品能为用户提供什么有价值的内容。如果你是做女装产品的，你可以为用户提供服装搭配、面料保养方面的技巧；如果你是运营短视频的，你可以教用户怎么剪辑出爆款短视频；如果你是从事健身的，你可以向用户提供运动和减肥方面的方法与心得……

- **要有内容分发思维**

也就是你要学会一个素材在多个平台使用，尽量使素材的价值最大化。此处有一个公式分享给你，即“1 篇长文 =10 条长视频 =20 条短视频 =10 个平台”。我们一直都在运用这个公式，有时候我们在公众号发布了一篇文章，就会把它稍作修改发到知乎、今日头条等平台，甚至还会把它做成视频上传到各大视频平台。这样做既能实现素材的高效利用，又能节省人力成本。

- **不要太贪心，集中火力攻 1 ～ 2 个平台，做起来之后再去拓展其他平台**

当然，你需要考虑清楚，自己的品牌、产品和哪个平台的调性更搭，运营哪个平台的成功率更高。依据渠道选择的方法，慎重选择 1 ～ 2 个平台，之后不要三心二意，而是脚踏实地、集中力量做出一定的成绩后，再考虑拓展其他渠道。

搞清楚这 3 类渠道和 3 个关键后，你就能建立起外部引流模型，让引流变得更容易。

第2章

▸▸▸ 线下渠道：

简单 4 步，从实体店到私域天天加满粉

受大环境的影响，不同行业的实体店都受到了一定程度的影响。就以餐饮行业为例，如果你的饭店的营业额每个月都在往下降，租金却一年比一年贵，各种原材料的价格也是今天涨完明天继续涨，你可能每天都会处在焦虑中。

如果我现在告诉你这个问题只需几步就可以解决，你一定会很好奇到底需要做些什么，才能达到新顾客自己上门、老顾客经常过来消费的效果。

其实很简单，就是做私域流量——让每一个来过饭店的人成为你私域里的流量。这样即使他从饭店离开了，你也可以随时触达，而不用担心找不到他。具体怎么做，我们可以通过一个在2019年新开业的餐饮店构建私域流量的案例来解析。

品牌定位

粿 × 牛是一家新开的非连锁品牌店，地理位置优越，附近有即将开通的地铁线路。既然是新开一家店，首先要做什么？当然是明确店铺的定位。

通过了解周边的客户群体，我们发现附近有大量的“80后”“90后”上

班族，他们就是该店铺的目标客户。其次，我们要根据目标客户喜爱的风格，设计店内的装潢、整体风格以及经营方式，并且确定菜品的种类以及分量。

这些是引流的前提。面对产品同质化的现象，我们需要抢先在目标受众中留下不同的品牌印象。那么在准备好店面的一切之后，如何在新店开业的初期打响品牌，有效地吸引目标客户？

构建私域流量的开始和关键

新店刚开张，此时首先要解决引流的问题。那如何在发传单、搞地面推广的传统宣传手法外，用低成本的方式让新客进店，还使新客主动加店铺微信呢？

这家店的开业时间定在7月17日。在开业前3天，我们设计了预热活动：加店铺的微信，开业后可以免费吃一碗牛肉粉。虽然此时店铺还在装修阶段，但是来往的行人看到这张大的横幅都很感兴趣，纷纷扫二维码加微信。

而我们这么做的目的就是前端让利，用低价产品引流，使客户及时添加店铺微信，这是构建私域流量的开始和关键。

客户添加了店铺微信后，我们也设置了回复话术，直接说明福利、电话、具体地址。例如，“恭喜今天添加小店微信的您获得‘牛肉丸粿条1份’。我们7月17日就要开业啦！欢迎您当天到店品尝，开业当天还有更多优惠惊喜哦”。最后，再附上店铺的联系电话以及地址。在试营业的3天时间里，店铺微信个人号“牛小妹”被动引流粉丝600+。

当我们加上了客户微信后，接下来就是利用微信触发老顾客多次回购，怎么做呢？

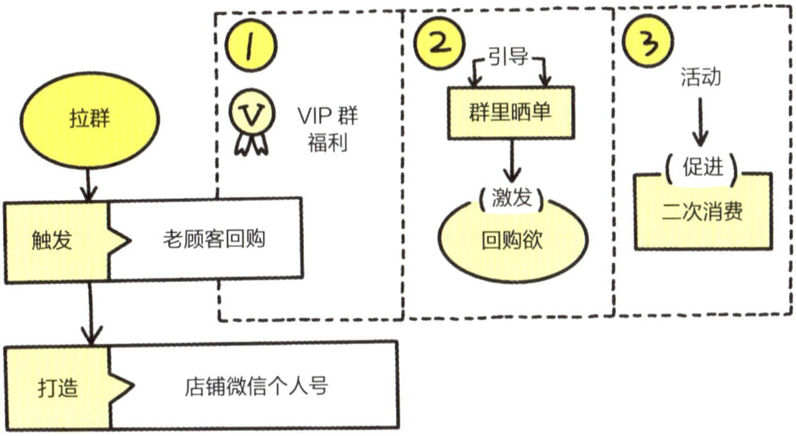

触发老顾客回购的 3 个步骤

1. 拉群

初次消费后，顾客对店铺有了一定的认知，这时候，我们可以向他们询问用餐是否满意、对店铺有什么建议等。通过实时沟通，商家就能和顾客建立亲密度，接着把他们拉入福利群。我们把店铺微信个人号“牛小妹”的粉丝拉入福利群——粿燃牛 VIP 粉丝群，店铺建立了两个粉丝群，3 天内人数达到 500 +。

2. 群内触发老顾客回购的方法

拉群之后要做什么才能使新顾客成为老顾客，一次又一次地到店消费？首先邀请顾客进 VIP 群，优先推送店内优惠活动，为顾客提供优质的 VIP 服务体验。例如，每天在饭点发红包，手气最佳的顾客可以免费获得粿条 1 份。

其次，引导顾客在群里晒单，顾客好评持续触达潜在顾客，激发群内其他顾客的回购欲望。晒单加优惠，效果更好。例如，在饭点晒美食图、晒单，你再接着发放优惠，如前 10 名顾客享受 9 折优惠，很有可能引来一大拨老顾客。

最后，群内发布活动信息，结合后期复购活动落地，有效促进二次消费。

3. 店铺微信个人号的人设打造

微信个人号是店铺和顾客发生持续联系的地方。除了能接收顾客的信息，微信个人号更重要的是成为顾客更加了解品牌的窗口，是可以加深店铺与顾客沟通的桥梁。所以，店铺微信个人号的人设一定要打造好，可以增加顾客的信任感。

头像：这是一个广告位，可以用店铺负责人的头像或者生活照，也可以放上品牌的商标等。

昵称：建议不要直接使用店名作为昵称，而要采用和门店品牌有关系的名称。如果只有单一的店名，显得有点单调，不吸引人，并且少了一点温度。

个性签名：可以将个人发展和门店品牌结合在一起，突出身份、价值、愿景等。

主页背景墙：就是店铺门面，需要具备品牌名称、个人简介、产品名称这几个要素，通过微信个人号增进顾客对品牌的了解。

➔ 实体店玩私域流量的方法

实体店想要利用微信，想要利用私域流量给店铺带来翻倍的单子，这里还有更多可用于实战的方法。

1. 引入微信个人号

①加老板微信，可以免费获得一份菜品，这份菜品要尽量低价，但得是店内畅销的，如凉拌菜；

②结账时加老板微信，即可享受 9 折优惠；

③加老板微信，免费送一瓶店内畅销饮料；

④送其他礼物等，但有个原则要牢记，那就是这些免费福利的成本得保证可以在后期追回。

2. 拉群，在群内变着法子吸引顾客

把顾客拉到福利群、吃货群、VIP 群后，店铺可以通过各种新鲜有效的方法吸引顾客二次到店消费。

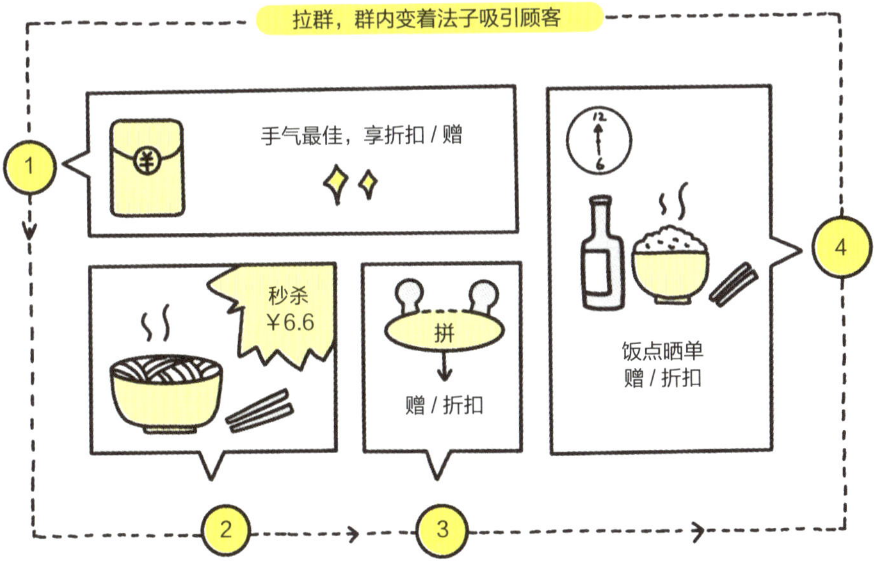

群内吸引顾客的方法

①群内发红包，手气最佳者可以享受 9 折优惠或者送一份菜品

例如，烧烤店要送手气最佳者一份生蚝。那如果这个人没空来怎么办？名额可以转让，还可以保留，只需要这个人发一个小红包，让群内其他人接下去。这样群里红包不停，也使微信群活跃起来。

②群内秒杀活动

例如，6.6 元的牛肉粉限量 5 份，有需要的顾客可以立刻预约，保留座位。

③两人成团

两人同行到店消费，即可获赠一碗店内好汤，或者获赠一张 20 元优惠券等。

④饭点晒单

每天到饭点便引导来消费的顾客，如“在群里晒单，买单即可再送一份饮料或者享受打折优惠”。当顾客在群里晒单后要主动在群里联系他，附上“感谢晒单，送你一份饮料”等突出晒单有回报的说明，在饭点吸引顾客。

3. 群内日常互动维护方法

可以在群内预留几个小号，时常做好群内互动。例如，小号可以时不时给群内的顾客分享一些美食的福利信息、本地吃喝玩乐的攻略，还可以经常主动询问一些关于店内订座、店内新品的问题，群主主动进行答复，这样也能引起其他顾客的注意。

4. 巧用锁客系统

要想持续让顾客回购，最好把他们都“锁住”。例如，一家烧烤店推出“加 1 元赠送 1 打啤酒”的优惠活动，但前提是一次只能消费固定数量。这样做的效果是什么呢？顾客老是惦记着店里还有自己没喝完的啤酒，下次想要吃烧烤，自然就会觉得去这家更实惠了。

“实体是传统，私域是未来”，只要你掌握了这么一套私域流量的实战打法，把生意“搬”到微信上，你就不用再苦苦发传单、搞地面推广活动、花大价钱去投放广告。希望每一个做实体店的伙伴都从现在开始行动，把私域流量也构建起来。

新媒体引流篇

第3章

全网引流之
搜索与信息流引流

第3章

百度：竞价成本高？百度营销低成本照样日引千粉

回想一下，当你刚接触到一个不熟悉的品牌或者产品时，想知道别人是怎么评价它的，你是不是就会下意识地去百度搜索一下？例如，我们的“媒老板商学院”，你是不是也在百度上搜索过呢？

如果你能在百度上搜索到该品牌或者产品的相关信息，并且都是正面信息，你就会对其有一个好印象，甚至还会添加其联系方式。

如果你搜了半天发现几乎没有该品牌或者产品的信息，或者是有很多负面信息，相信你马上就没有继续了解下去的兴趣了。

作为国内目前最大的搜索引擎平台，百度营销是企业开展网络营销时绝对不可忽视的一环。多年以前就有许多企业通过百度竞价获取大量客户，迅速崛起。

百度竞价是一种在百度上付费购买关键词的推广方式，企业出价越高，相关信息的排名就越靠前，先被用户看到的概率就越大。不过，现在百度竞价的成本越来越高，这使很多人和企业望而却步。

那么，百度营销还值得做吗？答案是值得，并且是一定要做。

为什么一定要做呢？因为百度的用户都是带着问题找答案，所以流量非常精准，而精准就意味着转化率高。百度有用户信任基础，“百度一下，你就知道”已经深入人心，许多网民都习惯了“百度一下”。

直到现在，每天使用搜索引擎的6亿多用户中，选择百度的就有3亿多用户。但是竞价成本太高，我们该怎么办呢？

别着急，我们照样可以低成本地通过百度日引千粉。

百度营销的基本步骤

百度本身不生产内容，它是通过程序在权重较高的网站上抓取与用户搜索的关键词匹配的内容，然后通过算法筛选出匹配度最高的优质内容，优先展现给用户。

如果想在“百度霸屏”，就要在权重较高的网站上发布大量和用户搜索的关键词相关的内容，然后这些内容会被百度算法有效识别、抓取，再将其推荐给用户。

想在百度上做好营销，只需要3步。

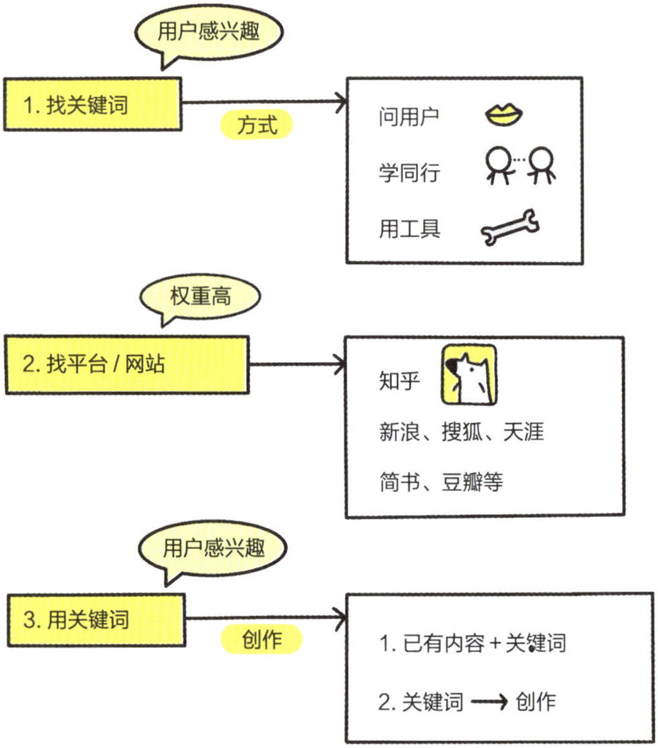

3 步在百度上做好营销

- **找出用户感兴趣的关键词**

在这一步，我们有 3 种方法可以采用。

问用户。找关键词的目的，就是让目标客户更容易搜到你的品牌和产品，所以找关键词的第一要诀就是从用户的角度出发。你可以直接去问用户，或者做用户调研。

学同行。看看成功的同行都在用什么关键词，对其进行分析、拆解，然后学习。

用工具。要学会运用数据统计工具，如百度指数、爱站网关键词挖掘、5118 营销大数据等。

具体操作可以参考下表。在这张表中，我把关键词词根分成了 4 种——品牌、产品、行业、竞品，然后根据这些关键词词根去进行延展。

所谓“延展”，就是尽可能地想出一些长尾关键词。搜索这些词的用户需求很明确，比较容易被引入私域流量池。你完全可以照着这张表找出自己的关键词词根，填入表中就行了。

寻找关键词示意表

关键词	关键词词根	长尾关键词 1	长尾关键词 2	长尾关键词 3
品牌	媒老板、坤龙老师	1. 媒老板怎么样？ 2. 坤龙老师怎么样？ 3. ___怎么样？	1. 媒老板的课程怎么样？ 2. 坤龙老师的课程怎么样？ 3.___怎么样？	1. 媒老板的课程有用吗？ 2. 坤龙老师的课程有用吗？ 3.___有用吗？
产品	新媒体线下课程、公众号训练营	1. 哪里有新媒体培训？ 2. 哪里有公众号课程可学？ 3. 哪里有___吗？	1. 广州有新媒体培训吗？ 2. 北京有公众号课程可学？ 3. 哪里有___吗？	1. 广州营销机构哪家好？ 2. 北京公众号训练营哪家好？ 3. 哪里有___好？
行业	新媒体、互联网、公众号、文案	1. 新媒体有前途吗？ 2. 公众号有前途吗？ 3.___有前途吗？	1. 公众号怎么涨粉？ 2. 怎么写好文案？ 3.___怎么___？	1. 教育类公众号怎么涨粉？ 2. 怎么写好介入文案？ 3.___怎么___？
竞品		1.___怎么样？ 2.___怎么样？ 3.___怎么样？	1.___课程怎么样？ 2.___课程怎么样？ 3.___怎么样？	1___课程有用吗？ 2.___课程有用吗？ 3.___有用吗？

- **找出百度权重较高的平台或网站**

例如，你想知道知乎的百度权重，只要在爱站网的搜索栏中输入知乎的网站域名就会显示。结果显示，知乎的百度权重，不论是在手机端还是电脑端都是 9（百度权重的等级为 0 ～ 10）。也就是说，想在百度上做营销，就一定要重视知乎。

另外，新浪、搜狐、天涯、简书、豆瓣的百度权重也都很高，要在百度上做营销，也可以尝试这些平台，而且在这些平台上发布信息都是免费的。当然，除了以上平台，百度自身旗下的产品如百度知道、百度百科、百度文库、百度地图、百度网盘、百度经验等的百度权重也很高。

找到了关键词，也找出了权重高的平台，最后一步就是发布内容了。

- **根据用户感兴趣的关键词创作内容，或者在创作好的内容里加入用户感兴趣的关键词**

也就是说，我们在创作内容的时候，必须了解平台用户的兴趣爱好、调性等，并且通过研究用户观看内容的偏好和习惯定制个性化的内容。

百度引流的 3 个百度系平台

百度系平台里流量最大的是百度知道、百度贴吧、百度百家。掌握了这 3 个平台的玩法后，你几乎不再需要投入什么成本就能在百度上获得巨大的流量，这对于刚刚起步或者资金比较紧张的中小企业来说再合适不过了。

1. 百度知道

如果你经常使用百度搜索信息，一定用过百度知道。它在百度搜索中的权重是 10，在 360 搜索网站上的权重是 8，在用户搜索关键词时可以获得大量曝光。而且因为百度知道的内容来自问答，所以每一次内容曝光都异常精准。掌握百度知道的具体操作分为以下 5 步。

养号

不管运营什么平台，你都需要有自己的账号。账号的等级越高，权限就越大，回答带链接和推广产品时也更容易通过系统审核。这就要说到养号的问题，你可以“养”一个高等级的账号。

如何养号呢?

①填好昵称、头像、简介、擅长领域等信息。注意取名的时候不要涉及营销推广等敏感词语。

②模仿真实用户，每天签到、浏览、做任务，参加一些官方活动。

③积极回答目标领域的问题，争取被采纳，提高采纳率；也可以回答其他领域的问题，不过比例要降低。

④和目标领域的回答进行互动，如点赞、评论等。

整理、分析关键词

通过对关键词的整理、分析，看一看哪些已经被大量使用。如果你在百度搜索了某个关键词之后，发现已经有大量的信息，那就说明这个关键词不太适合进行优化了。

这时可以选择热度低一些的关键词，利用百度指数、爱站网关键词挖掘、5118 营销大数据等工具都可以找到。

提出问题

完成两个步骤之后发布你的问题，然后等待别人回答。如果没有人回答问题，也不要气馁，可以思考是不是问题描述得不够准确，对问题进行完善。

此外，需要注意的是，百度知道是不允许自问自答的，被系统察觉就会被删除回答。

- **登上首页**

在任何一个平台，只要发布的内容质量高，就会被优先推荐，在百度知道上也是如此。太差劲的回答是无法吸引用户的，在回答中赤裸裸地打广告也会遭到用户反感，直接留下如“加微信”“加 QQ”等信息更是大忌。用心在回答中提供专业的、对用户有价值的内容才是关键。

有了好的内容，能否登上首页就取决于该回答的点击量和点赞数。所以，如果想让自己的回答排到首页，你就要在点击量和点赞数上下功夫。

- **维护问答**

当点击量和点赞数达到一定数量之后，你的问答就会登上首页，接下来要做的就是维护。具体应该怎么维护呢？

你平时要多搜索相关关键词，搜到后点击自己的问答页面，看看有没有需要进一步完善的地方，回答越优质，用户越欢迎，获得更多浏览和点赞后，这个问答页面的排名自然也会更靠前。一旦你的问答页面排名得到提升，点击量自然也会增加。另外，还有两点需要注意。

一点是百度知道是不允许在问题和回答中直接打广告或留下联系方式的，系统会判定为违规。

另一点是现在大部分用户的搜索语言都很口语化，不够精练。但是百度知道早早就了解了用户的这一习惯，所以系统会将句子里的关键词提取出来，匹配用户想要的答案。这就要求你在发布问题的时候要使用多种提问方式，既有关键词直接提问，也有一般语言中穿插关键词的提问，以求覆盖面更广。

2. 百度贴吧

要想做好百度营销，百度贴吧也不能忽视。它拥有数亿用户，并且根据话题已经将用户群体分门别类，我们去与自己的产品相关的贴吧发布内容就行了。如果你想利用百度贴吧引流，可以试试这 3 步。

- **相关贴吧引流**

虽然单个贴吧的流量不大，某些话题比较冷僻的贴吧流量更小，但是千万不要小看它们。因为流量不在于多，而在于精。目标贴吧的流量越精准，引流效果越好。

选贴吧的技巧——找准关键词。关键词越精准，流量越精准。以美妆行业为例，我们在搜索美妆类贴吧时会出现很多相关贴吧，不仅美妆吧里有我们的目标客户，化妆吧、美白吧、美容吧、护肤吧里也会存在大量的潜在客户，我们可以结合自己产品的情况去这些贴吧中引流。

当然，你也要分析潜在客户的行为，搞清楚他们去那些贴吧的原因，挖掘出他们的喜好、需求，然后有针对性地展现自己的价值，吸引目标客户。

- **发帖**

①养号

和百度知道一样，我们在百度贴吧里发帖前也需要养号，此处不再赘述。

②标题

养号之后就是发帖。发帖时最重要的是取一个好的标题，因为好的标题是成功的一半。标题取得越好，用户打开帖子的可能性就越大。

标题最常见的写法就是抓住用户的好奇心。我曾经看过一个帖子的标题是"两个月能变白到什么程度，我也来分享一下自己的美白之路"，这一下子就抓住了那些想变白的女孩的好奇心。点进去的时候，她们会看到两张对比照，变白之前的肤色和变白之后的肤色差别巨大，对比效果很明显。这时，她们一定会继续看下去，因为她们的需求就是变白。

③内容

仅仅是标题起得好还不够，还要有优质的内容才能打动我们的目标客户。一个好的精品帖抵得上几十上百个普通帖。

用户被标题吸引过来，然后在这里得到了干货，就会对你这个人产生好感，认可你的专业性，从而对你产生信任，自然有利于下一步的推进。

在上文提到的关于美白的帖子中，帖子的标题和内容就引起了用户的兴趣，使用户对楼主产生了信任，然后有用户在回复中主动询问楼主的联系方式，这就是精准的引流。

需要注意的是，发帖的内容需要是原创的。如果自己不知道如何创作，可以在其他平台阅读优质的内容，了解用户的需求点以及重点关注的话题，这样在自己创作的时候就可以把控好大方向，更快地构思和创作出优质内容，也更容易被用户认可。

留联系方式

每个平台都有自己的规则，我们在百度贴吧留下自己的联系方式时要尽量隐晦一些，可以采用以下几种方式。

①引导用户留联系方式，这样不容易被系统删帖以及封号；

②私信，可以跳过贴吧机器检测以及吧主检测，但是如果用户有隐私设置，你便无法给他发私信；

③昵称，可以把账号的名字改成微信号或者公众号的名字等；

④用谐音留下自己的联系方式或者在号码中间加符号。

3. 百度百家

百度百家不仅用户量巨大，而且平台收入相当客观，其百度权重也是

10，是一个引流吸粉的好渠道。

与其他自媒体一样，百家号也是通过发布文章的方式来引流的。不过百家号对于内容的要求要稍微高一些，而且规定创作者不能在文章中直接留下联系方式，包含一些广告营销内容也不行，否则很容易导致审核无法通过。就算文章通过了审核，也不会被系统大力推荐。

那么怎样操作才能通过百家号进行引流呢？首先，要了解百家号平台用户的年龄分布、性别分布等信息，只有做到知己知彼，才能百战百胜。

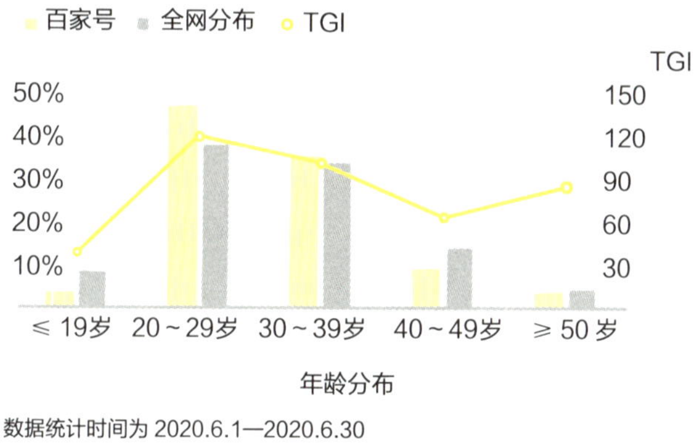

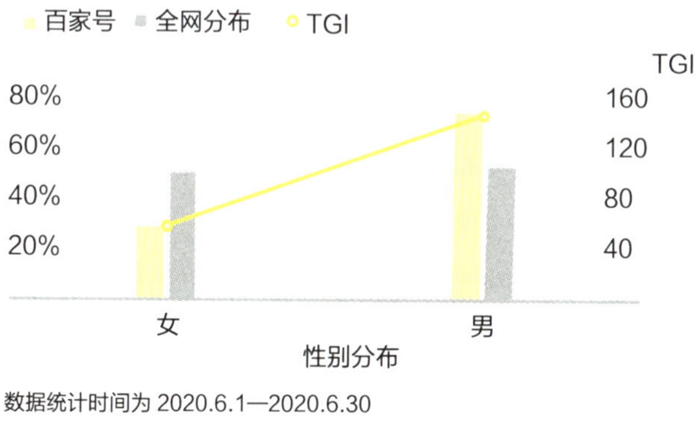

百家号的用户画像

由上图可以看出，百家号的用户多集中于 20 ~ 29 岁这个年龄层，以男性居多，所以我们在选取素材、创作内容时，就可以侧重于这一部分人的喜好，如 NBA（美国职业篮球联赛）、电玩相关等。当然，具体创作内容也要结合自己的领域。

其次，在创作内容时要根据自己的领域准确定位需要哪种类型的粉丝。你需要的是女粉、男粉，还是宝妈粉？在确定了粉丝类型后，你再去寻找粉丝喜欢的、感兴趣的内容素材。

以时尚版块为例，如果你是做时尚相关产品的，基本可以确定以女性粉丝为主，在创作时就要投其所好。

最后，引流。既然百家号文章的审核非常严格，在正文中不能直接出现联系方式和广告，那我们应该怎么办呢？百家号中有一个功能——自动回复，我们可以利用这个功能，放上自己的微信号或其他联系方式，等着用户自己找上门。

其实做百度营销，不论运营哪个平台，核心就是这几点：根据用户喜好选择关键词；了解平台规则和权重，确保发文顺利；注意留联系方式的技巧，不要踩雷。为了让创作出来的内容发挥最大价值，我们可以把同一篇文章发布到多个平台。发文之后，我们可以第二天去百度搜索一下标题，或者把文章网址复制到浏览器中，如果能搜索出来，就说明文章被收录了。你学会了吗？

第 3 章

知乎：4 招学会知乎引流，不花 1 块钱实现精准获客

知乎也是一个相当重要的引流平台，因为它的用户规模大，百度权重高，而且因其属性是问答平台，所以流量也很精准。

但是用过知乎的朋友都知道，知乎的系统审核尤其严格，对言论不当或者操作违规的用户，系统甚至会给予封号处理。

那怎么做才能规避这些风险，不花 1 块钱就能实现精准获客呢？这就是本节重点要讲的内容。

我在知乎平台上的账号名是“杨坤龙”。截至 2021 年 11 月，我回答了 402 个问题，写了 204 篇文章，获得了 88 112 次赞同和 293 938 次收藏，粉丝数为 73 502。它为我的公众号和微信个人号带来了一大批精准流量。

知乎的价值远远超出我们的想象。

我将从以下 4 个方面详细解释知乎引流的具体方法，哪怕是新手，也能一学就会。这 4 个方面分别是基本认知、形象人设、流量获取和内容创作。

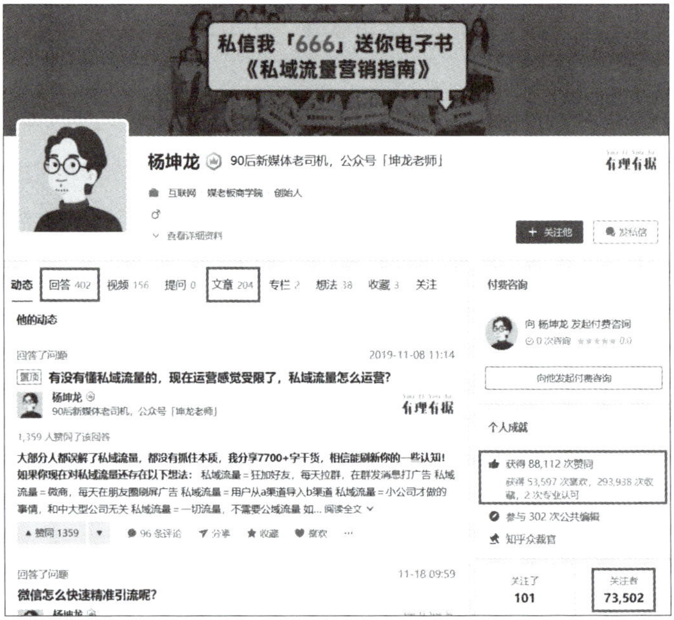

➔ 基本认知

在任何一个平台上生产内容，我们都应该先了解这个平台，而最基本的则是了解平台的价值、算法和引流逻辑。

1. 平台价值

知乎的用户画像比较优质，高学历和高消费的人群居多。艾瑞网统计的数据显示，知乎用户中本科以上学历者占 70% 以上。知乎从创立之初就营造了一种“高知氛围”，并且在各领域的信息价值都很高，有一定的公信力，所以知乎上的高赞回答也天然地具备专业性和权威性，用户看到之后也比较容易对其产生信任，内容也很容易被分享到其他平台。如果你创作出了高赞回答，那么个人的人设和品牌就在无形之中建立起来了。另外，因为知乎和微信是合作关系，所以目前知乎是允许向微信公众号引流的，这在其他平台很难实现。

知乎的用户流量相对精准，因为它的核心是问答，有用户提出问题，我们才可以去回答。例如，有没有适合女生的入门级耳机？有没有适合女生骑的自行车？有哪些冷门但是超级好用的护肤品？等等。提出这个问题和搜索这个问题的用户都是有需求的，如果你的回答比较靠前，就很容易吸引到用户。

在知乎上，不需要花钱买流量，也不用搞裂变或者抽奖，因为用户的关注以及跨平台转化，都是基于对你所创作的内容的认可。

2. 平台算法

知乎使用的算法叫威尔逊区间法，这种算法有什么特点呢？

- **动态排序**

知乎平台的任何一个问题下看到的回答，其排名均由系统根据用户反馈进行动态调整的。其中，用户反馈包括点赞、反对、评论、感谢、收藏这5个维度，系统会根据这些来综合评定一个回答的质量，并给予相应的排名和内容分发。

知乎最大的两个流量来源是推荐和热榜。推荐页是知乎系统根据用户的浏览习惯进行差异化的分发，所以每个用户看到的都不一样。热榜是全站用户都能看到的，而且每个用户看到的都一样。在热榜页，决定流量的是排名，排名越靠前，流量越大。而决定分发和排名的，就是用户反馈。

这也就意味着，知乎上的流量分配是相对公平的。即使你是一个新用户，只要你的内容能够调动用户予以反馈，就有机会成为热门回答。

- **回答越优质，权重越大**

知乎有一个特点——你在哪个话题下有优质回答，在哪个话题下的权重就会更大，当然仅限于该话题。例如，你是一个拥有几十万粉丝的美妆护肤类账号，在美妆护肤话题下有很多优质回答，那你的回答在这个话题下的权重很高。

但是，如果你看到了一个商业话题，很感兴趣便去回答了，但系统不会因为你是美妆护肤大V就给你增加商业话题的权重。

此时，作为护肤达人的你回答商业话题的效果，几乎和一个新用户是差不多的，能否调动其他用户予以反馈还是要看内容。

- **权重越大，初始排名越高**

你在某个话题下权重很高，那么你在这个话题下的任何回答，其初始排名都会很高。当然，如果你有违规行为，权重将会被削弱。由此可见，在知乎上，大V和新手不同的地方就在于初始排名。

所以，在运营知乎账号的时候，回答的内容一定要有针对性，也就是回答的问题要尽量与自己的领域相关，70%的回答与自己的领域相关，而剩下的30%可以适当地蹭蹭热点。

3. 引流逻辑

如何在知乎上将用户变成私域流量呢？

一般是引导用户关注自己的公众号，然后导入微信个人号，最常见的流程就是“回答曝光→关注公众号→自动回复引导添加微信个人号”。例如，我会在自己的回答或文章末尾加上这样一句话：“感兴趣的朋友可以关注我的公众号‘媒老板商学院’，送你最火私域流量全案。”

知乎回答中不能直接出现微信个人号，这属于违规操作。尽管知乎和微信有合作，但知乎在表面上对微信个人号的引流还是禁止的。如果你想将用户引流到社群或微信个人号，也可以引导大家通过私信获取你的微信号。

➔ 形象人设

在知乎上，不需要你的形象有多么高大上，但一定得是完整的、立体的、有温度的，以增加用户的信任度。一个立体、丰满的形象包含 7 个呈现要素：背景图、头像、一句话介绍、职业经历、教育经历、个人认证、个人简介。

1. 背景图

背景图也就是个人主页，可以非常清晰地展示个人形象、账号定位，你也可以在上面留下自己的联系方式，用于以后引流。当然，你也可以把背景图当作广告位，用来推广新品，并展示新品的卖点。还有一种方式，就是通过背景图来展示品牌调性。

2. 头像

头像和角色定位一定要匹配。头像是该账号给他人的第一印象，与定位、人设相符的头像更容易获得用户的信任和欣赏。在头像的选择上，要尽量使用自己的个人形象，给用户更真实、专业、严谨的印象。

总之，我们可以利用背景图和头像展示角色定位、个人信息、推广新品或者是展现品牌调性。这都是塑造个人形象的第一步。

3. 一句话介绍

这是官方允许引流的位置，字数需在 30 个字以内，会直接在主页展示。在我们的回答顶部会显示其中的 16 个字，可以将其理解为个人标签。

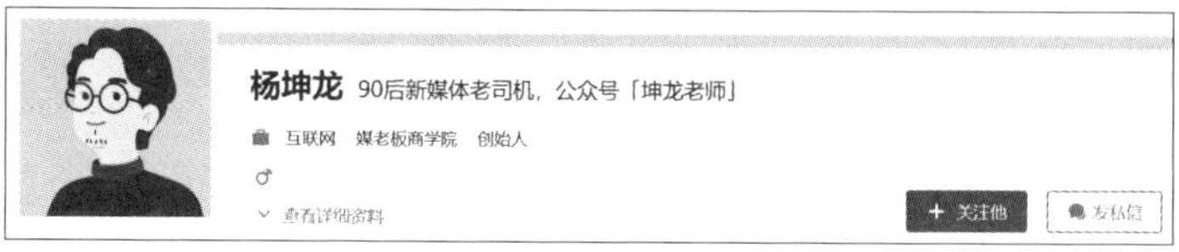

4. 职业经历

在这一栏，除了描述职业经历，也可以放上自己的公众号。

职业经历	媒老板商学院 · 创始人
	公众号：坤龙老师 · 主理人

5. 教育经历

在这一栏，我们要尽可能真实地呈现自己最优秀的一段教育经历。

6. 个人认证

这包含学历认证和职业认证，每个用户最多可以申请 5 个认证，并且进行前端展示。

7. 个人简介

个人简介在个人资料的最底部，能看到这里的，一定是对你非常感兴趣的潜在用户。这里也是知乎允许留下引流入口的地方，所以一定要展示自身价值，尽可能地引流。

个人简介	我是坤龙，媒老板商学院创始人，90后新媒体老司机，在行运营类第一行家。从业9年，曾参与50多个公众号运营，30+个品牌新媒体营销推广，累计10万+名付费学员。

流量获取

关于如何在知乎获取流量，有以下 3 个模块。

1. 知乎的流量分配机制

知乎的流量分配机制，实际上可以总结为一句话：用户怎么浏览，流量就怎么分配。

打开知乎，我们会看到 3 个页面：关注页、推荐页和热榜页。关注页是每个用户关注的所有用户的动态；推荐页是系统主动分发的内容，系统根据每个用户的浏览行为推荐他可能感兴趣的内容；重点就在热榜页，它类似于微博的热搜榜，是知乎中流量最大的板块。所以我们在找问题的时候，要优先关注热榜页。

另外，当一个问题上了热榜之后，除了能在热榜页上看到它，我们还能在推荐页看到它。系统会将热榜话题持续分发到用户推荐页，并且抽取其中反馈较好的回答，这时就没有所谓的初始排名和权重的影响了，全看回答的质量。

另外，热榜页还有一个特点——24 小时内热议，而且 30 天内未上榜的全站所有内容均有机会上榜。所以，无论你属于哪个领域，都有机会在热榜上找到适合自己的问题并进行回答。

那么热榜上的问题是怎么冲上来的？我们能否趁问题还没火就提前回答？这样等它冲上热榜，我们的回答不就火了吗？答案是肯定的。

这些问题就涉及一个关键点——话题。

你可以点开知乎上的任何一个问题，其中都会附带着最少 1 个、最多 5 个话题，随便点开一个话题，你就能看到这个话题下的所有相关问题。

热榜上的所有问题，都是从这一个个小话题升上来的。也就是说，所有的问题在上热榜之前都隐藏在一个个小话题之中。而我们要做的，就是找到这些问题，然后用心写好回答。

2. 去哪里找问题

我们如何找出那些可能冲上热榜的问题呢？

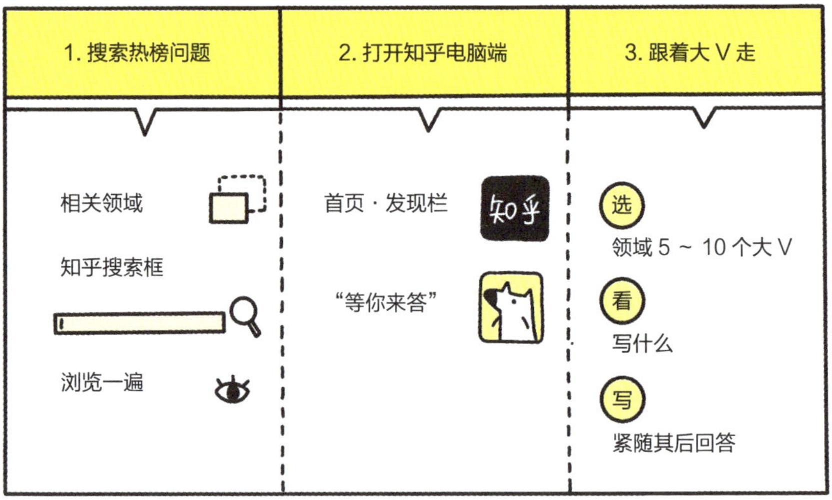

寻找问题的 3 种方法

第 1 种方法是搜索热榜问题，这也是最常用的，分为以下 3 个步骤。

①搜集你所在领域的相关话题，并一一列出；

②在知乎搜索框中逐步搜索这些话题，找到关注人数比较多的话题并关注；

③从上往下浏览一遍，找到适合自己的问题，用心回答。

第 2 种方法是打开知乎电脑端，在首页旁边有一个发现栏。这是另一个大的流量入口，也是寻找问题的一个入口。

除此之外，还有一个经常被忽视的版块，就是发现页旁边的“等你来答”。“等你来答”这个版块包括为你推荐、人气问题、最新问题、邀请回答。其中，在人气问题下面，我们能够找到标上升箭头的内容，代表热度上升，这些内容就是很有可能冲上热榜的问题，所以我们也可以提前在此回答。

还有第 3 种方法，那就是跟着大 V 走。首先找到自己所在领域的 5 ~ 10 个大 V，关注他们，看他们每天都在回答什么问题，然后紧随其后写下自己的回答。

大 V 与你相比，对内容的敏感度更高，跟着大 V 走会让你省下很多筛选问题的精力。而且，超级大 V 是能够把某个问题带上热榜的。例如，丁香医生就经常把一些毫不起眼的问题带上热榜。

3. 如何冷启动

一个刚刚在知乎注册的新号，在没有任何粉丝的情况下完全没有热度，最初回答问题的时候需要一些赞同来提高一下热度，这也就是冷启动。

如何冷启动？

作为一个新号，一定要想办法争取更多用户浏览自己的回答，争取获得大家的点赞、收藏，也可以通过搜索相关问题与其他用户进行互动，让更多用户知道自己，从而获得更多关注。

如果刚开始回答问题就获得了一些赞同，说明这个新号的质量很高，系统也会给这个新号分配更多流量，甚至会让这个新号加入知友推荐计划。

最后，嘱咐你一句：“运用任何技巧和窍门都是为了增加成功的概率，但无法保证每一次都能成功，持之以恒地输出是更重要的一件事。”

➔ 内容创作

几乎所有平台都是以内容为王，知乎更是如此。内容的质量直接决定着用户是否愿意阅读回答，是否愿意关注我们。好的内容一般包含开头、正文、末尾。

1. 开头——效果前置，即提前告诉用户

假如有这样一个问题“如何快速增加自己的知识储备”，在写回答时，你将会如何开头？你可能会这么表达：“给大家分享3种方法，可以快速增加知识储备……”这是常见的论述方式。

如果换一种方式呢？大家可以感受一下其中的区别。

给大家分享一个方法，相信我，按照这种方法去学习，可以让你的效率提高10倍！相信很多人原来……但是这样并没有什么效果，因为……所以你可以这样，我曾经用这种方法在10天之内……迅速掌握了雅思考试必备的3000个核心词……

更换了论述方式之后，内容的感知价值是不是就完全不一样了？

作为这个问题的关注者，你是不是更愿意看第二个回答？因为第二个回答把价值前置了。它提前告诉用户，看完之后能收获什么，并且用自身的经历证明了这种方式的有效性。这就是一个好开头——效果前置，即提前告诉用户将会收获什么价值。这是一个非常有效的表达技巧，能够瞬间抓住用户的注意力，吸引他们继续看下去。

2. 正文——内容结合人设，表达尽量口语化

知乎上的内容有一个很明显的特点——就像朋友间娓娓道来的故事分享，所以表达时要做到尽量口语化、场景化，增强内容的可读性，拉近沟通的距离。

3. 末尾——收网、引流

当用户已经看到回答的末尾，我们就要顺理成章地收网、引流了。有些人花了大力气将开头和正文写得引人入胜，到了最后却不懂得如何正确收网，例如“感谢阅读，更多精彩内容可以关注 ××× 公众号”。

这样的末尾可能会因为没有设置诱饵，导致转化率不高，引流效果差。如果加上一些诱饵，例如“我为大家了准备了 ×× 资料，回复 ×× 领取”，引流效果就完全不一样了。所以，末尾应该按照这个模板写：“我是谁＋如果想学到更多，请关注我＋关注后回复 ×× 领取资料。”

我们公司有一位老师，曾经用这个方法帮助学员优化内容，将转化率提高了 10 倍。优化之前，大概 6 000 多阅读量才能带来 1 位公众号粉丝；优化之后，600 多阅读量就能带来 1 位公众号粉丝。

知乎热榜话题每天的阅读量高达十几万、几十万，如果优化前后的转化率相差 10 倍，结果可能就会让你损失成百上千个精准用户。

最后，我要重复一次：“知乎的价值远远超过你的想象，如果你还没有涉足知乎，那么现在就开始吧！”

第3章

今日头条：零基础学会头条千万级别曝光实战技巧

在如今的新媒体平台中，今日头条绝对算得上是前景广阔，越来越多的企业和个人纷纷入驻。有很多人早就入驻了这个平台，但仍然不得其法，账号运营了很久都没有起色，曝光率低，评论量少，更别说引流了。怎样操作才能提高曝光率、增加评论量，实现精准引流呢？我们同样有一套完整的方法。

掌握头条推荐原理，让你的创作事半功倍

我们首先要搞清楚的也是平台的运营规则，因为这决定了我们的内容会被多少用户看到。今日头条上有两个很重要的流量入口。

一个是首页推荐。系统先在内容中提取关键词，然后将此内容推送给过去浏览过此关键词的用户。例如，你最近浏览了《八佰》的内容，就很可能会在今日头条的首页看到相关内容。另一个是细分领域。今日头条把内容细分为很多领域，如果你在某个领域的权重较高，那么在该领域被推荐的概率就较大。

要想提高在今日头条上的曝光率，就要想方设法让平台把自己的内容推荐

到这两个流量入口。平台具体是怎么推荐的呢？有以下几个方面值得注意。

1. 内容——关键词提取

文章发布之后，平台系统会依靠关键词识别技术提取文章中高频出现的关键词，然后根据关键词对这篇文章进行大致的分类，再归类到细分领域。

例如，你的文章中出现的关键词多数是篮球、NBA、科比、库里等与体育有关的，那么系统会先把这篇文章分到体育类，然后把它细分到篮球类。最后，这篇文章就很有可能被那些对篮球感兴趣的用户看到。需要注意的有两点：

①你要使用平台系统容易识别和分类的词，不要使用非常规或者缩写之类的词，如“活久见”“真会玩”等；

②为了使系统能优先识别到你的文章，在文章的标题和正文中要尽量出现关键词。

2. 用户以及用户对内容的感兴趣程度

今日头条的系统会根据用户的浏览历史、点赞、收藏以及评论来判断用户是男性还是女性，是在工作还是在旅行，然后根据这些给用户贴上标签，并依据这些标签判断用户对内容的感兴趣程度，按照从高到低的顺序将内容推荐给用户。今日头条对内容的推荐并不是一次性的，而是分批次的。也就是说，我们在今日头条上发布文章后，系统不会一次性将其推荐给所有用户，而是分批推荐。

一般情况下，系统会把内容先推荐给 1 000 个用户，如果这 1 000 个用户的阅读反馈数据好，点赞、评论、收藏都不错，系统就会对其进行第二次推送，这一次的推荐量可能会扩大至 10 000 个用户。如果这一次推送的点赞、评论、收藏的数据也很好，那么系统会进一步扩大推荐量，向 30 000 个、50 000 个、100 000 个用户推荐都有可能。反之，如果内容的阅读反馈数据不好，推荐量就会衰减；如果有评论但都是负面反馈，内容的推荐量也会降低。

还有以下几个因素也会影响系统的推荐力度。

①内容的点击率高，但是负面评论太多。内容就会进入人工复审环节，系统也会暂停推荐。

②内容并非原创，触发了系统的消重机制。所谓消重机制，就是相似度高的内容，系统只推荐一篇。为了保护原创内容，系统会优先推送。如果你的内容和平台上已有的内容相似度太高，系统就会考量是否推荐给用户。

③内容不垂直，质量不稳定，系统就会评估用户的创作能力。

弄清楚了今日头条的推荐机制，我们就要考虑：怎样才能让系统更好地识别我们的内容？在被系统推荐后如何让用户有兴趣点开我们的内容？

回想一下，在今日头条上，用户打开一篇内容的路径是看标题→看封面→看正文，而这些就是我们的切入点。

如何吸引用户点开内容

在网络发达的现代社会，快餐式的阅读文化让很多用户看一眼标题就会决定是否点开内容，甚至只要看到内容的开头几句，就会决定是否阅读完全文。

有些用户甚至会因为某一篇内容不符合自己的期待，直接屏蔽、取消关注发文账号。用户的阅读要求提高了，这也意味着标题与内容质量都成为我们不可忽视的方面。

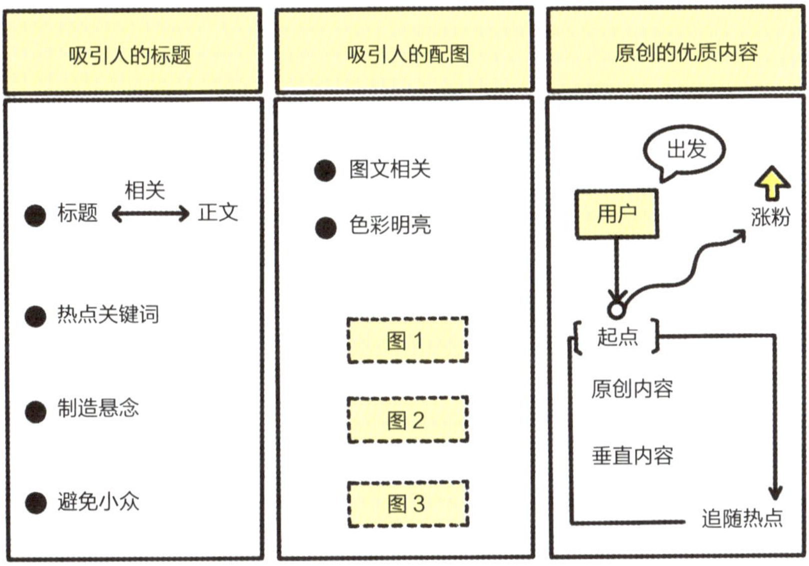

如何吸引用户点开内容

1. 吸引人的标题

在今日头条的推荐页，用户会看到一篇内容的 4 个要素：标题、封面图、创作者以及评论数。我们在写内容时是无法决定创作者和评论数的，只能从标题和封面图入手。用户第一眼看到的就是标题，它是决定用户是否会点开内容的第一要素，尤为重要。一个优秀的标题要具备以下 3 个特点。

- **和正文的相关性强**

如果标题和正文的相关性太弱，那用户点开后会有一种受骗的感觉，很可能会给出负面评论，影响系统的后续推荐。

- **紧跟热点关键词，定位清晰**

做内容的人，一定要时刻保持对热点的敏感，因为热点本身自带传播力和影响力。具体操作就是随时关注热点，分析、提取其中的关键词，然后找出那些和自己的定位相关的关键词进行创作。

到哪里找热点呢？

找热点有两个途径。一个是看微博热搜，上面都是实时社会话题，热度很高，动不动就有几千万甚至上亿的浏览量和关注量。这些话题中的关键词就是当下的热点关键词，也就是话题里的人、事、物等名词。另一个是看今日头条后台的创作引导——创作灵感。这是今日头条自己的热点，每个细分领域都有相应的热点。当然，千万不要忘记前面提到的系统消重机制，如果自己的内容和热点内容重合度较高，系统可能会降低对该内容的推荐力度。

- **擅用对比制造悬念，激发用户的阅读兴趣**

让我们来看一个标题：从“996”的编导到外卖小哥，他到底经历了什么？这个标题就运用对比制造了悬念，一个是身份的对比——编导和外卖小哥，另一个是工作性质的对比——“996”的稳定和外卖工作的辛苦，后面再加一句“他到底经历了什么”，激起了你的好奇心，让你想点开内容寻找答案。

- **避免专业性太强的小众标题**

集成电路、闭环增益等专业名词，最好不要出现在标题中。因为除了专业人士，大部分用户可能一看到这些词就会望而却步，自然也不会点开内容。

2. 吸引人的配图

除了标题，内容的配图也很重要。一张好的图片胜过千言万语，其中封面图是重中之重。

- **配图要和内容相关**

配图最好能直观地反映出内容，让人看一眼就知道讲的是什么。尤其是封面图，一定要做到让人一目了然。例如，你写的是关于徐志摩的内容，封面图就应该是与徐志摩相关的图片，而不是风景图。又如，你写的是一家牛肉面馆的营销案例，就要放牛肉面馆的相关图片，而不是牛的图片。

- **配图色彩尽可能明亮、清晰**

明亮、清晰的颜色能让你的配图在众多内容中脱颖而出。

- **尽量用 3 张图**

今日头条的图文可以发 1 张图或者 3 张图，最好选 3 张图，可以多角度地展示正文内容。

3. 原创的优质内容

如果说标题和封面图决定了用户是否会点进来，那么内容就决定了用户会不会点赞、评论和分享，这些互动的数据也决定了系统后续的推荐力度。那么写内容时需要注意哪些方面，具体应该怎么做呢？

- **从用户的角度出发，写对用户有价值和获得感的内容**

不管在哪个平台，都要围绕用户的需求去创作内容。选题是用户想了解的吗？能让用户有什么收获？能解决用户的什么问题？

如果你创作的是美食类内容，那么除了晒出自己的一日三餐，是不是也可以从营养搭配、制作过程、烹饪技巧这些方面去延伸呢？如果你创作的是美妆类内容，就可以考虑写一些妆容教程、选化妆品的技巧等方面的内容。

- **内容尽量为原创、首发，系统会对其有一定的资源倾斜**

今日头条上每天都有成千上万篇内容诞生，难免会有很多内容相似。为了不影响用户的阅读体验，系统会对每一篇新发的内容进行检测，一旦发现与已有内容的相似度太高，消重机制就会启动。所以，如果你的内容是首发，而且是原创，系统就会对其进行一定的资源倾斜。

- **创作的内容要尽可能垂直**

所谓创作内容垂直，就是选准一个领域，持续地、专注地创作。如果你今天写美妆、明天写园艺，系统就会质疑你的专业性。只有创作内容保持垂直，你才有可能获得系统长期、大力的推荐，也更容易做成个人 IP，精准地获取粉丝，把流量引入私域。

- **一定要追热点**

我们在标题的部分提到要找热点关键词，但是在这之前，更重要的是想好选题。选题决定了这篇内容需要什么样的标题、什么样的配图、什么样的内容。那怎样找出一个好的选题呢？答案仍然是追热点，我们也有以下 3 个方法。

①今日头条后台的创作引导会有一些实时热点，我们可以选择和自己领域相关的热点作为选题。

②关注今日头条的首页热榜（网页版和移动版都有）。

③在今日头条搜索框里输入自己感兴趣的内容关键词，找到和自己搜索内容相关联的热点话题。比如，你对体育内容感兴趣，便可以搜索喜欢的球队、明星或者赛事；你对营销内容感兴趣，便可以搜与营销相关的知识，例如鱼塘理论。

需要注意的是，不管你是通过哪种方式找到热点，最后的选题都一定要与自己的领域相关。如果只是为了蹭热度，内容和自己的领域完全不相关，就会破坏创作的垂直性，那是得不偿失。另外，也要注意热点的时效性，对于那些过时的热点，该舍弃的就要舍弃。

总之，要想在今日头条平台上做好，无非就是持续创作好的内容、学习爆款的写作思路、不断提升专业能力以及积极地和用户互动。

如果你刚刚入驻今日头条，可以先从其中的微头条做起。微头条的创作门槛低，新用户最容易上手，而且涨粉速度非常快。不过需要注意两点：一是字数尽量控制在 150 ~ 800，让用户有更轻松的阅读体验；二是每天发 10 条左右就够了，如果发得太多会引发系统限流。

新媒体引流篇

第 4 章

全网引流之社区引流

第 4 章

▸▸▸ 小红书：

小白 3 招入门，小红书笔记从曝光到引流

小红书是国内目前最具代表性的生活方式平台，其火爆程度有目共睹。小红书上有大量关于化妆、护肤、服装搭配、美食测评、健身、旅游等和生活相关的分享，月活跃用户数量超过 1 亿，每天的笔记曝光超过 100 亿次，制造流行和热点的能力相当强，因此吸引了无数商家争相入驻。

我身边的很多朋友都把它当成百度搜索用，尤其是女孩子，不管是护肤、旅游，还是健身、学习，都会先打开小红书看看上面的分享。这些分享也就是小红书笔记。在小红书上，不管是引流还是打造品牌口碑，都要靠写笔记。笔记写得好，成了热门，就会被大量用户看到，达到引流或建设品牌口碑的目的。

那么，怎样写出爆款笔记呢？

下面我从建立小红书账号、小红书笔记高曝光策略等方面，详细讲述一些方法和技巧。

建立小红书账号

注册小红书账号时，我们需要注意以下几个环节。

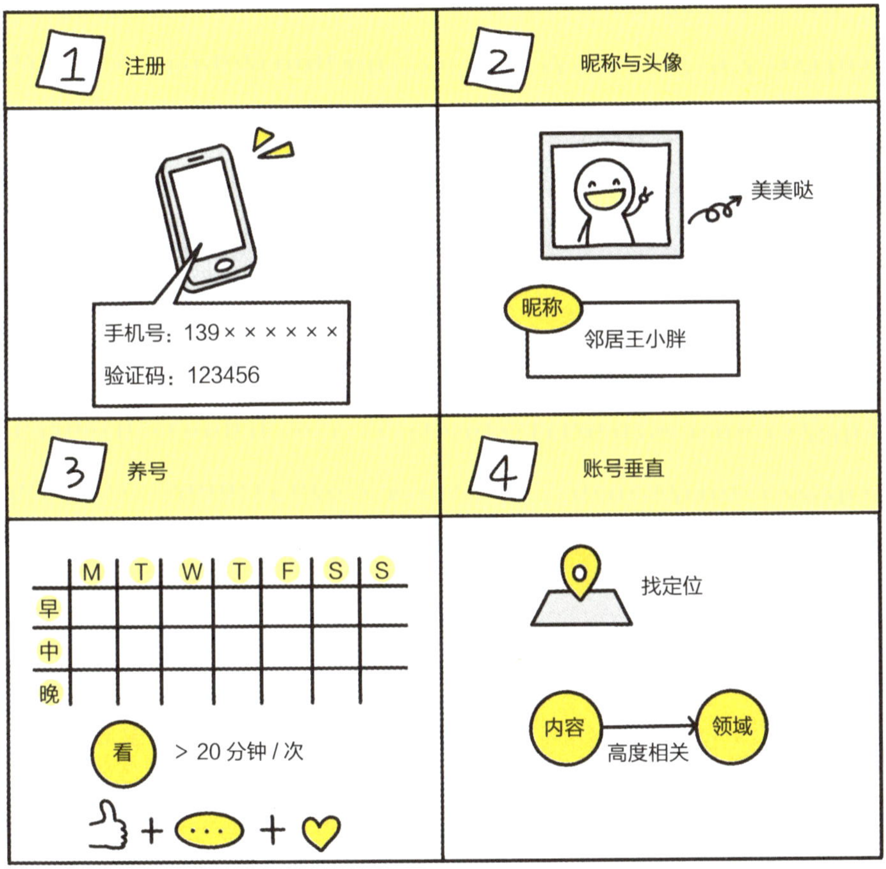

小红书账号重点示意图

1. 注册

尽量用手机号注册账号，这样账号的权重会相对高一些。

2. 昵称与头像

昵称和头像都不要带有明显的广告性质，也不要心存侥幸地在个性签名上留下联系方式的谐音，否则账号很容易被判定为营销号。如果想引流，可以在简介上留下微博账号或者邮箱。

3. 养号

不管在哪个平台引流，都离不开养号这个环节。为什么要养号？这是为了让小红书平台知道你是一个普通的真实用户，而不是机器人或营销号。那我们应该如何养号呢？

首先，需要经常浏览小红书，对自己感兴趣或者优质的内容进行点赞、收藏、评论。

其次，关注自己喜欢的号主，看看他们是如何分享内容并引起你的兴趣的。这个时间建议每天在 20 分钟以上，在此期间可以不用着急发布笔记，多多向别的号主学习。

最后，可以等一周左右再发布笔记。

4. 账号垂直

在完成前 3 步的过程中，需要注意的是一定要做好账号定位，选择一个细分领域，而且头像、昵称、简介以及以后要发的笔记内容，都要与该领域保持高度垂直，以后就专注于该领域的内容输出。

例如，你的定位是穿搭博主，你就只发有关穿搭内容的笔记；如果你是美食博主，你就只发关于美食的笔记。选择的领域越细分，笔记的内容越垂直，账号的专业性就越强，不仅平台会给予更多的流量，也会吸引更多忠实的用户。如果你今天发美食，明天发穿搭，后天又发健身，系统就没有办法对你进行精准定位，给予的流量可能也会少很多。

此外，为了鼓励内容创作者进行更新，小红书设置了账号等级系统，最高等级是金冠薯。等级高的账号发布的笔记会优先进入审核，内容被推荐的概率也会更大。

怎样写小红书笔记才能实现高曝光

一篇完整的小红书笔记包括标题、封面图和笔记正文，要想实现高曝光，也要从这几个点着手。

1. 标题

标题是吸引用户点开笔记的关键。笔记的标题该如何设置才能让用户产生点击的欲望呢？以下我们将介绍 5 种常见的制作爆款笔记标题的方法。

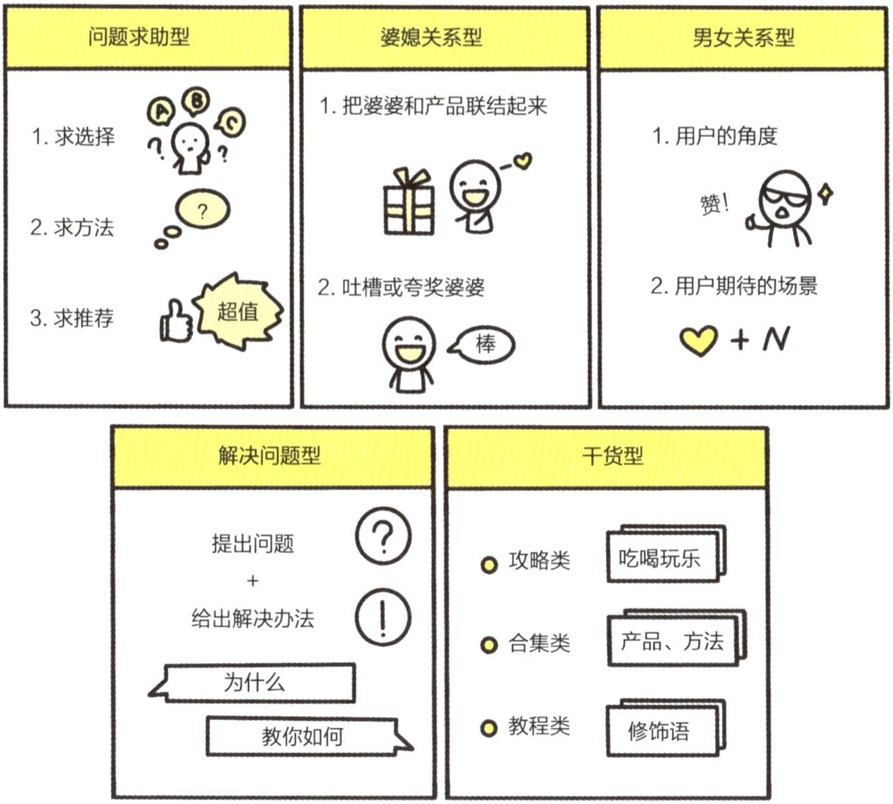

制作爆款笔记标题的 5 种方法

- **问题求助型**

这从字面上就很好理解，就是求大家给自己出主意、想办法的标题，又可以细分为3种类型：求选择、求方法、求推荐。

①求选择

例如某位博主想买滑板，但是不知道选择哪一款，就把自己看到的一些滑板图片发到小红书，标题为“姐妹们帮我选下”，这种标题形式就属于求选择。这条笔记发布后，很快就获得了8621个赞、2048个收藏、4097条评论，获得了极高的关注度。这样，号主可以自己解答或者在回复中进行品牌或者产品的推荐。

当然，类似的标题还有“求助大家，帮我选参加前任婚礼的‘战袍’”“哪个蛋糕好看？朋友过生日选哪个蛋糕”，不胜枚举。

②求方法

如果你有产品，可以结合产品用求方法来取标题。例如，拍一张自己皮肤长痘的细节图问问大家这是怎么回事，该怎么办。

③求推荐

如果你想跟大家多一些互动，就可以在标题中使用求推荐的形式，帮你提高账号的权重。以上求选择和求方法的标题都可以改为求推荐类型，例如“求好看的婚纱店铺”“求附近比较好吃的蛋糕”“求治疗方法”等。

- **婆媳关系型**

因为小红书上女性用户居多，所以能够引起绝大多数女性共鸣的婆媳问题是平台上经久不衰的热门话题。你搜一下“婆婆”“婆媳”这些关键词就会发现，哪怕是发布不久的相关笔记，也有几百个收藏和点赞。因此，你可以把这些关键词用在标题中，吸引用户关注。具体应该怎么做呢？

①把婆婆和产品联结起来

把你推荐给用户的产品写成是婆婆送给你的或者是你送给婆婆的。例如，你是服装行业的，在小红书上发布笔记时可以把标题写成“那些年婆婆给我选的衣服”；你是营养膳食行业的，在小红书上发布笔记时可以写“婆婆做的一周减脂早餐”“婆婆经典秘方”；你是护肤品行业的，在小红书上发布笔记时就可以写“过年送婆婆的护肤品”；等等。

你还可以动脑筋把婆婆和产品的使用场景联结起来。例如，你的产品是一款儿童推车，使用场景是出门遛娃，标题就可以写成“我和婆婆一起出门”或者“和婆婆一起出门遛娃”；你的产品是一款电烤箱，使用场景是下厨，可以写成“婆婆给我做的糕点”。

②吐槽或者夸奖婆婆

这种类型的标题很容易引起用户的好奇与共鸣。“女人就是会更理解婆婆，谢谢我的婆婆”“天底下最好的婆婆”“婆婆真的很好，比妈妈还好”“你们见过这样的婆婆吗”“没想到我的婆婆竟然是这样的”……这类标题的点击量也非常高。

- **男女关系型**

男女关系也是小红书上热度非常高的话题，在笔记的标题中加上“男朋友”“男友”“男票”这样的词语很容易吸引用户眼球。

①从用户的角度来写

例如，你想推荐一款男性产品，把标题写成“男朋友也喜欢的产品”“男朋友超爱的 5 分钟快手早餐”“男朋友妈妈也喜欢的口红”，就比“送给男朋友的礼物”这样的标题更令人心动。

用户可能并不想知道你送给男朋友什么礼物，但如果你说这是男朋友喜欢的礼物，她马上就会想到自己的男朋友可能也会喜欢。

②从用户期待的场景来写

例如，“用了这个产品，男朋友更爱我了”这个标题是不是很有吸引力？如果你是美妆博主，标题可以写“被男朋友夸了一整天的妆”；如果你的产品是香水，标题可以写“让男朋友完全丧失抵抗力的香水”等。

我还看过一个把求选择和男女关系结合起来的案例，标题是“求助大家！帮我选下参加前任婚礼的‘战袍’”，然后放了几张穿着不同衣服的图。当然，这些图上的每件衣服都标明了品牌标签，此条笔记的互动量超过 5 000。

- **解决问题型**

这种类型的标题就是提出一个问题，然后给出解决办法。

例如，你是美食博主，标题可以写成“喝奶茶怕胖？教你低脂好喝的奶茶做法”“为什么你熬的银耳不容易出胶？赶紧来看看”。

- **干货型**

我们经常在小红书上看到诸如“×× 攻略”“×× 合集”“×× 教程”之类的标题，这几种标题被统称为干货型标题，但是它们适合的笔记类型并不相同。

攻略类的标题适合吃喝玩乐类的笔记，在标题中带上价格、时间、地点会更吸引人，如“上海魔都两天三夜暴走攻略”“上海迪士尼超全攻略，一天狂刷 16 个项目”“长沙旅游攻略，600 元吃遍本地人推荐的美食”。这类标题中经常会用到这样一些词，如“保姆级”“最全”“最完整”“吃到爽”“经典路线”“看这篇就够了”“史上最强”“吐血整理”“超强”等。

合集类标题适合同时推荐很多产品或者方法的笔记，而且是越多越好，如“简约气质穿搭|针织衫合集来啦”“大牌新品奶茶色合集，喝奶茶喝到饱”“108

件衬衫大合集，9 种色系承包你的衣柜”等。

教程类的标题需要善用修饰语，以凸显教程的特殊性。例如，你要发布化妆教程，“好看的化妆教程”这种标题就太普通了，可以加上一些吸引眼球的修饰语，如“冷艳公主妆容教程来了”“日剧初恋感妆容教程”“办公室女王妆容教程”……

2. 封面图

封面图是影响用户是否点开笔记的另一个关键。怎样做出一张吸引用户的封面图呢？有以下 4 种常见的方法。

- **产品排排站**

不管是推荐化妆品、衣服，还是美食，都可以用“产品排排站”的方法做封面图，并配上一些文字说明。例如，将 2020 年各种热门口红排成一排，并且配上“2020 年大牌口红热门色号年终总结，经典！显白！必入！”的标题，便能一下子吸引用户的目光。

- **产品加效果**

这种类型的封面图能够让人一眼就看到产品和效果，很容易吸引关注，比较适用于服装搭配、美妆美发、口红试色等领域的笔记。例如，使用“春日减龄搭配”的标题，再将衣服、裤子、鞋子、包包和其他配饰单独展现，最后再由模特全部穿戴展现效果。

- **效果前后对比**

这种类型的封面图，视觉冲击效果较强，很容易吸引用户点开，一些运动健身、美妆护肤领域的笔记经常使用这种类型的封面图。例如，“坚持 15 天，这套动作让你练出天鹅臂”的标题，再配上锻炼前后的照片，便形成强烈的对比。

教程加步骤

把具体的教程和步骤呈现在封面图上，会更直观地吸引用户，各种教程类笔记都可以用这种方法制作封面图。例如，很多化妆新手都会记不住化妆时是先涂防晒霜还是隔离霜，或者是先画眉毛还是先画眼影，我们便将化妆的每一个步骤都详细地列出并呈现在封面图上。

3. 笔记正文

笔记正文怎么写？在小红书上，很多用户写笔记都是为了推荐产品，可是一不小心就把笔记写成了硬广告，导致违规被举报；还有用户没开发好选题，写了好多篇都没什么效果。想写出一篇好笔记，就要从选题、写作方法、关键词下功夫。

选题

一篇笔记能否成为爆款，80% 是由选题决定的。如果你完成一篇笔记需要 3 个小时，那你至少应该拿出两个小时来思考选题。关于如何确定选题，有以下 3 种方法。

①根据定位细分内容

如果你的账号定位是健身教练，你就要思考与健身相关的内容，如健身操、健身服、健身房、健身包、健身鞋、健身穿搭、健身计划、健身器材等。

如果你的定位是爱护肤的医生，你要考虑的内容有护肤步骤、护肤品推荐、护肤手法、护肤小知识等。

如果你的定位是做营养早餐的妈妈，那么和你相关的内容有儿童营养早餐、儿童营养早餐食谱等，这些就是你可以选择的选题。

如果自己想不出这些内容，你还可以在小红书的下拉框里找，即在搜索栏里输入你所在领域的关键词，就会出来许多下拉关键词。

这些下拉关键词也是你可以选择的选题。如果你输入了一个关键词之后出来的下拉关键词很少，该怎么办呢？这时候你可以进一步细分关键词。

例如，“护肤品推荐”这个关键词就可以被细分成“秋冬护肤品推荐”“抗老护肤品推荐”“熬夜精华推荐”等。

细分关键词的方法很简单，可以参考下表。

细分关键词示意表

细分方向	定位	细分内容
季节	护肤	“秋冬护肤”“春夏护肤”
方法	瘦身	“瘦身按摩手法”“中医瘦身方法”
过程	化妆	“眼妆教程”“职业妆教程”
人群	旅游	“带娃旅游”“学生党旅游”
地点	美甲	“深圳美甲”“厦门美甲”
产品	护肤	“水乳”“精华”“面霜”
节假日	化妆	“七夕妆容”“春节妆容”
价格	身体护理	“50 元以内的身体护理”

找到细分关键词后，你可以依据细分内容去找用户的痛点。在小红书搜索框中搜索细分关键词，查看相关的笔记以及评论，看看用户有哪些疑问，把疑问整理成自己的“用户痛点资源库”，用“细分内容+痛点”来确定选题就行了。

举个例子，你的细分内容是“桂林旅游”，用户痛点是“住哪里”，那么你的选题就创造出来了，如“桂林旅游住哪里”“桂林旅游住宿攻略”等。是不是很简单？

细分内容与痛点的组合

这种方法对于所有行业都适用。你先对与自己的定位相关的内容进行细分，然后找到用户痛点，组合起来就能获得源源不断的优秀选题。

②借势热点

做内容的人，都知道借势热点的重要性。首先，我们要知道去哪里找热点，有两个地方：一个是微博热搜，另一个是小红书的最新热门推荐。

点击小红书搜索框，“搜索发现”一栏会出现带火符号的话题，这些就是最新热点。其他选题则是平台根据你经常看的内容推荐的热门话题，也可以酌情选用。

找到热点后，我们就要结合热点确定选题，可以从两个角度切入。

一个是同款推荐。例如，你的定位是美妆领域，有某支口红很火，你就可以在小红书上推荐多种与其颜色相同或相近的口红。

另一个是借题发挥。例如，小红书的实时热点有宅家游戏，如果你在健身行业，就可以做一个“宅家小游戏，好玩又减肥”的选题。

要注意的是，借势热点不能生搬硬套，也不要在标题中加上热点但正文和热点完全无关。如果热点和行业无关，宁可舍弃也不要采用。

③拆解同行

这就是指向优秀的同行学习，看他们做了哪些选题，他们的很多成功经验都是被验证过的。

你可以在小红书中搜索和自己行业相关的关键词，就会看到许多优秀同行的笔记。例如，你是做日本料理的，就可以搜索日本料理，小红书上会出现很多与其相关的笔记。

你可以对笔记内容进行仔细拆解，不仅可以拆解选题，还可以研究一下账号定位、内容、图片，以及号主与粉丝互动的方式。

- **写作方法**

确定了选题之后，就要开始写正文了。正文的写作方法可以参考这个模式："从自己的经历切入→写自己的痛点，或者是市面上其他同类产品的缺点→引入产品，提供解决方案→补充一些注意事项。"

以蒸汽泡脚桶为例，首先从自己的经历切入。"我的脚一到冬天就特别凉，哪怕室内开了暖气、被窝再暖和，我也要睡到后半夜，脚才开始热乎。没想到男朋友送了我一个蒸汽泡脚桶作为新年礼物，我真的是猜了一小时也没猜着。"

很多人在这一步会走入一个误区，即自己从专家和商家的角度入手，很多女生的脚一到冬天非常凉……这样的开头是很生硬的，我们一定要从用户的角度出发，让他看到你写的文字就仿佛看到自己。

然后写自己的痛点，或者是市面上其他同类产品的缺点。这一部分一定要尽可能地写得形象、具体，最好写出场景感。回到蒸汽泡脚桶的例子中，用户的痛点是冬天脚冷，室内和被窝再暖和，脚也是到后半夜才热乎；而用其他的泡脚桶，要接水、倒水，使用起来很麻烦，泡久了之后脚还会发白，而且会湿漉漉的，到处滴水。

接下来就要引入我们的产品，提供解决方案。"我现在用的这个蒸汽泡脚桶，不用倒水、接水，蒸汽比热水还舒服，泡脚就和蒸桑拿一样，用完之后脚也不会发白，更不会湿漉漉的，到处滴水……"

写到这里，既击中了用户的痛点，又给出了解决方案，如果是你，是不是也会心动呢？

最后，还可以补充一下这个产品的其他优点或者注意事项，让用户更加了解产品，消除疑虑。

这个模式几乎适用于推荐任何产品。

- **关键词**

关于关键词，我们要明白一点，不是所有热度高的关键词都好用，因为热度越高，代表竞争越激烈。

在小红书上，怎样查看关键词的热度呢？在小红书搜索栏中输入一个关键词，显示的笔记数量就是这个关键词的热度，笔记数量越多，说明热度越高。一般来说，选择热度在 8 000 ～ 50 000 的关键词就可以了，找好关键词之后，还要做关键词排名。

首先，要做好关键词布局。把关键词放到标题中；围绕这个关键词来写正文，并在开头、中间、结尾都加入该关键词；在图片中加上这个关键词的标签；在文末加上关键词的相关话题。

其次，关键词也不要用得太频繁。例如，关键词在一段话中出现了好几次，这属于做无用功。另外，正文一定要围绕关键词去写，千万不要文不对题。

再次，提高笔记的基础排名。我们可以将笔记分享给家人、朋友、团队成员，如果他们感兴趣，阅读、点赞、收藏、评论了笔记，这一点基础数据之后会帮助笔记提升排名。需要特别提醒的是，点进笔记就直接拉到最下方点赞、收藏、评论的行为是不可取的。

最后，要随时关注笔记，及时做好维护。如果评论区出现其他人的引流信息或者营销内容，要及时删除，以免影响自己的笔记。

第 4 章

哔哩哔哩：竞品也想不到的 B 站引流涨粉 3 大秘籍

哔哩哔哩是一个视频社区，大家都称它为 B 站，也有许多人亲切地叫它“小破站”。B 站之前一直以用户年轻化（“90 后”“00 后”）著称，整个平台上最多的就是各种动漫视频，可以说是二次元的天下。但是，2019 年 12 月 31 日的 B 站跨年晚会和 2020 年 5 月的《后浪》宣传片之后，B 站大火，于是许多“70 后”“80 后”也纷纷涌入 B 站。所以，到今天，B 站不再仅仅是二次元的天下，而是越来越像一个深度的视频社区。

短短几年间，各个领域的创作者争相入驻 B 站，通过做视频输出内容，音乐、舞蹈 、鬼畜、知识、时尚等无所不包，其中不乏明星和大咖，如周深、李玉刚、雷军、罗翔等。这种火热的氛围也让很多企业看到了机会。

我身边有很多朋友每天上下班的路上都要在 B 站上追番、听课、看段子。在 B 站上做内容分享的人有一个很亲切的名字——“UP 主”，如果 UP 主分享的内容不错，就会吸引用户关注，后续想做引流也比较容易。

根据 B 站在 2020 年第一季度公布的数据，B 站的月活跃用户已经达到 1.72 亿，在移动端也达到 1.56 亿，是一个非常巨大的流量池，因此也是一个打造个人 IP 和企业营销的不可忽视的平台。

了解 B 站

1.B 站账号的获取

B 站账号的获取和其他平台不太一样，而且相对来说比较有难度。

要想获取 B 站账号，并不是简单地用手机号注册就行了。在注册之后会跳出一个界面，在这个界面，你有两个选择，一个是前往答题挑战，成为正式会员；另一个是跳过答题，开启“Bilibili 之旅”。

如果你选择了后者，就意味着你放弃了使用 B 站弹幕和私信的功能。你想使用这两个功能的话，就要选择前者，从 B 站给出的 100 道题中答对 60 道题才算过关，但是这 100 道题并不容易回答。

我们来看看其中的几个问题：“薛定谔的猫”是薛定谔的一个著名实验，其不涉及的问题是？《旋风管家》中的女主角三千院凪的身高是？高达鲁姆会战中吉翁一方出动了多少艘姆赛级巡洋舰？“世界已完蛋”来自哪部作品的 OP（片头曲）？

是不是觉得有些难度？不过也不用担心，因为答题是没有时间限制的，你可以一边搜索答案一边答题。过关后，你就成了 B 站的会员，不过这也并不意味着你已经解锁了 B 站的一切功能，有些功能还需要充值开通大会员才能解锁。例如有些连载动画，前 10 集是普通用户都可以直接观看，但是第 11 集只有大会员才有权抢先看。除了可以提前看连载，大会员还享有一些其他权益。

2.B 站的推荐机制

只有了解了平台的推荐机制，才能在做内容的时候做到心中有数。B 站的推荐机制是怎样的呢？它是以标签为主导，通过细分标签的方式让内容精准地触及每一个用户，然后通过收藏、弹幕、评论、播放、点赞和分享的数据来辨别用户的喜好和创作者的创作能力。

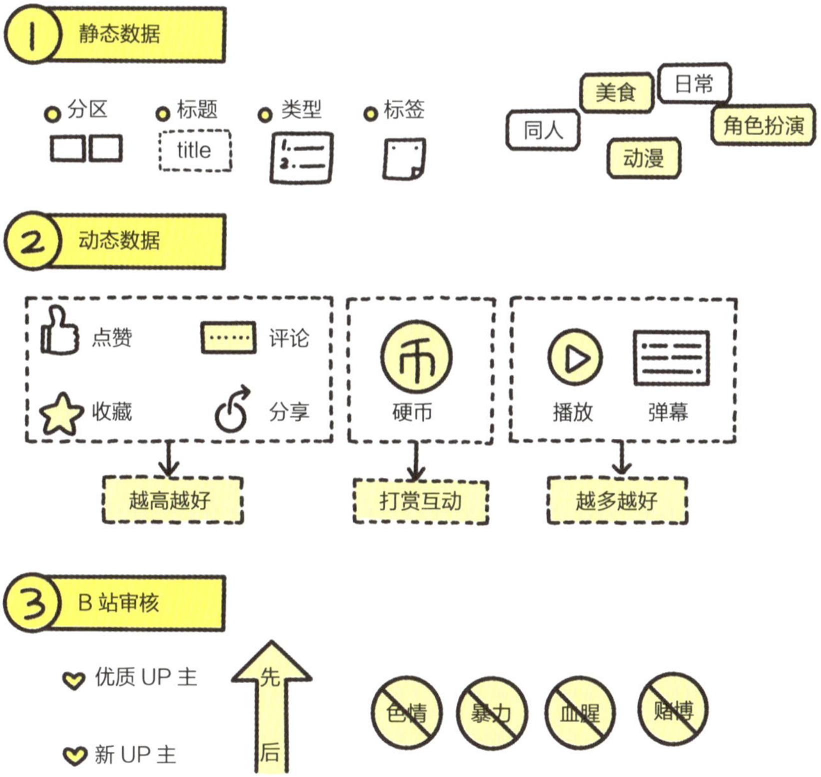

B 站的推荐机制

打开 B 站界面，首先映入眼帘的是推荐区，你可以选择性地看一看。

如果你想看某个具体领域的视频，就要点击页面上方的分区。以知识区为例，它分为科学科普、社科·法律·心理、人文历史、财经商业、校园学习、职业职场、设计·创意、野生技能协会 8 个版块。

选择社科·法律·心理版块，你又会看到下面有社会、案件、心理、社会学、观点、人际关系、社交、法律8个小分类，手机端和电脑端都是如此。

B站通过这种方式让用户在一次次的标签选择中显现出清晰的喜好，更精准地为用户提供服务。这就要求创作者的内容要足够垂直，所在领域要足够细分。

我们随便点开一个视频——如果不想学习，就坚持把这个视频看完——其下方会出现3个与视频内容相关的部分。

从上到下来看，首先就是评论量、播放量、弹幕量，其次是点赞量、不喜欢量、投币量、收藏量以及分享量，最后是和视频相关的标签：短片、梦想、奋斗、正能量、励志等。如果我们点开“梦想”的标签，就会出现很多和梦想相关的视频。

其中，标签属于静态数据，而其他的则属于动态数据。

那么，这些标签从何而来？这是由每个创作者自己选择的。在发布视频的页面，有分区、标题、类型、标签 4 个需要填写的要素，创作者可以自己选择给视频加上什么标签，系统也会根据你选择的分区进行推荐。

因为标签在视频发布之后无法更改，所以视频被官方推荐或者登上首页的关键在于另外几个动态数据：点赞、评论、收藏、分享等。发布的视频通过审核之后，系统会先把它推荐给一小部分用户，如果这一小部分用户对视频内容表示认可，并且进行了点赞、评论、收藏、分享等操作，系统就会默认这个视频的质量较高，会加大推送力度。互动数据越高，推荐量也就越多。当视频达到万级推荐量的时候，它会进入人工审核步骤，如果人工审核依然认为这个视频属于优质内容，就会再次加大推荐量。当视频的流量达到一定程度之后，就会自动登上首页。

有时视频内容很优质，在推送范围内，用户的评论、点赞、分享等数据都很高，但是有可能因为比较冷门或者小众，所以看的用户不多，因为流量没有达到要求而上不了首页，这个时候平台就会通过人工介入的方式进行手动推荐。曾经有位网友统计出了一些数据，图中显示了每一种互动方式的权重占比。

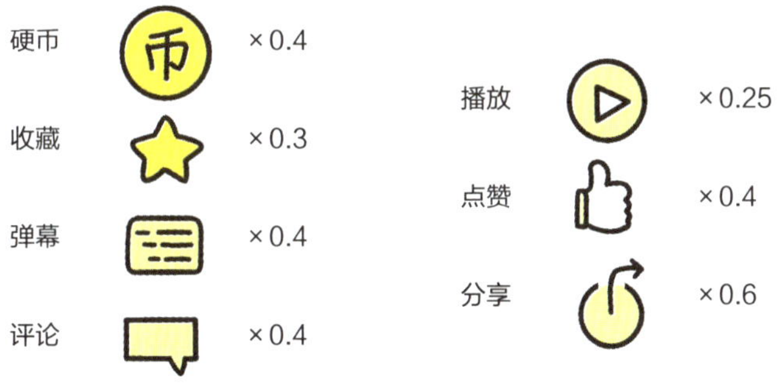

不同互动方式的权重占比

收藏、弹幕、评论、点赞和分享的数量都是越多越好。硬币就相当于打赏。会员等级大于等于1级且绑定了手机的用户可以通过每天登录B站获得硬币，UP主则可以通过投稿视频获得。此处的播放并不是视频点击率，而是播放率和播放完成率。如果视频发出后，用户看了一半就不看了，那播放完成率就是50%。这个比率越大，平台给的推荐量也就越大。

此外，B站的审核机制是看UP主的权重的。如果你已经是一个优质的UP主，平台系统会优先审核你的视频；如果你是一个刚注册账号的UP主，审核则会相对慢一些。还要注意，作为UP主发布的视频一定不能涉及色情、暴力、血腥、赌博等违规内容。

B站引流涨粉的3大秘籍

在每一个视频平台引流的方法其实都是大同小异的，主要包括视频内容引流、个性签名引流和评论引流。

1. 视频内容引流

优质的内容在每个平台都是非常受欢迎的，不仅会受到平台的大力扶持，用户也会蜂拥而至，自动完成引流操作。

①优质原创

任何一个视频平台都希望内容创作者能够生产优质的原创视频，以吸引更多用户进入平台，B站也不例外，而且它尤其重视版权保护。如果你的原创能力不高便要多学习，可以多浏览其他平台的相关视频，向其他UP主学习创作技巧，思考如何发挥自己的长处，创造出自己的风格。注意，千万不能直接搬运其他平台的视频，这样会直接被系统封号。

②有趣、有用，专注细分、垂直领域

在B站创作视频，除了要注重原创，还要避免内容过于空泛，一定要专注于一个细分领域。另外，创作时也要讲究视频的趣味性和有用性。所谓趣味性，就是不能干巴巴地呈现内容或者一板一眼地用充满教导性的口吻去教育用户，而是要站在用户的角度，找到他们感兴趣的点，用生动幽默、新鲜好玩的方式呈现出来。在B站上，弹幕、二次元、鬼畜都是可以增加趣味的点。所谓有用性，就是要有价值，要让用户看了视频之后能够获得一些东西，可以是知识、技能，可以是情绪价值，也可以是娱乐价值。

例如UP主"罗翔说刑法"，他把枯燥难懂的法律知识与生活场景相结合，用户看了之后不仅轻松地学到了一些法律知识，而且觉得很有趣。

如果我们并没有这种影响力，应该怎么办呢？

在创作内容的过程中，我们可以在视频的开头、中间或者结尾插入广告。例如，"想要获得更多资源，加××群"或者"想了解更多，请关注同名公众号"。这里要强调的是，B站最喜欢的是原创的真人出镜视频，如真人解说一类。如果你不知道怎么拍，可以向别的UP主学习。

2. 个性签名引流

在上传优质的视频之前，你可以在个性签名一栏里写上你的公众号、微博、微信号、直播间、QQ群等。只要上传的第一个视频通过了审核，你就成了UP主，之后源源不断地更新优质的视频，人气就会越来越高，平台也会向你倾斜流量。

在这个过程中，用户很有可能会关注到你的个性签名，那么你就可以轻松引流到私域了。

3. 评论引流

许多平台都可以通过评论引流，B 站也不例外。

你可以去一些热门视频或者首页推荐的视频下方写一些有亮点的、能引发共鸣的评论。因为 B 站的评论是按照点赞数来排序的，所以评论获得的点赞数越多，排序也就越靠前，看到的用户也就越多。很多用户很可能会因为看了你的评论而点开你的主页，如果你的内容激起了他们的兴趣，他们就有可能成为你的粉丝，引流就是水到渠成的事情。

在 5G 时代的传播领域，视频已经逐渐成为主流的信息语言，不仅短视频会大放异彩，由于内容的容量更大，中长视频也将收获大批拥趸。B 站未来的发展不可限量，是每个商家都不能忽视的流量战场。

第4章

▸▸▸ 豆瓣：

新手入门，零成本也能精准引流 1 000 +客户

豆瓣于 2005 年创立，是一个社区网站，以书影音起家，向用户提供关于书籍、电影、音乐等作品的信息，无论是描述还是评论都由用户自己提供。因此，豆瓣也是文艺青年聚集的阵地。

我是在几年前才开始接触豆瓣的，经常在豆瓣上看看影评、逛逛小组，有时也会和豆友进行一些互动，还在上面认识了不少朋友。

在这个过程中，我发现豆瓣不仅是文艺青年聚集地，还是一个相当有潜力的引流平台。

首先，豆瓣的百度权重高达 8。因为这个优势，我们可以利用豆瓣文章的标题做各种长尾关键词，从而在百度搜索中获得流量。我们在豆瓣小组发布的帖子、写的豆瓣日记以及其他内容，也会很快进入百度搜索引擎，成为长久的被动搜索流量来源。

其次，豆瓣的定位是“我们的精神角落”，聚集了一群热衷于读书、看电影、听音乐等文艺活动的用户，因此豆瓣用户给人的印象基本就是文艺青年。据百度指数统计，搜索“豆瓣”关键词的大多数用户的年龄在 20 ~ 29 岁，男女比例也相差不多，而且豆瓣用户在书影音领域的垂直性是比较强的。

人群属性

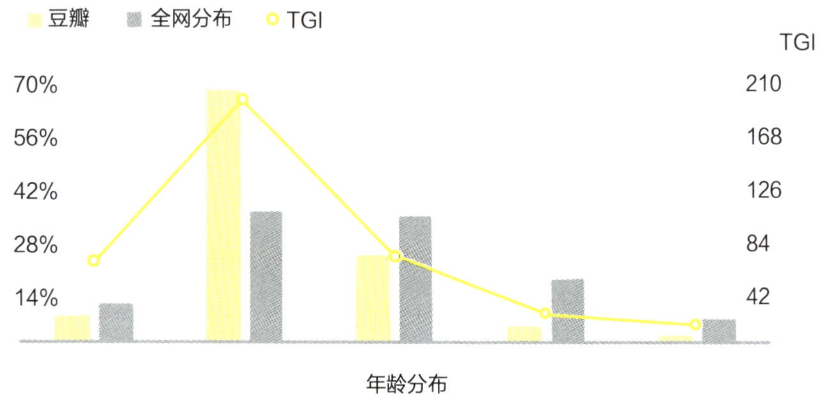

数据统计时间为 2020.9.1—2020.9.30

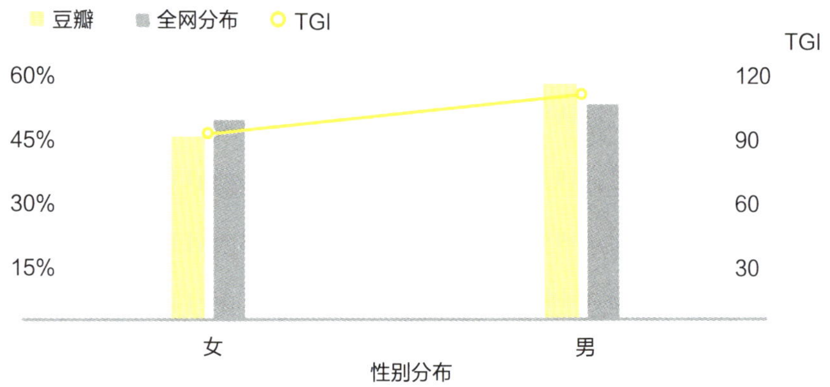

数据统计时间为 2020.9.1—2020.9.30

豆瓣的用户画像

最后，豆瓣的上手难度低、竞争小、操作简单，规则也没那么严格。在豆瓣上，哪怕你只是一个籍籍无名的新人，运用高效的方法后，每天花 20 分钟就能引流几百人。当然，你注册了账号之后并不是马上就可以开始引流的，也需要先养号。

豆瓣养号

豆瓣上的养号与其他平台相比并没有太大的差异，主要包括完善个人信息和进行正常的账号活动。

1. 完善个人信息

首先要设置好头像、昵称、个人介绍这些个人信息。头像、昵称可以和微信保持一致，这样一旦用户去搜索你的微信，看到的是同样的头像和昵称，就会增加对你的信任感。

2. 进行正常的账号活动

这一步和其他平台的养号步骤类似，可以从 5 个版块入手，即发布动态，写一写影评，标记一些喜欢的电影、音乐、书籍，加入相关小组进行一些互动，关注别人的账号并引导他人关注自己。

养号周期为 4 ～ 7 天。如果你一次性注册两个以上的豆瓣账号，这个周期可以适当延长到 8 ～ 10 天。

在此期间，一定不要发布和政治相关的信息或者负面的舆论信息，也不要发布有关引流、营销的信息。注册了多个豆瓣账号的用户，要避免发布内容重复。

引流实操

养好号之后就可以进入引流的实操环节了，其中最常用的方式有小组引流、话题引流、同城引流、日记引流。

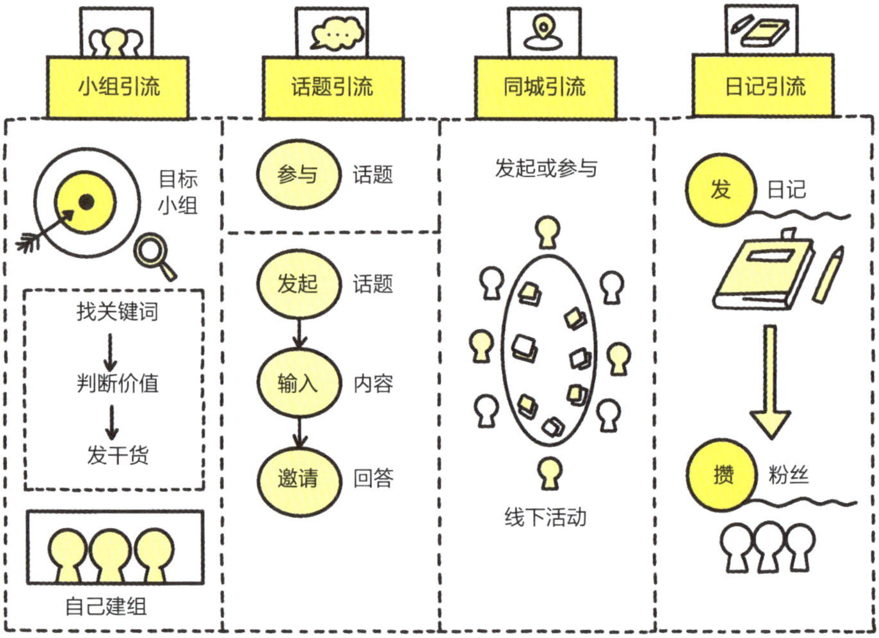

4 种引流实操

1. 小组引流

豆瓣小组是一群人因为兴趣相投或者有着共同目的而聚集起来的组织。豆瓣上有数以万计的小组，每个小组都有自己的主题，是非常精准的流量池。

小组引流包括两种方式：一种是在别人建立的小组里引流，另一种是自己建立小组。在别人的小组里引流时，如果小组的流量大，曝光率就高，但是在这之前你一定要熟悉小组的规则，否则很容易被删帖。具体操作分以下两步。

- **找到目标小组**

在豆瓣首页点击小组就可以进入豆瓣小组的页面，这个页面上方有个搜索框，在搜索框里搜索关键词，就会出现大量与其相关的豆瓣小组。

在这一步，最重要的是选对关键词。你可以从这两点去思考：一是自己的产品解决了用户的什么问题，如果用关键词来表达是什么？二是自己的目标客户有什么身份标签？以减肥产品为例，健身、减肥、瘦身、运动、胖子、宝妈、产妇……每一个关键词都可能对应了几个小组。另外要注意的是，关键词最好不超过 4 个字，2 ~ 3 个字最合适。

找到目标小组之后，还有一个关键步骤，那就是判断小组的价值。判断小组价值的标准很简单，就是看看小组的成员够不够多、够不够活跃。一般来说，最好选 4 000 人以上的小组或在冷门行业排名前几的小组。小组的活跃度可以看小组最近的帖子回复。

- **发干货内容并实现引流**

找到目标小组之后，我们就可以发布内容了，以下为 3 种引流效果较好的文案类型。

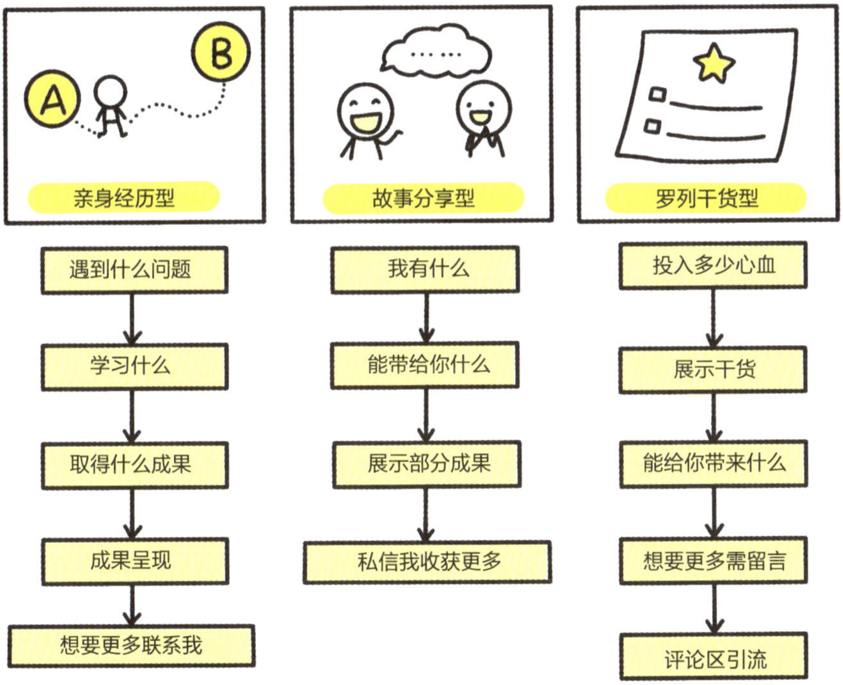

3 种干货文案

①亲身经历型文案

当你要写文案却不知道从何下笔的时候，最好从亲身经历着手，写出自己的经历、感受以及变化的过程。自己受过的伤、流过的泪、吃过的苦，以及为了改变而做出的努力，都可以成为文案的一部分。这些是你最熟悉、最有体会的东西，把它写进文案里，也是最容易打动用户的。

具体怎么写也有一个模板可供参考：遇到了什么问题＋学习 / 做了什么＋取得了什么成果＋成果呈现＋想要更多联系我。

我失业了。在很多招聘网站上投递了简历，但结果并不像自己想的那样，有回复的都是我不太喜欢的岗位，底薪也出奇地低，最低的一份居然只有 1 500 元。虽说有提成，但是要过了 3 个月试用期才有。唉，房租一个月都 1 000 多元了。

这个时候，一个朋友点醒了我："你不是会做甜品吗？可以尝试做一些在朋友圈卖呀。"受到她的鼓励，我开始尝试着做面包、肉松、雪花酥、小饼干，并把选料的过程和做好的样品拍照后发到朋友圈，没想到刚发几天就有人来问我卖不卖。有一个朋友还对我说，我做的面包是她吃过的最好吃的面包。

昨天，还有人通过朋友介绍向我订了一个圣诞节团餐，我真是太开心了，以后要多开发一些新品呀，嘻嘻。如果你们有想吃的也可以联系我，有试吃优惠哦。

我们对照上述模板来看看这个例子。

· 遇到了什么问题：我失业了，没有找到合适的工作。

· 做了什么：我在朋友圈卖自己做的甜品。

· 取得了什么成果：很多人反馈说好吃，并且有人向我订团餐。

· 成果呈现：拍照发图。

· 想要更多请联系我：联系我，还有试吃优惠。

如果你想要写出效果更好的文案，就要用心观察生活，积累生活素材，然后活学活用到文案里。

②故事分享型文案

此类型文案的写法就是去掉亲身经历中的感性成分，直接展示自己的价值，其模板为：我有什么＋能带给你什么＋展示部分成果＋私信我收获更多。

比如，你是一名经验丰富的淘宝运营人员，可以这样写：

有想学习淘宝运营的吗？本人在网红店铺做了5年运营总监，合同到期后离职了，擅长打造爆款，从选品到优化标题再到活动加持，玩法很多，都是自己实操，现在全职带学生，分享自己的方法和经验。

· 我有什么："本人在网红店铺做了5年运营总监"，这一句话就告诉用户自己有丰富的淘宝店运营经验。

· 能带给你什么："擅长打造爆款，从选品到优化标题再到活动加持"，告诉用户自己现在专职带学生，自己能传授运营淘宝店铺的专业知识以及打造爆款产品的方法和经验。

· 展示部分成果：这一部分直接展示自己在工作中取得的成果即可，用图片和数据说话。

· 私信我收获更多：在回复中告诉用户可以通过私信或者留下自己的微信号联系自己。

③罗列干货型文案

此类型的模板为：投入了多少心血 + 展示干货 + 能给你带来什么 + 想要更多需留言 + 评论区引流。

这一种文案其实和故事分享型文案的写法类似，只是多了一步——事先准备好资料包，并且这个资料包一定要和主题相关。

例如，你手里有一套“PhotoShop 新手学习视频”，你可以向大家展示，想要学习 PhotoShop 软件的用户就会留言表达自己的需求。

当然，除了在别人的小组发帖，你也可以自己建小组当管理员，并且直接在小组介绍中留下引流信息，等加入的用户达到一定数量且足够活跃时，小组就会被推荐到首页，曝光的概率也会大大增加。

2. 话题引流

许多平台都有自己的搜索热榜，热榜上都是近期的热门话题，这些话题下的流量是非常可观的。

豆瓣的热榜叫作“话题广场”，用得好的话，也能获得很高的曝光率，实现快速引流。利用话题广场进行引流的方式有两种。

- **参与话题引流**

首先，要筛选出与自己的领域匹配的话题，然后参与话题讨论发布内容，并在评论区引流。你可以关注两个地方——“24 小时话题趋势”和“分类查看话题”。

“24 小时话题趋势”里有 10 个热门话题，根据其热度从上到下排序。如果在“24 小时话题趋势”里找不到合适的话题，你还可以在“分类查看话题”里找。

此外，单个话题旁边还有“相似话题”，这个小入口也可以帮助我们找到合适的话题。那么，什么样的话题算是合适的话题呢？一是要看这个话题和自己的匹配度；二是要看话题的热度，即浏览和关注的用户够不够多。

如果是新话题，当前关注的用户数量不够的话，你可以选择先关注这个话题，等待其热度上升，然后去寻找下一个与自己的匹配度和热度都更高的话题。

参与话题的方式有 3 种，分别是说点什么、发图片、写日记。

不管选择哪一种方式，发布的内容都一定要有真实感，最好与自己或者自己所知道的真实经历相关，因为真实最能打动人，如果有相关的图片就一起发布。如果发布的内容比较优质，就会引起其他用户的兴趣，使他想要了解你，这样你就可以留下联系方式。

如果你发布的内容没有用户理睬呢？这也是很有可能发生的。如果是这样，你可以用小号或者找朋友来互动，留下联系方式，只要有曝光就有引流的可能。

不过要注意，当你第一次参与话题讨论时，营销性不要太强，不然可能会引起其他用户的反感而被举报，那就得不偿失了。

- **发起话题引流**

发起话题引流有 3 个步骤：发起新话题、输入对应内容、邀请别人回答。

发起新话题和邀请别人回答比较好理解，那输入对应内容又是什么呢？

输入对应内容包括3个版块：话题名称、简要说明、话题标签。这几个版块的填写内容决定了系统会把话题推送给哪些用户，以及你的目标客户能否看到。如果你想发起一个与读书相关的话题，那话题名称、简要说明和话题标签里就要出现和读书相关的词。再如，你的产品与服饰相关，发起的话题可以是“我的冬日穿搭”“上班族的每日穿搭”“聚会穿搭”等。发起的话题可以和自己的领域相关性很强，也可以与一些热点相关。

发起话题后，平台会进行审核，审核通过之后你就可以邀请别人来回答了。这时你可以任意邀请，只要你邀请的用户愿意回答，就说明他对该话题感兴

趣，你就可以通过回复、私聊等方式引流。开始的时候尽量不要让别人觉得你的目的性太强，可以慢慢引导。

另外，发起话题部分的“关联内容”也可以有效地利用起来。

例如，你可以在豆瓣日记中先发布一篇自我介绍，加上个人联系方式，然后将日记的链接复制到关联内容里面。如果这个话题火了，那这个关联链接就会为你带来源源不断的流量。

3. 同城引流

豆瓣同城是一、二线城市的豆瓣用户找同城线下活动的地方，你可以在这里通过发布线下活动来引流。

哪一类商家适合通过豆瓣同城引流呢？适合发起的活动形式又有哪些呢？此处有一个表格可供参考。

适宜豆瓣同城的行业与活动

行业	适合发起的活动形式
文娱	音乐节、演唱会、话剧、见面会等
教育	体验课、讲座、测评、沙龙、分享会等
线下休闲娱乐服务	聚会、派对、桌游、美食、交友等
旅游	徒步旅行、同城旅游、驴友交流会等
餐饮	厨艺秀、美食品鉴等

- **发起线下活动**

在豆瓣同城的主界面，选择“发起同城活动”，然后你会看到各种活动类别，在创建活动时可以优先选择其中的某个类别。如果你发起的活动比较冷门，选项中没有对应的类别，就选择“其他”。

活动标题关系到用户能否搜索到自己，所以要充分考虑用户会搜索什么关键词，然后填写，其他内容根据自己的实际情况来写就行了。最后，别忘了在活动详情里留下自己的联系方式引流。

- **参与别人组织的线下活动**

首先你要找到对应的城市，然后选择自己感兴趣的活动，点击参加。如果你的目的只是引流，就要好好看看活动须知和活动详情，看看主办方是否有联系方式或者建群。

4. 日记引流

在豆瓣这个平台，除了小组引流、话题引流和同城引流这几种最常用的方法，还可以通过豆瓣日记引流。豆瓣日记实际上就是在自己的个人账号里发文章，长短不限，如果内容优质，也会吸引许多用户主动关注你。

但是也要注意，不要一开始写日记就留下联系方式，可以等粉丝积累到一定数量（如 500 人以上）再给出联系方式，平时可以通过私信或者评论来引流。

目前，豆瓣并不是各大商家争夺流量的主战场，但是其引流潜力是不容忽视的。对于大部分中小商家来说，如果在商家林立的“激战区”中难以打开局面，不妨试着从豆瓣入手，说不定会有意想不到的收获。

第 4 章

微博：只需 3 步，你也能打造日涨 2 000 粉的微博号

在流量越来越贵的今天，谁能够高效低价甚至是免费地获取流量，谁就有机会在竞争中冲出重围。在各种新平台如雨后春笋般迅速崛起时，新浪微博（以下简称微博）作为一个老牌社区，早就成为一个巨大流量池，因此更是商家必争之地。

微博创立于 2009 年，截至 2020 年 6 月，其月活跃用户数高达 5.23 亿，较 2019 年同期净增加约 3 700 万，可以说是国内目前最大的社交媒体平台。很多大品牌和中小企业都在微博上引流，许多商家仅靠微博就制造出一个又一个营销热点，省了不少广告费。

但是运营微博并不简单，有时候即使一天发几十条内容，都没有一点儿水花，更别说引流了。那么该怎样打造日涨千粉的微博账号呢？

做好微博账号的定位和关键词布局

通过前面的章节内容，我们已经知道，不管在哪个平台，账号的定位都很重要。账号名称、个性签名、头像、标签以及运营这个账号的目的，我们都要

➔ 紧跟热搜与热门话题

微博每天都会实时更新热搜，这些话题就是用户当下最关注、讨论最多的。你可以在每天发微博之前看看有哪些实时热点，然后选择和自己的账号定位相关的话题进行内容创作。

当然，如果你还是一个新手，只需要记住 3 个字："快、准、狠"。热点一出来，就要快速做出反应；写微博的切入点要准，要和自己的定位相关；最后一个字"狠"就是要在心中明确发微博的目标，然后全力出击，千万不要拖泥带水、模棱两可，以致错失良机。另外，我们还可以在文案里适当地引导用户互动，如提问或者鼓励转发、点赞等。

如果你不会利用热点写微博，还有一个小秘诀，那就是"抢热评"。一个热门的话题下面会有很多大 V 参与讨论，点进热门话题之后，你找到热度高的那条微博，然后快速地在下面评论，也可能获得大量的曝光进而涨粉。我们在很多热门微博底下都可以看到类似的评论，通过在热门微博或者大 V 的微博底下评论获得更多曝光。

不过千万不要以为仅仅去热门微博底下发条评论就大功告成了，在评论之前，你的微博主页一定要做好，尤其是置顶的微博。

假如你是一个果农，想要出售自家地里种植的水果，你在一条热门微博下抢到热评，对你感到好奇的人就会点进你的微博了解详情，或许还会购买水果。

因此，你需要提前在微博展示自己的优质水果产品，并且留下自己的联系方式等。这很有可能会吸引一些用户下单，还有一些用户可能不会马上下单，但是可能会关注你的微博，以免日后想买水果时找不到你。

微博抽奖

微博抽奖是最重要的涨粉利器之一。这个活动利用了用户普遍存在的侥幸心理，就像买彩票一样，明明知道中奖概率不大，但是每个买彩票的人都会期待自己是最幸运的那一个。但是有很多人花了不少钱做微博抽奖，效果却很差，到底是什么原因呢？

怎样才能把钱花在刀刃上，花最少的钱涨最多的粉呢？在研究了无数抽奖案例后，我们总结出了关于微博抽奖的具体操作方法。

1. 选择奖品有技巧

- **奖品与账号要有一定的关联性，可以使用户记住账号**

奖品和账号最好有一定的关联性，让用户看到奖品便能想到该账号，如李佳琦送口红、海尔送冰箱、美食博主送食品、服装店主送衣服等。当然，这并不是说非得送自家的产品才行，也可以选择其他能负担得起的、和自己的定位相符的产品。

- **向粉丝征集意见**

有些博主经常在举办抽奖活动之前向粉丝征求意见，一方面可以增加日常的互动；另一方面能够了解粉丝最想要什么奖品，然后投其所好。需要注意的是，征集了意见之后，奖品要尽快兑现。

- **奖品分配有原则**

奖品有限的话，若要分给较多的用户，还不如让一个幸运儿独得，不仅可以增强活动的吸引力，还会让用户印象深刻。例如，奖品总价值为 5 000 元，与其抽 50 个用户，不如抽 1 个用户，全部送给某个人，这样产生的吸引力和影响力更大。就像支付宝的抽“锦鲤”活动、盒马鲜生的3万斤西瓜只送一人，都是轰动一时的话题。

2. 写出吸引人的抽奖文案

微博上每天都有很多抽奖活动，怎么样才能让用户注意到你呢？有以下几个技巧。

- **向热点话题或热点人物借势**

抽奖活动最好选在一些特殊的时间节点，如热门节日或者热点事件发生的时刻。

如果你想更细致地搜寻热点，可以关注微热点的账号，里面有对各种热门事件的分析，你可以从中获得一些灵感，甚至是一些关键词。

- **抽奖文案有技巧，“锦鲤”百试不爽**

“锦鲤”是指最幸运的那个中奖者。“锦鲤”得到的奖品最丰厚，其他中奖者得到的是“安慰奖”，这一点和上文所说的“奖品分配有原则”是一致的。

在抽奖文案中带上“锦鲤”二字，也有助于提升人气、增加互动，吸引更多用户参与。

3. 抽奖配图怎么配

举办微博抽奖，除了要写好文案，配图也相当重要。具有吸引力和视觉冲击力的配图是让用户参与互动、转发的重要条件。

最简单的做法是放置带有奖品的配图，把奖品拍成好看的图片，让人一看就想要。如果奖品的种类或者数量很多，可以将所有奖品放在一张图上，增强吸引力。有条件的话，还可以制作专门的抽奖海报。

4. 推广有诀窍

完成前几个步骤之后，如果你的粉丝不够多，还要想办法推广抽奖活动，通常有以下几种方法。

- **互推**

作为微博博主，你平时一定要多和一些账号进行互动、合作，建立良好的关系，这样在大型活动中就可以进行互推。

- **用粉丝通**

“粉丝通”是基于微博的用户，把信息广泛传递给粉丝和潜在粉丝的营销产品，也就是花钱打广告。

- **KOL 转发**

寻找本领域的 KOL 或者专门做抽奖的博主，请他们进行转发，获得初级曝光。

超话引流

微博话题的种类包括普通话题、热门话题、超级话题（以下简称超话）和本地话题。它们有什么区别呢？普通话题是带双“#”符号的话题，其关注度和讨论量在微博上还不算多；热门话题是普通话题的升级版，普通话题的讨论量达到一定程度后就成了热门话题；而超话则是基于某个可持续讨论主题的兴趣社区。在超话中，用户可以为自己喜欢的明星发微博，可以找到有共同兴趣的伙伴，还可以通过关注、发帖等行为参与各种超话的讨论。超话带有一个金色或蓝色钻石形状的标志。

在微博的发现广场，点击“超话”就能快速进入超话发现页。你可以通过点击钻石图形进入所属超话，也可以去发现页找自己喜欢的超话。

通过超话引流的方式有两种。

一种是搜索和自己的定位或产品相关的超话，然后进入其中，发布一些垂直向的干货，最好不要直接留联系方式。每个超话社区都有主持人，他有权屏蔽该超话的帖子和用户。如果你发布的内容营销性质太明显，可能会被主持人屏蔽。另一种是自己创建超话社区，然后在上面发布自己想发的内容。当然，还是要尽量多发一些干货，吸引更多兴趣相同的用户，这样获取的粉丝也比较精准。

创建超话社区时，首先话题名称要简短，尽量控制在 3 ~ 9 个字，最好是品牌词、产品词、行业词、痛点词的组合，因为超话名称决定了用户能否精准地搜索到你。另外，申请创建之前，最好在超话搜索框内搜索一下话题名称，看有没有用户已经创建了此超话。如果还没有注册就赶紧抢占，被别人抢先的话，你就无法注册了。

此处，还有一个小细节需要注意，即在创建超话的时候系统会自动勾选“通知助力”，建议你最好不要勾选。因为如果恰好被同行看到了，他申请超话通过的可能性又比你大，你就会白忙活一场。

本地话题又是什么呢？其实就是同城话题，也在发现页面，紧挨着超话。在这里，你可以自己切换地点。例如，默认位置是广州，你可以更换到福建。如果你的企业是有实体店的，可以充分利用它。

总之，话题涨粉的核心就是：不管在任何话题下，都要有优质的内容，不管是文字还是视频。只要内容够好，就能源源不断地吸引用户进入你的主页或者超话。所以，在运用这些微博涨粉技巧的同时，你一定要持之以恒地创作优质的内容。

新媒体引流篇

第 5 章

全网引流之短视频引流

第 5 章

▸▸▸ 抖音：

玩转抖音涨粉只需要这几招，从百万粉丝到百万业绩

作为日活跃用户已经超过 4 亿（截至 2020 年 1 月 5 日）的国民级头部短视频 App，抖音俨然成了新的风口。很多企业纷纷入驻抖音，想在其中俘获一拨流量以带动销售或者打造品牌影响力，其中不乏京东、淘宝、小米、OPPO 这样的大企业。

然而，许多商家在进入实际操作环节时都是一头雾水，好不容易创作了几条视频，发布之后却发现不是播放量不够就是互动量太少。

要想达到带动销售和打造品牌的目的，获取粉丝是第一步，而且要获取大量精准粉丝。那么，有没有一些方法可以在抖音上快速吸引粉丝？在实际操作中又有哪些需要注意的地方？本节将从算法、人设、内容、互动、引流变现 5 个方面进行解析。

➔ 抖音的算法机制

算法是平台对视频内容的一套评定机制。

抖音拥有大量用户和创作者，所以每分钟可能有上千个视频上传到平台，

但是用户不可能看完每一个，所以抖音就需要一套算法，可以让用户从海量的视频里看到自己所喜欢的。在抖音创作视频，你首先要知道以下两点。

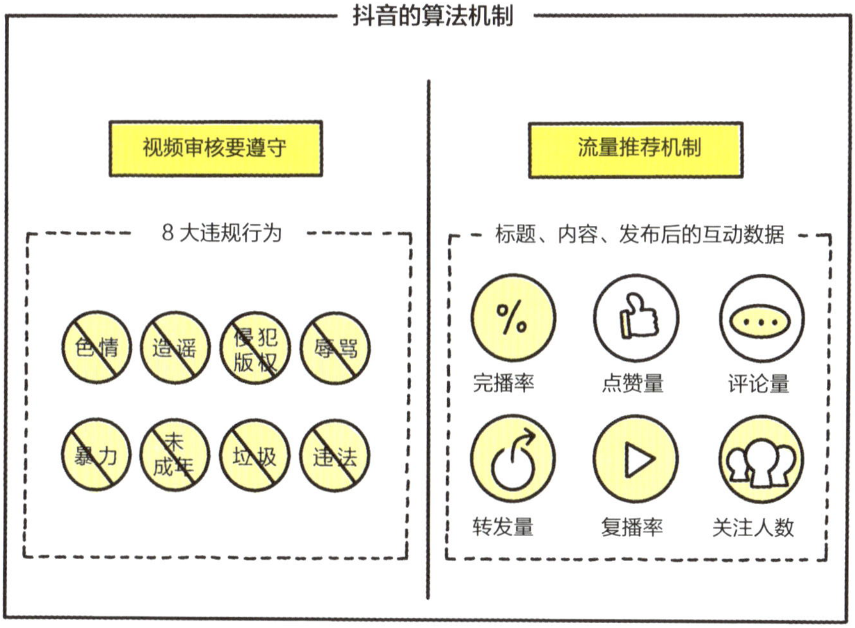

1. 抖音的视频审核

视频发布后，抖音会对视频内容进行审核。

初次审核的目的是看视频是否存在违规内容，比如有没有包含色情、违法、辱骂、侵犯版权等违规操作。

如果视频有违规之处，平台就会对该账号进行限流或者封号；如果没有，视频通过审核后就会被用户看到。

如果想要查看详细的抖音违规行为，你也可以打开抖音平台，依次按照“我

→右上角的三条横线→创作者服务中心→创作者学院→进入课程→审核规则”查看审核的细则。

2. 抖音的流量推荐机制

视频通过审核之后，具体会有多少用户看到以及会在什么时间看到，则是由抖音的流量推荐机制决定的。

抖音系统会根据多方面的信息和数据来判断视频质量以及用户是否喜欢这个视频，从而决定给其多少流量。

判断的标准包括标题和内容的信息以及视频发布后的互动数据，主要表现在 6 个方面：完播率、点赞量、评论量、转发量、复播率、关注人数。

视频发出后，系统会先将它推送给一小部分用户观看，等待反馈。如果这一部分用户的反馈不错，系统才会扩大推送范围；如果用户反馈仍然很理想，系统还会给予视频更多的流量……像这样循环往复多次，视频就会登上热门。

其中最重要的是完播率，我们在前文提到过这个概念，也就是视频的播放完成率。

例如，系统把你发布的视频推送给了 100 个用户，但只有 20 个用户看完了，那么该视频的完播率就是 20%。

如果你刚刚入驻抖音或者入驻的时间比较短，只有精力做一个方面的数据，我们就建议做完播率。

怎样提高完播率？

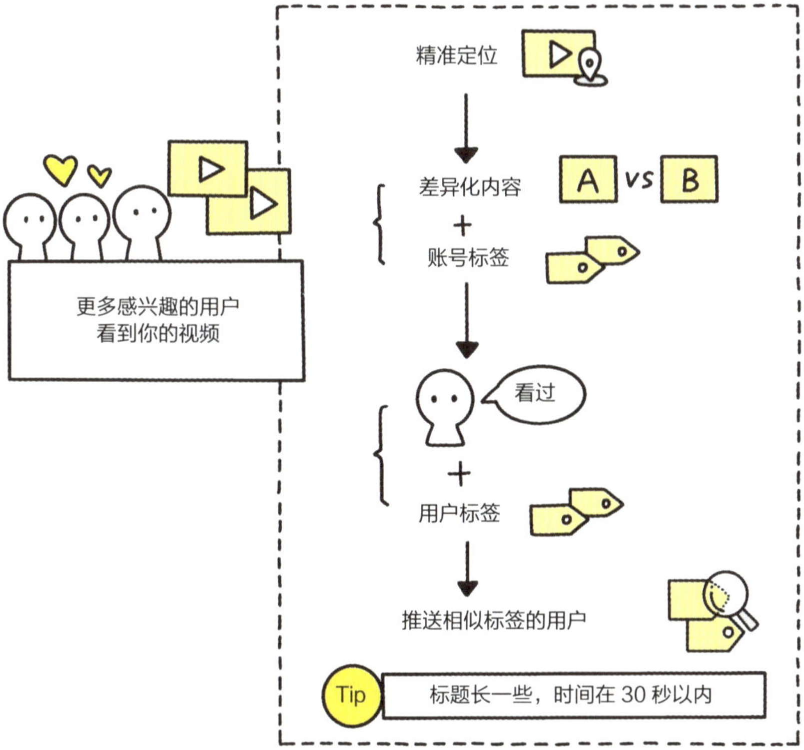

提高完播率的方法

首先，要让更多对你感兴趣的用户看到你的视频。怎么做呢？账号定位要尽可能垂直，也就是专注于一个领域。不管是账号定位还是内容创作，都尽量想着不要选大而全，而要细分用户的需求，做出小而精的差异化内容，并且一直做下去。

因为系统会对每一个用户的行为进行分析，找到每个用户的兴趣范围，然后一一贴上标签，再根据这些标签给用户推送内容。

例如，如果你的账号定位是美食领域，那你就不要突然发一条关于旅游的视频；如果你的账号定位是旅游领域，不要过一段时间又换成服装领域。如果总是变来变去，不仅系统没有办法对你的账号进行精准定位，用户的黏性也会降低。

其次，选定领域之后要用心深耕，把视频的脚本、封面、标题以及镜头的视觉呈现都尽量做得更有深度。当你的视频能够源源不断地为用户提供某个领域的价值时，用户自然愿意成为你的粉丝。

至于标签，分为账号标签和用户标签。视频类型以及账号定位决定了你的账号标签，而你爱看什么类型的视频决定了你的用户标签。

这两者可以一致，也可以不一致。例如，你平常发的视频是关于男装的，这时候你的账号标签是就“男装”，但你平时喜欢看母婴一类视频，那你的用户标签就是“母婴”。

你想要吸引哪一类标签的用户，你的账号标签就要和他的用户标签相匹配。如果你是卖女装的，那你的账号标签就要和女装相关；如果你是做穿搭分享的，那你的账号就可以直接叫“××穿搭分享”，标题里也可以写一些关于搭配的体验和感受，然后持续地创作这方面的视频就行了。

最后，策划视频内容的时候要把重头戏放在开头几秒，整个视频的时间不宜太长，尽量不要超过30秒。你可以把标题写得长一些，这样用户看完标题时，视频就已经播了一半，按照“完播率=用户看完视频的次数/所有用户点击视频观看的次数×100%”来算，完播率高的可能性会大很多。

除了以上几点，抖音系统还会参考用户之前看过的视频以及用户和这些视频之间的互动情况来判断对视频的推荐力度，但关键还是自己的视频质量以及互动数据。

人设定位

所谓“人设”，也就是人物的整体形象，具体来说包括你是谁、你是做什么的、你是个什么样的人、你能给我提供什么价值，这些主要是通过头像、昵称、个人介绍、学校、性别等信息来体现的。

其中比较重要的是昵称和个人介绍。

昵称关系到用户能不能很快地记住你、找到你。你可以将名字与能表现自己所在领域的标签词组合起来取昵称，如川西小桃子、李子哥、特效小王哥、××旅游网等。

个人简介该怎么写？这里有一个公式：个人简介＝带标签词的亲身经历＋账号是干什么的＋引流信息。这个公式能让用户了解你，也便于系统给你贴标签。例如，你是做室内设计的，个人简介可以这么写：“10年设计经验，××公司御用设计师，加V免费领取20G容量的室内设计样图。”

内容策划

在自媒体时代，内容为王，抖音也跳不出内容创作的藩篱。

因此，内容策划可以说是抖音运营中的关键部分，包括标题、封面、主体内容和评论。

1. 吸引人的标题与封面

标题和封面决定了用户点开视频的概率以及平台会不会对视频给予精准的推荐。标题有以下两种写法。

- **加入共鸣点或者吐槽点**

共鸣点可以是年龄上的、地域上的、身份上的、性格上的、心理上的、生活习惯上的……如“90后”“宝妈”“摄影师”“健身”，有共同属性的用户看到它后会产生亲近感。

吐槽点怎样理解呢？就是在标题中故意留下破绽，让用户看到了就忍不住想要去评论。评论一多，视频登上热门的概率就变大了。例如，有一个视频的标题是“每次结婚，家里的盘子都不够用”，结果就有很多用户留下类似评论——“每次结婚？”“你结了多少次婚？”这就是吐槽点。

- **描述事实**

描述一个事实，然后在视频里具体地呈现。

例如，教女孩子搭配服装颜色的视频，标题就可以是“想要怎么搭都好看，记住这几个颜色穿搭口诀”，然后在视频中说到白色配焦糖色时，则可以穿上白色的上衣、焦糖色的裤子展示效果。

运用这两种方法写抖音标题时，还可以运用以下几个小技巧。

①在标题里提出疑问，在视频里给出解决方案

标题中出现疑问，能够调动起用户的好奇心，然后创作者在视频中解答，能够很好地调动起用户的积极性。

②加入数字

在标题中加入数字可以展现视频的重要信息，起到提示、对比、配合内容调动情绪等效果。

例如，装修类的视频标题“5大奇葩设计”，用数字直截了当地告诉用户视频的主要内容；又如“6平方米卫生间这样设计，用着比20平方米还爽”，通过数字对比刺激眼球，调动了用户情绪。

系列视频也可以用数字做提示，如“飘窗装修日记（一）”。如果用户看了这个视频觉得不错，知道还有同系列其他视频，就会点进主页去寻找。

③利用稀缺性

例如，我们购物时经常有店铺推出“活动仅剩最后一天”“还有几个小时活动结束”这种广告语，这便是利用了时间的稀缺性。

还有商家会利用产品数量的稀缺性，如“最后 20 个，卖完不再补货”吸引用户注意。

至于视频的封面，你可以根据自己的喜好来设置，可以所有视频都使用一个封面，也可以给每一个视频做一个吸引人的封面，不过最好能够统一风格。

2. 主体内容部分

内容始终是最重要的。标题和封面做得再好，也要落实到视频内容上。如果不知道从何入手，那就从模仿练习开始。

首先找到同类型的热门视频，仔细研究其拍摄场景、演员、道具、台词、拍摄手法以及内容模式，然后进行模仿，练习一段时间就能掌握其中的技巧，再进行迭代创新就会快得多，形成自己的风格后，就可以开始运营抖音。

创作内容时，有以下几种方法可供参考。

- **在剧本的内容设计上，尝试加入冲突和反差**

不管是搞笑类、情感类、科普类，还是其他类型的短视频，没有冲突就没有故事。怎样制造冲突呢？可以通过打破认知、打破常规角色的身份或者剧情反转等方式。

例如，在普通人印象中严肃认真的律师，却会在抖音里用自己的专业知识为大家解答一些无厘头的问题，这就是一种冲突和反差。

- **可感受到的价值传递**

也就是将用户平时不知道、不了解的知识做成视频，让他能够从中学到技巧、方法或者获得新的认知。如果你的视频内容恰好是用户感兴趣的领域，那用户就可能会关注你。

例如，“樊登读书”账号中的每一个视频都会讲一个书里的观点，用户看了之后觉得很认同，就会一直关注他。又如“九九的穿搭日记”，平时不太会搭配衣服的女孩儿看见视频里的九九前后大变身，想学习一下她的穿搭技巧，就会被吸引着成为她的粉丝。

- **在情感上激发共鸣**

视频内容引起了用户的共鸣，找到了用户的痛点，并将其场景化，让他产生“我也是这样”“我也有同感”“我也有这种遭遇”的感觉，再给出解决方法，用户自然会被打动。

这就需要我们有超强的观察生活和代入思考的能力，只有深入了解自己的创作者，才能用视频还原用户的生活场景，然后做到打动用户。

例如，“年糕妈妈”有一条点赞量很高的视频，讲了自己生活中的一个小烦恼——天气很热，老人却给孩子穿很厚的袜子。这个场景引起了很多用户的共鸣，戳中了用户的痛点，而且“年糕妈妈”还给出了解决方案，因此迅速获得了很多点赞和评论。

- **满足用户在现实生活里难以实现的愿望**

对美好生活的向往、对爱情的期待、对一些事物的好奇、和偶像对话的梦想……不管是什么愿望，只要你能在视频里让用户感受到“虽然自己没有实现，但是他帮我实现了”，用户就会产生很强的代入感。

例如，有一位粉丝过千万的抖音创作者，她就制作了很多视频满足粉丝的好奇心。粉丝提出“想看100斤桃子能榨出多少汁”“想看100斤柠檬能榨出多少汁”“想看怎么做叫花鸡”，她就亲自动手做成了这些事，拍成视频给粉丝看，非常受欢迎。

你也可以好好思考一下：自己的产品能够满足用户哪一方面的幻想？怎样做成视频呈现给用户呢？

精彩的互动助攻

如果说做好内容是抖音涨粉的关键，那么精彩的互动就是抖音涨粉的助推器。怎样促使用户与你互动呢？

除了内容本身具有足够的吸引力，还可以在评论区下功夫。

1. 保证每一条视频都有人点赞、评论

在粉丝量比较少的时候，你要维护好粉丝，跟他们多互动，让他们对你产生更多好感和信任感。有了这么一群粉丝，不管你发什么视频，他们都会支持你，给你点赞、评论。即使有用户偶尔挑刺，也有可能会增加视频爆火的概率。很多爆火的视频都是因为在评论区有争论，这才吸引了更多用户来互动。

评论内容可以是价格、品质、金句、自嘲，甚至可以是故意找碴儿。如果你的视频能引来一些用户找碴儿，那么视频爆火的概率就会相对变高。

2. 自己在评论区里积极参与

抖音的用户是非常喜欢互动的，评论区有很多用户评论相当精彩，有的甚

至比视频本身更有意思。所以除了在评论区及时回复评论、积极参与用户讨论，还可以自己发表评论并置顶一些开放性问题，营造讨论的氛围，吸引用户评论。

3. 定期发布几条视频专门回复评论

例如，有些抖音红人发布的视频会以“我最近看到 ×× 网友的评论，说啥呢”开头，尤其是 IP 属性比较强的创作者经常使用这种方法。

4. 在视频中留引子

很多娱乐类或者干货类的视频都喜欢留一些引子给用户，如“今天给大家爆个大料，女星 A 如何，请看评论区”“你知道还有哪些方法吗？请看评论区”，从而引导用户进入评论区。

在抖音上创作，持续、稳定的输出尤为重要。很多抖音账号之所以没有做起来，就是因为做出一两个热门视频之后没有持续地更新，粉丝等得失去了关注的热情，数量自然就会减少。

但是，持续的输出对一个刚开始做抖音的创作者来说难度委实不小，所以我们平时要注意积累素材，可以建立一个素材库，就像写文案一样，随时可以参照素材库进行创作。

那么，积累素材有哪些方向呢？

①关注热点新闻，尽量在创作时将自己的内容和热点联系起来。当然，也要注意热点的选择，涉及政治或者负面的热点还是要避免。

②从音乐、电影、书籍等文化产品里搜集适合的素材。

③观察生活、洞察人心，把生活中那些触动你的片段随时记录下来。这是最重要的一点，因为能打动你的东西，自然也能打动你的用户。

引流变现

企业和个人在抖音上创作短视频的目的，除了品牌推广，就是引流变现。那么，流量要引到哪里呢？最后又是怎样变现的呢？有以下 4 种方式。

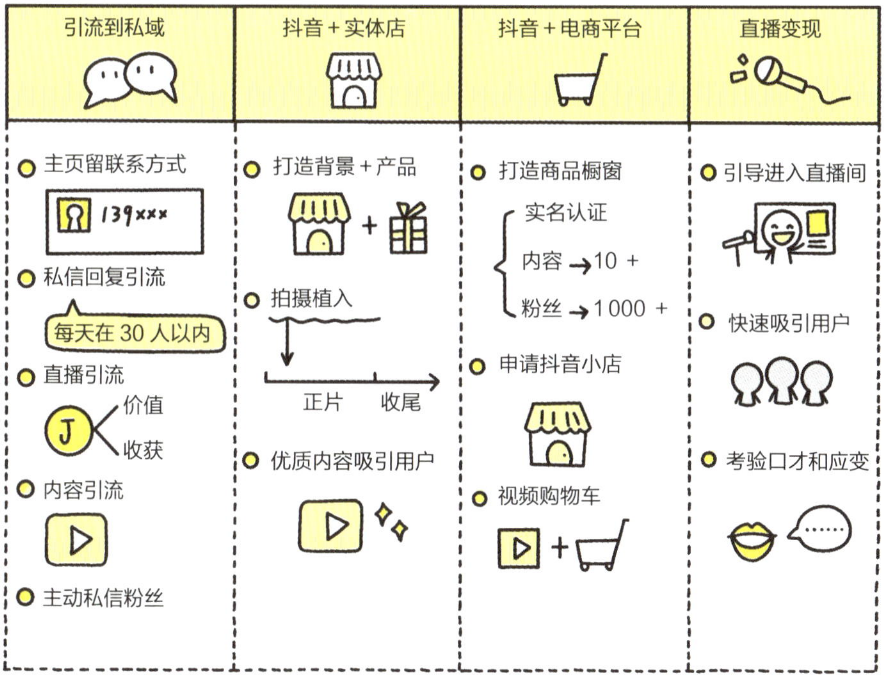

引流变现的 4 种方式

1. 引流到私域

这种变现方式就是通过各种手段把用户引到微信、企业微信等私域平台，然后在朋友圈、社群实现变现，或者是通过一对一成交变现。

抖音上的流量引流到私域主要有 5 种方法：主页留联系方式、私信回复引流、直播引流、内容引流、主动私信粉丝。这些方法都比较简单，不过有以下几个需要注意的点。

①直播引流的时候不要直接让用户加你的微信号或者 QQ 号，而要先尽可能地展示自身的价值，打造好“钩子”。如果直接在直播中说出自己的联系方式，会有被举报的风险，建议将其放在评论区。

②私信回复引流时要注意控制用户数量，建议每天在 30 个人以内。在私信中，我们也要尽量展示自己的价值，这样才能吸引用户主动加你。

2. 抖音 + 实体店，吸引用户到店消费

如果你有实体店，可以用店铺的背景、产品等进行创作，然后在拍摄的过程中植入信息和商品。如果视频质量较高，就有可能吸引一些同城的用户寻找你的店铺，然后用户会到店消费。目前，抖音已经有开通门店的功能。

3. 抖音 + 电商平台

如果你是电商就更方便了，抖音早就开通了自己的电商店铺、商品橱窗、抖音小店、视频购物车。你可以把自己的商品上架到小店里，让用户通过购物车进入小店购买。

- **商品橱窗**

抖音的商品橱窗规则一直在变化，截至 2020 年 12 月 22 日，抖音商品橱窗的开通需要满足 3 个条件：实名认证、10 条通过审核的视频、粉丝数大于等于 1 000。

- **抖音小店**

开通商品橱窗后，需要添加商品。如果不想使用淘宝店铺或者没有淘宝

店铺，可以申请抖音小店来添加商品，无须跳转到外部。

- **视频购物车**

这个购物车可以售卖自己店铺的商品，也可以售卖别人店铺的商品赚取佣金。商品橱窗开通后，发布视频的时候添加商品链接即可。

4. 直播变现

直播变现就是直播卖货。很多商家在抖音开直播推销自己的产品，引导观看直播的用户购买。这种方式能够快速拉近商家和用户的距离，也能充分展示产品，但是比较考验口才和随机应变的能力。

5G 的降临宣告网络时代全面来临，网络技术环境几乎是日新月异，传播领域也发生了翻天覆地的变化，大众接收信息的习惯正在逐渐从文字语言转变为视频语言。布局抖音，站到时代的风口，从百万粉丝到百万业绩并不是梦。

第 5 章

快手：了解快手用户特性，5 招学会引流全攻略

2020 年 6 月，快手推出平台 9 周年宣传片《看见》，短短几个小时，该视频的观看次数就突破千万。在《看见》中，我们看见了在大山里跳舞的工人、在菜地里唱歌的女孩、乌苏里江里的大马哈鱼、新疆的姑娘和哈密瓜，以及截肢后也在自由奔跑的人，还有很多我们以前从来没有注意过的小人物以及生活的瞬间。他们都在快手被看见了，这就是快手打动人的地方。

快手以人为中心，鼓励每一个人记录生活，只要不违法、违规，平台就会用一套普惠的算法帮助每一个创作者找到喜欢他的用户。那么，作为商家，在快手上怎样运营才能让算法偏向我们，为我们带来更多流量呢？下面我从对快手的基本介绍、内容创作部分以及引流到私域的方法这几个方面进行详解。

快手的基本介绍

1. 快手的产品属性

快手是一个短视频平台，它通过去中心化的方式将短视频推送给用户，让每一个创作者不论身份、地位都能以短视频为载体被看见。

与抖音“记录美好生活”的slogan（口号）相比，快手“拥抱每一种生活”的口号显得更加包容。快手目前的界面从左到右依次是“关注”“发现”和“精选”。其中，发现页是双列模式，精选页是单列模式，每个用户都可以按照自己的习惯选择喜欢的浏览模式。至于关注页，展现的就是你关注的人。不管你关注的人发布了什么内容，系统都会优先推送给你。

2. 快手的用户构成

在人们的普遍印象中，快手的用户群体应该主要集中在国内的三、四线及以下城市。不过，2020年第一财经商业数据中心联合快手发布的《变局时代，把握新消费的风口——快手人群价值报告》显示：随着快手平台的不断发展，其用户已经不仅仅局限于三、四线及以下城市，而是广泛分布于全国各地，从一线城市到农村都有。此外，快手创作者的年龄层也覆盖极广，从未成年人到45岁以上的中老年人都有。

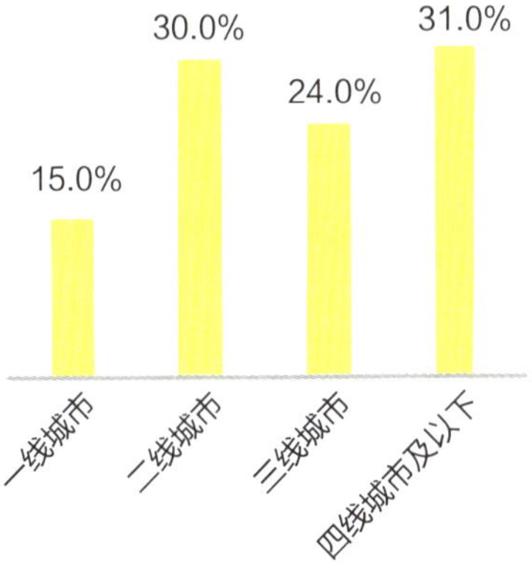

2020年
快手用户城市线级分布

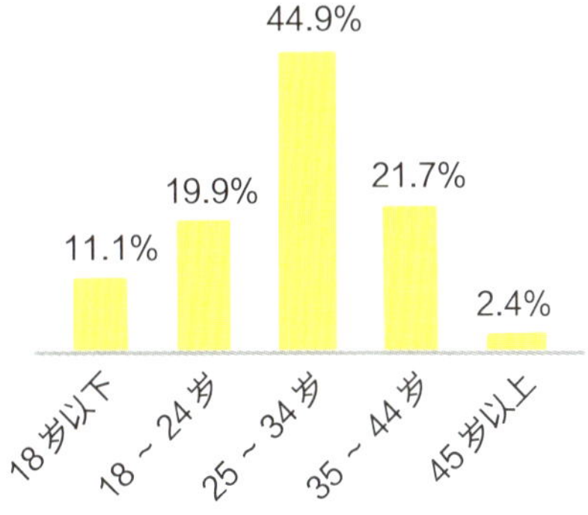

2020年
快手用户年龄层分布

数据来源：《变局时代，把握新消费的风口——快手人群价值报告》

快手的部分数据

3. 快手的算法

作为内容生产者，我们创作内容不仅是为了满足自己的兴趣，也是为了得到用户的喜爱。

但是，在最开始的时候，我们并不知道用户喜欢什么，就要一边做视频一边等待数据反馈，然后不断进行调整。

这个数据反馈的过程也就是平台算法的筛选过程。快手算法的筛选过程是这样的：创作者上传视频后，系统会对其进行审核，这一步与抖音一样，主要是审核视频中有没有违规内容，如色情、涉及政治、画面血腥等。

如果通过了审核，系统就会提取该视频的标签。如果视频是关于新媒体培训的，被提取的标签就可能是新媒体、培训、教育，然后系统就会把该视频推送给有同样标签的用户，这一步叫初始流量分配，然后等待用户反馈。

反馈数据包括评论、转发以及点赞，其中的权重是评论 > 转发 > 点赞。如果反馈数据很差，系统会停止向用户推荐；如果反馈数据好，系统则会扩大推荐范围。

但是，由于快手的普惠原则和去中心化，如果视频的热度过高，系统会给它降权或者进行“冷却”。这也就意味着，在快手这个平台，要想获得更多流量就必须持续、稳定地输出内容，而不是做出一两个热门视频就大功告成了。

内容创作部分

短视频的内容创作其实都是大同小异的。在快手平台上创作短视频的关键，同样是要打造一个鲜明的人设，装饰好自己的门面——“账号四件套”，然后潜心创作视频内容。

1. 人设定位

在任何一个平台进行创作，打造鲜明、有记忆点的人设，都是首要的。

那么，我们进入快手平台时应该打造怎样的人设呢？我总结了以下几个要点。

- **有用——就是视频具有实用价值，用户看了之后能有所得**

例如，很多老师也会开设快手账号，在每一个视频中讲一个自己专业领域的知识点；很多用户喜欢分享自己的生活，他们会在每一个视频中分享一道菜的独特做法。

- **有趣——就是能够逗用户发笑**

每一个视频都很风趣幽默，用户看了之后就很容易被吸引。

- **有反差——加深用户的印象**

例如，在传统印象中，家长无时无刻不在督促孩子学习，阻止孩子的一切娱乐活动，而现在有这么一个账号，将家长塑造成希望孩子不用一心扑在学习上，而是多学一些社会经验的反差人设。

- **有颜 / 有才——“颜”是颜值，“才”是才华**

在视频中出镜的人如果长得好看或者很有才华，就能吸引更多用户。

- **有共鸣——就是拍出的视频能够让用户从中看到自己**

如果用户看了视频之后觉得自己也是这样的，或者自己也有过这种感受，就会对你产生兴趣。

总之，你的人设必须有差异性和记忆点，这样用户才更容易记住你或者对你产生兴趣，然后成为你的粉丝。

2.“账号四件套”

这指的是账号封面、账号头像、账号昵称和个人介绍。那么这些具体该怎么设置呢?

账号封面：建议使用可以渲染人设的图片。

账号头像：可以根据账号的定位来选择。

账号昵称：因为快手的氛围比较“接地气”，所以很多账号为了拉近和用户的距离，都会用“××哥”“××姐”“××弟”“××妹”这一类名字作为昵称。你也可以为自己取一个既符合人设又“接地气”的昵称。

个人介绍：有一个现成的公式可供参考：直播时间+账号价值+专业头衔+感谢语。

另外，还需要注意的是，在个人介绍中，“微信”“理财”“钱”等词语比较敏感，不宜出现。

3.内容主体创作

在进行创作之前，我们首先要了解快手视频的内容构成：封面、标题、正文。

因为快手的界面有双列展示模式，所以用户在发现页和关注页是看不见视频标题的。也就是说，用户是否会点开这个视频，几乎完全取决于封面。但是这并不意味着标题不重要，标题会影响用户点开视频之后是否会与你互动。

当然，在精选页，用户在点开视频之前是能够看见标题的。至于正文的重要性，不言而喻，它不仅决定了用户会不会和你互动——评论、点赞、转发，还决定了用户会不会关注你。

因此，只有把封面、标题和正文都做好，系统才会给你更多流量。

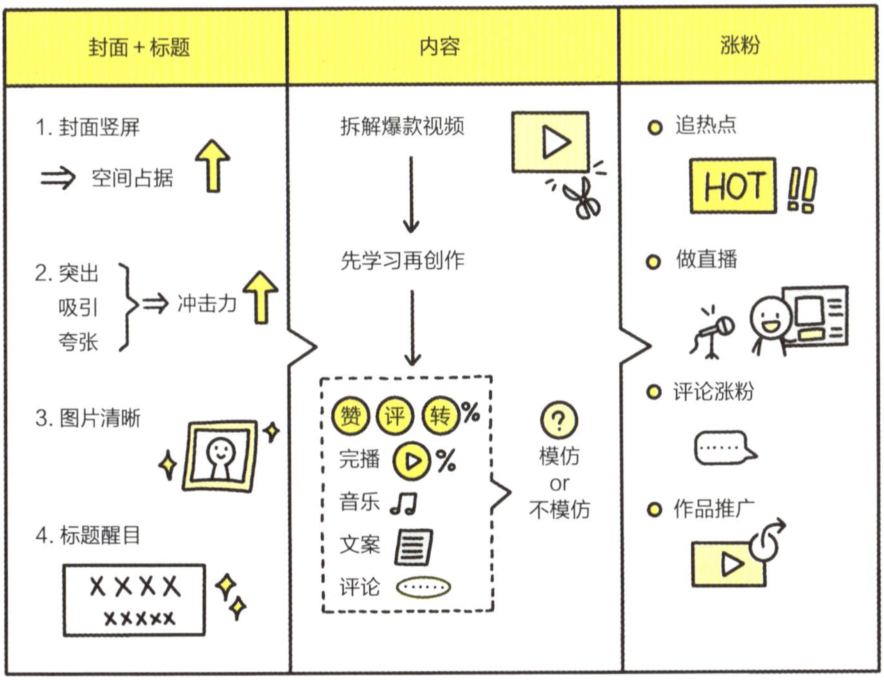

如何做好快手内容

- **封面和标题要有吸引力**

快手视频的封面不像抖音那样是单列沉浸式展示，它在发现页是双列展示的，所以如果用户选择的是发现页，只有封面具有足够的吸引力，才可能促使用户点开。

那么，封面怎样设置才能吸引用户呢？

①最好竖屏呈现

在快手的页面中，竖屏封面比横屏封面占据的空间大，意味着竖屏能展示更多信息，能产生更强的视觉冲击效果。如果你想横屏呈现也可以，但是要在视觉上下足功夫。

②要有视觉冲击力

封面用图需要突出人设，需要第一眼就能吸引住用户的注意力，可以选用较为夸张的图。

③图片一定要清晰

如果封面图片模糊，内容展现不清晰，那用户在众多视频之中当然更愿意点开封面图片清晰的视频。

④标题要醒目

如果你在封面图片上加了标题，那么文字一定要醒目，字体颜色和标题背景色之间要有强烈反差，如红底白字、蓝底橙字等。

另外，标题在清晰表达视频主题的前提下最好能够设置悬念，激起用户的好奇心和探索欲。

例如，“男人从没送过你这 3 件东西，就别再爱了”这段文字就会引起用户的强烈探索欲：这 3 件东西究竟是什么？又如，“闺密男友是‘海王’，叶公子如何揭穿”也会引起用户的好奇心。

内容正文创作

拆解爆款视频，先学习再创新。在创作视频初期，你可以先拆解同行的视频，从中找到适合自己的模式，再进行创新。具体做法是，先通过关键词搜索找到该领域的 10 个大号，然后问自己以下 5 个问题。

①这个视频我是否会点赞、评论、转发？为什么？（点赞率、评论率、转发率）

②这个视频的前 3 秒是什么？为什么能让我继续看下去？（完播率）

③这个视频的配乐如何？有没有让视频变得更生动？（音乐引导）

④这个视频的标题如何？有没有让视频变得更生动？（文案引导）

⑤这个视频下最热门的评论是什么？为什么？（评论引导）

最后思考一下：自己可以学习这个视频的哪些方面？自己在哪些方面有待改善？

这里要强调一点：完播率是最重要的。

所以，在拆解视频时一定要注意：这个视频的开头有什么亮点，是怎么吸引你看下去的，开头的时间是多长，画面内容具体是怎么设置的。这些都需要你仔细研究，然后在自己的视频中做到活学活用。

涨粉小妙招

除此之外，创作视频时还可以用到4个小技巧：学会追热点、做直播、评论涨粉、作品推广。

①跟拍热点视频涨粉

热点话题意味着更多流量。例如，每年6月的高考都是热点话题，如果你是美食领域的，可以结合这个热点话题做一期“高考阶段适合吃什么样的食物”的视频；如果你的人设是一个穿搭达人，可以做一期“高考当天穿什么颜色、款式的衣服更利于考场发挥”的视频。

需要提醒的是，选择热点话题时一定不能盲目跟风，只有找到一个合适的切入点将热点话题与自己的人设和内容相结合，才不会显得突兀。

②做直播涨粉

在快手平台上，做直播也是效果极佳的涨粉方式。因为快手上的粉丝黏性很强，所以哪怕你前期的粉丝数量不多，也可以尝试做直播，通过直播展示自己，与粉丝近距离沟通。

直播时，你还可以通过发红包、连麦、加粉丝群等方式吸引并留住用户，使其持续观看。

③评论涨粉

这具体该怎样操作呢？你可以找一些粉丝数量很大的账号，在其视频下方发表评论。如果你的评论足够有趣，就能收获大量点赞，会出现在视频的评论区顶端，这样就会有更多用户看到你。

对你产生好奇的用户，就会点开你的账号看看。如果你的内容恰好符合他的口味，那么他很可能就会关注你。

④作品推广

这是通过付费投放广告涨粉的一种方式。在快手中搜索“快手粉条”，点开之后可以看到“推给更多人”这个标签。如果你已经有作品了，可以直接添加推广，投放页面、时长以及人群都可以按需选择。

不过，需要注意的是，即使你选择增加播放量，但视频是展示在发现页，用户最先看到的还是视频封面。

如果你的封面不够吸人眼球，即使曝光率再高，也可能没有用户点击。所以，封面尤其重要，一定要多下功夫。

还有一种投放方式是把作品投放给自己的粉丝，即将作品置顶。

引流到私域的方法

粉丝达到一定数量之后，怎样将他们变成我们真正的客户呢？可以采用以下 5 种方法引流到私域。

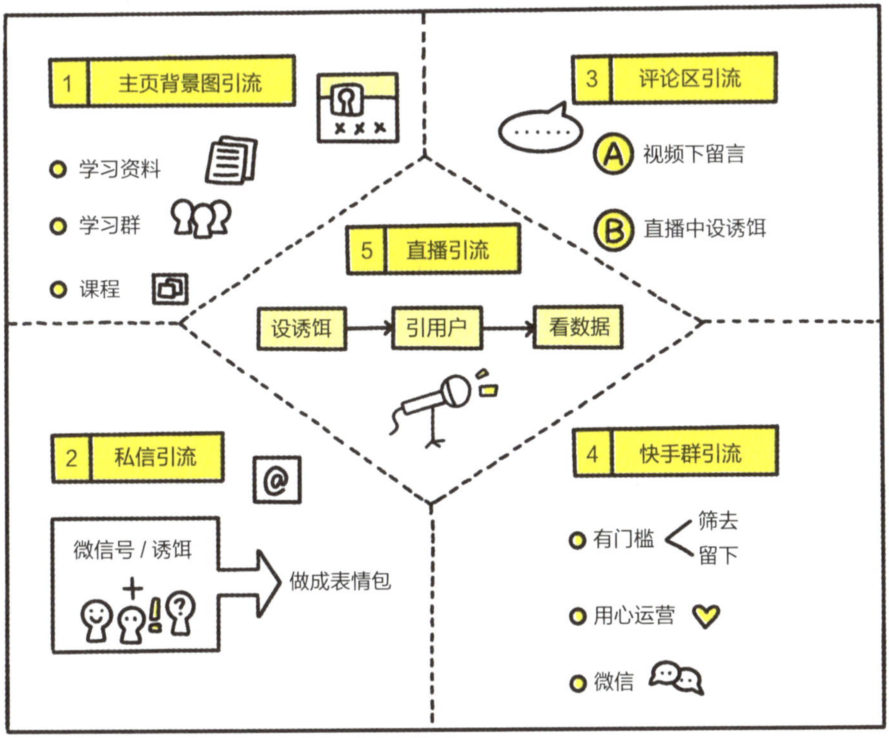

私域引流的 5 种方法

1. 主页背景图引流

快手账号的背景图和微信朋友圈的背景图一样，需要好好利用起来。你可以在背景图上留下引流的“钩子”，如学习资料、学习群、课程……然后在视频或者直播中提醒用户查看，间接引导他们寻找你的联系方式，如微信号、公众号、QQ 群等。

2. 私信引流

除了之前讲过的一些私信引流的方法，你还可以把诱饵和微信号提前放在表情包上，然后发给用户，比较有趣。如果有用户回复，再把微信号发给他，以便于复制。

不过，利用私信引流时需要筛选精准人群。如果你看了用户的主页，发现他和你的业务不可能产生任何关联，或者在评论中明显对你没有好感，就要另寻目标。另外，要注意私信发送的频率，最好分批发送。

3. 评论区引流

前面讲了评论区涨粉的方法，那么怎样利用评论区引流呢？一种是在自己的视频下方留言，引导用户通过私信获取你的联系方式；另一种是在直播时设置诱饵，吸引用户主动评论，获取你的联系方式。例如，你可以在视频中这么说："想获得资料包的请在评论区扣'1'，让你直接联系到我。"

4. 快手群引流

在快手上，如果你的粉丝达到了一定数量，你可以建一个粉丝群。你可以事先设置好入群门槛，筛选掉不精准的粉丝，好好运营，维护好与粉丝的关系，然后引导粉丝加微信。

5. 直播引流

直播引流就是在直播中设置一些诱饵吸引用户，你可以给对诱饵表现出兴趣的用户发私信，给出自己的联系方式。

最后，还有特别重要的一点，即一定要重视数据。不仅要重视自己的数据，也要重视别人的数据，然后根据这些数据进行优化、迭代。

第 5 章

▶▶▶ 糖豆：

垂直人群精准引流，让目标客户主动找上门

糖豆，可能很多人之前从来没有听说过，但是中老年人的手机里几乎都安装了。如果说快手占领了中国大半个农村市场，那么糖豆则拿下了中国绝大部分广场舞群体。对于做中老年人产品的企业来说，糖豆无疑是一个非常好的引流平台。

糖豆简介

糖豆是一款广场舞 App，具有以下几个特点。

1. 人群精准，用户基数大，活跃度高

2019 年，糖豆的用户已经达到 2 亿，日活跃用户在百万以上，每个月通过糖豆生产内容的用户接近 40 万。

糖豆在 2018 年和 2019 年数次荣登健身类 App 榜单榜首，周活跃度曾是悦动圈的 20 倍。可以说，它早就不只是一个学习广场舞的 App 了，而是一个中老年人聚集的社区。

2. 操作简单，用户信任度高

糖豆“分享+互动”的方式，不仅为中老年用户提供了一个学习、分享的窗口，还为他们提供了一个互相交流的平台。用户可以在上面发布自己的舞蹈视频，也可以通过各种方式和其他广场舞爱好者进行互动，而且因为他们拥有共同的兴趣，更容易对彼此产生信任。

3. 达人机制

糖豆为了鼓励用户生产内容，推出了达人机制——当用户上传舞蹈视频后，平台会对其进行推荐，然后根据用户账号的粉丝数量、影响力和作品量评定达人的星级。

不同星级的达人，享有不同的专属特权。星级达人只要发布新作品，就可以获得专属星级的推荐量。对于特别优秀的作品，平台会不遗余力地加大推荐力度。

1 星达人拥有专属的达人星标和达人舞台。达人星标会随着粉丝数量、影响力和作品量的变化而变化，而达人舞台可以提高作品的曝光率，吸引更多用户。

糖豆的普通用户最多只能关注 3000 人，而 3 星及 3 星以上的达人最多可以关注 8000 人，这也就意味着好友圈子几乎扩大了两倍多，自然能得到更多流量。另外，3 星及 3 星以上的达人还享有直播、一键回赠鲜花的特权。2 ~ 4 星的达人都有机会登上新星舞台，获得更多曝光。

如果你打算入驻糖豆，至少要成为 3 星达人。因为除了以上特权，你还可以开通自己的糖豆小店，直接出售自己的产品。

而且，糖豆小店的商品是直接链接到拼多多的，用户在糖豆小店里看到自己喜欢的商品，点进链接后就可以购买。糖豆小店具体卖些什么商品呢？主要的类型有舞鞋、舞蹈上下装、舞蹈套装、配饰、演出服等。

另外，糖豆上除了广场舞爱好者，还有很多其他舞种如旗袍舞、扇子舞、伞舞、街舞的爱好者，可挖掘的流量空间巨大。

如果你成为 5 星达人，你的作品会被系统优先审核、快速发布，还可以使用免广告的功能，并且在平台上的影响力会更大，曝光率自然也会更高。下面是部分达人晋级的具体要求。

糖豆达人晋级机制表

星级	优秀作品	粉丝数量	作品量	影响力
8	400	4 000 000	1 200	3 000 000
7	200	3 000 000	800	1 500 000
6	100	1 500 000	500	500 000
5	60	500 000	300	100 000
4	50	50 000	200	20 000
3	3	5 000	60	4 000
2	/	500	30	1 000
1	/	100	10	300

根据这个晋级机制表可以看出，该平台非常重视作品的数量和质量。要想成为 8 星达人，优秀视频作品需要达到 400 个，粉丝量也要达到 400 万，影响力则需要达到 300 万。而且 8 星并不是最高等级，糖豆上还有很多 9 星、10 星，甚至是 15 星的达人。级别越往上升，平台对各项数据的要求也就越高。

➔ 增加账号粉丝数量和扩大账号影响力

因为每个人都有自己的表现形式和独特创意，所以作品的具体内容可以按照自己喜欢和擅长的方式去呈现，但是有 3 点需要注意，即画面要尽可能地保持面部特征清晰，着装要符合舞蹈风格以及个人人设，舞蹈动作要优美。

有了自己的作品之后，怎样增加账号粉丝数量和扩大账号影响力呢？

1. 粉丝数量

用户成为你的粉丝，可能有两个原因：一是你的内容有价值，二是你的人设值得信任。要做到这两点，我们可以从以下方面着手。

- **设置有辨识度的账号**

设置一个有辨识度的账号能够让用户快速记住你。例如，头像使用真人照片——个人照或者舞队照片，还要设置一个亮眼的昵称，可以在昵称中加入地域或者舞种。糖豆的用户昵称显示和其他 App 不同，它是显示在个人页面的最上方。

- **封面的选择和标题的拟定**

可以截取视频中的核心舞蹈动作作为封面图，让人一眼就能看到视频的重点。封面图上还可以加上突出内容主题或者个人特征的文字。

标题有以下 3 种形式可以参考。

①简单明了地介绍舞蹈的功效

例如，“30 分钟健身操，缓解你的腰酸背痛”；又如，“每天 60 分钟暴汗健身操，让你和肚子上的‘游泳圈’说再见”。

②舞蹈特色加功效或者视频内容描述

例如，下载歌曲《你就是我 ××》的原创舞蹈，并附有教学过程。

③ 蹭热点加功效

例如，在标题中加上"糖豆新曲""火爆全网"之类的字样也能吸引用户的注意。

- **及时与用户互动**

如果有用户留言，你一定要及时回复，积极与之互动，增加好感，引导关注。

- **积极参与平台活动**

糖豆官方经常会举办一些活动，如旗袍美人秀、古典舞大赛等，积极参与这些活动也可以增加曝光量。

2. 影响力

想要在糖豆上提升影响力，一方面要靠优质的内容，另一方面要靠良好的互动。具体该怎么做呢？

- **持续、稳定地输出内容**

不管在哪个平台，持续、稳定地输出内容都是最重要的。如果你连续发几天作品又停止更新几天，很可能会影响粉丝的关注度。

- **努力提高内容质量**

优质的内容是从众多视频中脱颖而出的关键。在作品数量相同的情况下，质量更高的作品会获得更多曝光。

因为糖豆的目标人群主要是中老年人，所以作品要首先符合他们的审美和喜好。多看一些播放量和互动率都很高的视频，你就会发现其内容有以下几个共同点。

①封面图基本是多人封面，大多是 3 ~ 4 人；

②减肥、瘦肚子、瘦腿、去湿气、治疗失眠等具体功效性视频居多；

③配乐的节奏感都很强，而且以老歌居多，如《请干一杯草原酒》《山丹丹开花红艳艳》《北京的金山上》等；

④画面清晰，步骤明了，内容简单易学，用户只要一步一步照着做就行了。

- **引导用户互动**

互动越多，视频的影响力越大。因此，你可以在每个视频的结尾或者评论区等引导用户点赞、评论、送花、转发。一个人的力量是有限的，发动更多人来为你传播作品，你就会获得更多曝光和互动。

精准引流到私域

按照 3 星达人最少有 5 000 个粉丝来算，假设能将其中的 10% 转化为私域流量，那么至少也有 500 人。而且，这些都是精准流量，还有一定的长尾效应。那么，我们应该如何将他们变成我们的私域流量呢？

1. 个人主页引流，让用户主动来加你

糖豆的个人主页上包括个人头像、封面、昵称等个人信息，我们可以利用好个人主页，直接把微信号放在封面上进行引流。

2. 视频结尾插入文字引流

在视频结尾插入两秒的文字展示，提醒用户关注。

3. 直播间精准引流

糖豆 3 星达人有开通直播的权限，这也是将用户变成私域流量的最有效的方式之一。

目前，糖豆平台直播引流的主体有两种：一种是官方自己的签约达人，其直播间的排名比较靠前，官方对他们有一定的流量扶持。签约达人的直播间内售卖的产品多为“糖豆课堂”出品的课程，官方也会有一些引流的操作。

①直播间内正上方有客服微信；

②右下角“点我买课”的课程详情页内也有客服微信；

③添加客服微信后，客服会主动进行询问，做好课程咨询；

④客服朋友圈内容以及后期维护，便于后期继续转化。

另一种是非官方签约达人。非签约达人的直播间排名靠前的比例相较于签约达人会少一些，不过也有相当一部分，可以有很多引流动作。

例如，某一舞蹈服装品牌在直播时会不断提醒用户加微信号，同时在左下角的互动区内反复打出“喜欢请加微信 ××”的文字，以此来引导用户添加微信号。

用户添加了微信号之后，他们会邀请用户进入社群，社群内会每日发布糖豆视频、直播预告、舞蹈服团购链接，引导用户下单。这整个流程就形成了一个从引流到成交的闭环。

除了这种方法，还可以在直播中直接出示微信号引流，或者是设置诱饵（优惠券、舞蹈交流群、实物奖品等）引导用户添加微信号。

4. 评论区引流

糖豆平台目前并不限制在评论区留微信号，所以很多达人都会在评论区留下自己的微信号。除了以上几种引流方式，糖豆还有一些独特的功能可以用来引流。

①舞队功能

这个功能把舞队从线下搬到了线上，糖豆上每个人的背后可能都有一个舞队。因此，除了组建自己的舞队引流，还可以加入其他人的舞队引流。

②短视频功能

目前糖豆的短视频发展还处于初级阶段，如果你有其他平台的短视频运营经验，也可以运用到糖豆平台。

③广场功能

类似于微信的朋友圈功能。好的内容是有机会成为热门内容的，热门内容可以带来长尾流量。

最后，还要说说我们前面提过的糖豆小店。如果你的粉丝通过糖豆小店购买了产品，你就可以在店铺后台看到粉丝的联系方式，也可以主动添加他为好友。

近年来，全民健身的风潮席卷全国，而且我国的老龄化趋势日趋严重，作为“广场舞第一 App”，糖豆的用户将会越来越多，甚至不再局限于中老年人。不管你的企业、产品是否属于中老年相关领域，你都可以考虑一下，怎样从这个巨大的流量池里分一杯羹。

第5章

▸▸▸ 微信视频号：9步法快人一步抢占流量阵地

从2020年1月开始内测，一年内改版30多次，到2020年底日活跃用户数量突破2.8亿，微信视频号（以下简称视频号）正在以肉眼可见的速度崛起。做到这个成绩，快手用了约6年，抖音用了约3年，而视频号仅用了1年。

目前来说，毫无疑问，抖音坐上了短视频的头把交椅，日活跃用户数量突破6亿，奠定了它在全球短视频领域的霸主地位。

但不可小觑的是，背靠微信的视频号，在2021年迎来井喷式发展，其日活跃用户数量高达4.5亿左右，与抖音的6亿日活跃用户数量的差距越来越小。

外行看热闹，内行看门道。无论是抖音、快手，还是视频号，其本质都是短视频。

作为商家，我们需要知道的是，内容视频化是未来的趋势，视频号作为腾讯的战略级产品，将是普通人发展的绝佳机会。可以说，如果错过视频号，那你错过的不是一个机遇，而是一个时代。

视频号的入口就在微信的发现页内，在朋友圈入口的下方。张小龙在2019年的“微信之夜”活动中提到，朋友圈每天被打开的次数超过100亿次，由此可见，它的流量有多大。用户在哪儿，我们就要出现在哪儿。

3. 基于地理位置的同城推荐

微信能获取用户的手机定位，视频号会根据地理位置优先向用户推荐同城的内容。基于这个功能，出现了很多外延的机会。比如我们“媒老板商学院”发布的视频定位都选择广州，这样会使广州的潜在学员更有可能看到。

以上 3 个方面，总结为一句话，即视频号基于关注获得原始曝光，基于社交分发和系统推荐获得二次曝光。

另外，从用户这个基础层面来说，视频号拥有全量用户，月活跃用户数量超过 12 亿，抖音、快手触达不到的用户，都有可能通过微信触达；再加上有微信社交推荐这个基础，让你有可能更高效地触达到所需要的人群。

这样来看，视频号更关注的不是内容，而是人。它重视社交关系、兴趣分发，内容消费者行为的重要性排序是点赞＞评论＞转发。朋友点赞是视频号获得流量推荐的最重要的因素。

抖音与快手的分发机制以公域为主，着重个性化推荐；视频号的分发机制以私域为主，重视社交推荐。背靠微信的视频号，未来在社交推荐领域，将拥有最强大的好友关系链，能够爆发出更强大的威力。可以说，谁能玩转视频号，谁就能拥有巨大流量。

视频号的引流误区

视频号是巨大的流量入口，吸引商家纷纷入驻，为了通过视频号引流，有些商家会采用各种不正规的手段，一不小心踩到平台雷区，严重者将被永久封号。任何平台都有自己的规则，想要通过该平台达到引流的目的，一定要遵守其规则，避免踩雷。在运营视频号的过程中，一定要避免以下 3 种行为。

1. 诱导用户

这指的是胁迫、煽动用户分享 / 关注 / 点赞 / 评论视频等，常见的方式有以下 3 种。

①用夸张、带诅咒性质的语言胁迫用户分享，比如“不转不是中国人”“请好心人转发一下”“转发后一生平安”等；

②用某种奖励诱导用户分享，包括但不限于邀请好友拆礼盒、集赞，以及分享可增加一次抽奖机会等；

③在群里发红包，让群友给视频点赞、评论和转发。这样做算不算诱导用户呢？严格来说，不算，但尽量不要这样做。

2. 刷量刷粉

从微信公众号开始，为了获得更多利益，很多人开始刷量刷粉，甚至在很长一段时间内，这成为新媒体行业的潜规则。

什么是刷量刷粉？就是指使用任何非正规手段获得粉丝数、点赞数、评论数、播放量等虚假数据，包括但不限于利用第三方运营平台、工具、外挂、系统漏洞等在微信服务中进行的刷量行为。

刷粉刷量是微信官方明确禁止的行为，只要你发布或传播跟刷量刷粉行为相关的内容，无论是否出于商业目的，一旦被平台发现，就会受到处罚。

3. 骚扰用户

视频号是引流推广的利器，很多人为了快速引流，频繁地向用户发送骚扰信息、垃圾信息、广告信息，存在过度营销或过度推广的问题。结果不仅没赢得好感，还被原本的用户取消了关注，实在是得不偿失。与其费尽心思骚扰用户，不如花时间做好内容，用好内容赢得用户的点赞和关注，进而实现转发、分享。

总结一下，诱导用户、刷量刷粉、骚扰用户是视频号引流的 3 大雷区，想做好视频号引流，一定要避免这 3 种行为。

视频号的 9 种引流方式

了解了视频号引流的雷区，接下来的内容是本节的重中之重，即如何通过视频号引流。我会分享视频号的 9 种引流方式，让你少走弯路。

1. 账号简介引流

跟抖音、快手等短视频平台类似，账号简介是视频号最高效的引流区域。账号简介就是你的名片，任何用户点进你的视频号浏览，几乎都会先看简介，了解你的个人信息。用户关注的地方，就是引流机会。

你可以在账号简介上写微信号或是联系方式，用户感兴趣的话，自然会联系你；你也可以在视频号中关联公众号，在公众号中设置引流路径。不过，只有视频号和公众号是相同的主体或管理员时，二者才能进行关联。

2. 扩展链接引流

扩展链接在视频号中是很方便的引流方式。发布视频时，你可以直接添加扩展链接引流。用户看到视频后，如果想了解更多，会直接点击链接查看相关信息。视频号目前只支持添加公众号链接。

这种引流方式很好，不过在操作时要注意以下 3 点。

①扩展链接的标题要有引导性，可以增加手势符号、文字指引，比如“→加我微信，直接咨询”；

②公众号内容要重点突出，可以展示联系方式，比如微信二维码、社群二维码等，对此感兴趣的用户自然会扫码；

③扩展链接不要轻易更换，提前选择一篇阅读量较高的公众号文章。需要注意的是，扩展链接的标题和所链接的公众号文章的标题要保持一致。

3. 评论区引流

评论区是用户非常关注的地方，视频发布后，我们可以在下方主动参与评论，这样可以提高用户评论的积极性，形成良好的互动。

视频号有个特点，即作者本人的留言会带有一个黄色的“作者”标识，这在一定程度上能增强用户的信任，同时能增加曝光。

在主动参与评论时，评论内容最好和本条视频相关，不要过于生硬，以免让用户产生反感。你也可以直接在评论区留下联系方式，比如公众号、微信号，感兴趣的用户自然会添加。

除了自己在发布视频的评论区留言引流，还可以在热门视频下评论互动，不过你要提前设计好账号封面和简介，以便留住前来浏览的用户。

4. 视频内容引流

用户关注视频号，就是为了观看你的视频，所以通过视频内容引流是最直接、最有效的方式。通过视频内容引流，一般有以下 3 种方式。

①口播引流。通过口播说出公众号或添加微信号，比如“欢迎大家关注我的公众号‘坤龙老师’”“可以添加微信围观朋友圈，和我交流”，感兴趣的用户便会注意。

②画外音引流。什么是画外音？只要是视频中发出的声音，其声源不在画面内，即不是由画面中的人或物直接发出的声音，都被称为“画外音”。在视频后期制作过程中，可以通过添加画外音的方式来引流。

③图片引流。可以在视频封面设置引导语，也可以直接留下联系方式，直到视频播放完。

5. 私信引流

私信是一种非常重要的引流方式，具体做法有两种：一种是主动私信，另一种是被动私信。

主动私信，就是对那些已经关注你的用户发送引流话术，就像用户关注你的公众号后，公众号会自动向用户发送欢迎语一样。

你可以每天主动向新关注的用户发送引流话术，也可以定期向已经关注你一段时间但还没加微信的用户发送，注意不要太频繁，以免引起用户反感。

另外，为了提高私信引流的效果，建议先私信那些主动为你的视频评论和点赞的用户，可以点击他的头像，直接私聊。因为他们的黏性更高，对你的信任度更高，加微信也更容易。

被动私信，就是在账号简介中放置相关信息，感兴趣的用户会自己私信我们，这样能筛选出对我们真正感兴趣的潜在用户。但是需要注意做好用户分层，以便后续转化成交。

6. 互推引流

早期做公众号时，引流涨粉最快的方式就是公众号互推；后来私域流量崛起，微信个人号也开始做互推，可见互推引流的效果还是非常不错的。视频号自然也可以这样做，通过粉丝量相近、质量相当的账号进行互推。

什么是互推？就是互相推荐、互相导流，本质上是一种平等流量的互换。可以说，互推是性价比最高的免费涨粉引流方式。

互推引流的方式有 3 种，分别是朋友圈互推、微信群互推和公众号互推。具体如何操作呢？有以下 4 步。

第 1 步，明确参与门槛，包括但不限于微信好友数量、视频发布数量、视频平均点赞量等。

第 2 步，撰写互推邀请文案。文案要简单明了、重点突出，只需说明你的目的是什么，对互推的账号有哪些要求即可，最后请满足条件想参加互推的账号和你联系。

第 3 步，确认互推标准。相互发送微信好友数量、视频发布数量和视频平均点赞数量，确认彼此符合互推标准。

第 4 步，约定互推形式、互推时间，准备相关文案和物料等，最后执行。

有些视频号达人做互推时文案大致是这样的："今天我要向大家推荐一位朋友，他取得了 ×××× 成绩，关注他的理由是 ××，欢迎关注他的账号。"也可以利用口播或动态描述的方式艾特账号去操作。

7. 直播引流

视频号目前更新了连麦、直播发红包、抽奖等功能，可以在直播时利用好这些功能，吸引感兴趣的用户加微信。

从测试的结果来看，我认为视频号直播引流的效果还是不错的，不仅能增加用户量，提高互动率，还能在直播过程中与潜在客户成交，进而引导到微信进行服务。

通常，视频号直播过程中的引流有以下 3 种方式。

①二维码引流。在直播间放二维码，比如在背景墙或工作服上留微信号或二维码，也可以制作一个二维码手牌，方便进行适当展示。

②评论区引流。在评论区发布活动文案引流，可以直接留微信号，感兴趣的用户会添加。

③口播引流。主播可以口头引流，但频率不能太高。

8. 动态描述引流

每次发布视频，需要你在动态描述栏对视频内容进行描述，你可以在描述栏中留微信号，不过字数多容易被折叠，建议把微信号放在最前面，以增加引流成功的概率。

9. 好友点赞引流

前面提到视频号的流量分发逻辑是以社交推荐和算法推荐为主，凡是好友点赞过的内容，都会出现在“朋友”这一栏。

再强调一点，视频号的核心是社交关系，社交推荐和朋友点赞过的内容所获得的流量远大于系统推荐的流量。

所以，要想做好视频号，一定要先搭建起自己的私域流量池，做好客户关系管理。不然，视频缺乏基础的启动量，没人点赞、评论，就是再好的视频也很难获得流量。

私域流量成交篇

第6章

成交有方法，构建私域流量成交体系

第 6 章

▸▸▸ 一对一成交：

最简单的成交模型，3 招让客户爽快买单

如果你做过微商，一定免不了和客户一对一地聊天，我们把这个过程叫作“一对一成交”。

可能有人会说：“这不就是聊聊天吗？”但是做过微商的人都知道，这事情并没有想象中这么简单，有时候我们费尽口舌也无法成交。

那么，怎样才能让客户爽快地买单呢？这就是这一节的内容——最简单的成交模型，3 招让客户爽快买单。

➔ 了解客户产生犹豫的 3 种心理，避开误区，提高成交率

客户在成交时为什么会犹豫不决呢？

在思考这个问题时，我们可以进行角色转换，想一想自己平时去买东西的时候会因为哪些因素而犹豫。

是因为我们不想买吗？不，我们已经动了想买的心思，却因为价格、质量等犹豫不决。

我们心里会想：这个东西的价格这么贵，也不知道到底好不好？这个东西

的价格这么便宜，不会是有什么问题吧？这个东西看着倒是不错，但是我买回去万一不好用怎么办？我们的客户也是如此，大致有以下 3 种心理导致客户在成交前犹豫不决。

1. 需求模糊

需求模糊的人的典型特征就是不确定自己是否真的需要这个产品或服务。

这种客户并非不舍得花钱，而是担心自己买了之后不一定用得上。举个例子，你一直开宝马汽车，而且感觉很不错，但是突然有人向你推荐特斯拉汽车，你听了后很心动，觉得可以换一辆试试，但是你又想不换也行，毕竟宝马汽车开着也很顺手。

很多客户会犹豫也是基于这一点。作为商家，如果我们能够挖掘出这个产品或服务对客户更多的价值，那就很容易唤起客户的购买欲。

2. 担心受骗

这是造成客户产生犹豫心理的最常见的原因，尤其是在首次成交时。更何况线上成交是隔着屏幕的，客户担心被骗也是人之常情。

那些大的电商平台如淘宝、京东等都有无理由退货的保障体系，因此即使客户不信任商家，但有平台担保，客户也会减少这方面的忧虑。但是，如果在微信上成交，并没有规则能够保障客户的权益，尤其是有些客户可能有过在微信上购物被骗的经历，就会有更严重的防备心理。

不过，客户防备心重并不代表一定不会购买产品，毕竟快要进入成交阶段了，就说明客户确实是有需求的。如果我们能赢得他的信任，成交的可能性就会大大增加。

3. 价值不明

试想一下：你在商店里买东西，卖家开价 200 元，你还价 150 元，对方一下子就答应了。但恰恰就是因为卖家答应得太爽快，你可能会觉得这个产品肯定不值 150 元。你本来是真心想买的，结果付钱时反倒犹豫了。

所以，当有些客户和你讨价还价时，你应该马上意识到他们其实是真正想买产品的人，而且不能轻易答应降价，否则会让客户怀疑产品的品质。如果客户因为你没有降价而犹豫，其实他是在等你证明自己的产品好在哪里，为什么值这个价钱。我们要记住，客户不是怕花钱，而是担心产品不值，花了冤枉钱。

➔ 客户犹豫又嫌贵？3 招让他爽快下单

搞清楚客户为什么犹豫之后，我们就可以有针对性地使用以下策略让客户爽快下单。

1. 带客户认清现状

假设你是一名百度推广服务人员，在最后报价环节，客户说：“我们先考虑一下，稍后再与你联系。”你会怎么应对？

我们训练营的成交课老师静茹针对这种局面，给出了 3 个精彩的反问。

“过去有没有客户因为在百度搜索不到你们的任何品牌信息而不跟你们合作？”

“今天有没有客户也出于同样的原因又不跟你们合作？”

“你们在未来还希望因为百度没有你们的品牌信息而损失更多客户吗？”

通过这 3 个反问，我们在时间维度上带客户看清了自己没能看清的现状，帮助客户发现了自己没能看见的风险和好处。对于因为需求不明确而在成交阶段犹豫不决的客户，我们可以直接用这 3 个问题促使他下单。

过去——有没有因为……而导致……？（没有使用产品前的损失。）

今天——有没有出于同样的原因，而导致……？（现在不使用产品的损失。）

未来——还想出于同样的原因，而继续损失更多……？（现在不使用产品致使未来可能出现的风险。）

再举个例子，“媒老板商学院”是为中小企业提供新媒体营销课程的培训机构，公司的核心产品是引流与成交线下课程，“获客难，成本高”是大多数企业的痛点，那我们在推销课程时是怎样帮助客户看清现状，让他痛快下单的呢？

我们可以用万能话术“有几个问题不知道当不当问……”作为开头，然后采用“过去、今天、未来”的 3 步反问法促使客户深入思考。

第 1 步：过去。

“你的企业有没有因为获客成本逐渐上涨而出现利润持续下降呢？例如，原来花十几块钱就可以获取一个愿意下单的客户，而现在要想获取一个愿意咨询的客户都要花几百块，连广告都投放不起了，对吗？”

第 2 步：今天。

“你的企业有没有因为同行竞争太激烈、推广成本急剧增加而导致利润太低呢？各大平台的广告都要通过竞价的方式拍得，价高者得，这属于商家相争，平台得利。平台确实是赚到钱了，但是企业活得很艰难，对吗？”

第 3 步：未来。

“你还想出于同样的原因使得企业继续被平台牵制吗？如果你的企业无法建立私域流量体系，没有自己的客户池，企业将一直被平台掐住命脉，辛苦赚来的大部分利润都被平台分走了，企业还能看到什么希望呢？”

客户听到这里，就会重新考虑购买我们课程的必要性。

2. 主动做出有效承诺

所有卖点，如果客户不相信，就等于零。因此，敢于对客户做出承诺是赢得客户信任的关键。

你能否承诺自己的产品对客户一定是有用的？

除了有效承诺，你还可以通过其他方式获取客户的信任，如包邮、展示资质证明，甚至是 7 天无理由退换，这些都有助于增强客户对产品的信心。

当我们获得客户的基本信任之后，还可以增加一个步骤——为客户进行愿景描绘，让客户对其产生向往。

例如，你做的是瘦身产品，就可以这么对客户说：“使用产品一段时间后，你的体重会减轻，身材会越来越好，穿衣服也会变得好看，你也会因为这些改变而越来越自信……”不过，最好不要直接对客户说使用了这个产品后会变得多好，这就像自卖自夸，客户未必会信服。

你也可以借助实例激发客户的向往。“我之前有个客户用这个产品，一个月瘦了十几斤，没多久就脱单了。不过那是特例，我们就轻轻松松地瘦几斤就好了。”

万一客户还是心存疑虑，你可以采用“产品效果+案例+承诺”三管齐下的方法，这么对客户说：“像你这种情况，我们遇到过不少。正常来说，搭配我们的产品，一个月瘦几斤是没什么问题的。如果你担心效果，可以加入我们的打卡群，坚持每天打卡，群里都可以看到记录。如果实在没瘦下来，我们会退全款给你。你看这是群里的截图。”

3. 拆分价格，让嫌贵的客户有一个可以说服自己购买的理由

拆分价格可以让客户具体地感受到产品价值，有以下两种方式。

一种方式是价格转移，也就是把购买产品需要花费的钱转移到其他场景中。

假设你的产品是口红，价格在 200 元左右，客户觉得有点贵，你可以这么说：“这 200 元，你拿去买美白产品肯定很难让你的肤色变得更好，但是这支口红很衬你的肤色，一涂上就会显得你气色很好，如果你的闺密看到，一定会觉得你整个人都不同了，你说对不对？”

另一种方式是帮客户算一笔账，把产品的价格平摊到较小的时间单位上。

以电动牙刷为例，假如一个电动牙刷的价格是 299 元，正常使用期限是两年，那我们就可以给客户算一笔账：“一个电动牙刷是 299 元，能够使用两年，相当于每个月只需要 12 元左右，每周只需要不到 3 元，每天只需要不到 0.5 元，就能让你的牙刷得更干净，一片口香糖可能都不止这个价了。”

总之，就算学习再多成交模型和方法，最终也还是要去执行，只有知行合一才能看到真正的效果。

第6章

朋友圈营销：照着模板“发圈”，想不出单都难

只要做私域流量，你就得运营微信，而运营微信必不可少的一环就是发朋友圈。发朋友圈在现代社会几乎是人人都会的技能，但是对于商家来说，发朋友圈这件事就没那么简单了。有些商家发朋友圈可以提高成交率，而有些商家发朋友圈却会被客户屏蔽甚至拉黑，但是不发，商家又不知道如何让客户了解自己的产品，于是就陷入了一个死循环。

究竟怎样发朋友圈才不会令客户反感且提高成交率呢？

最能促成成交的朋友圈内容

大量事实和经验证明，最能促成成交的朋友圈内容就是客户案例。客户案例是产品质量最好的证明，能够帮助产品代言。如果客户在成交前对产品还有一些疑虑，那这个产品之前的成交实例就能增强他对产品的信心。所以，大多数人在淘宝、京东等电商平台买东西时，总是会先去看看商品评价和客户问答。那么，怎样让客户在微信上看到其他人对产品的评价和反馈呢？

解决方案就是把成交记录、客户反馈发到朋友圈，可以是混合使用文案、

图片、短视频的形式，其中图片可以是之前成交时的聊天记录。

以几个具体案例来说明在朋友圈发客户案例的技巧。

案例1 萌 × 保险

萌 × 保险是一个专门做保险的 App，它的微信个人号朋友圈就经常发客户案例。大多数在朋友圈卖保险的人，一般是直接发广告，即使发案例，也是类似于"× × 从我这里买了 × × 保险"的成交案例，而萌 × 保险发在朋友圈的案例，都是客户购买保险后出险理赔成功的案例，其中既有刚买保险几个月理赔的案例，也有好几年前买保险成功获得理赔的案例。

为什么发理赔成功的案例会比单纯地发成交案例好？因为对需要买保险的人来说，成交案例只能说明你的业绩，这并不是他所关心的事，他最想知道的是自己从你这里买了保险之后能得到什么保障以及理赔是否方便。萌 × 保险正是抓住了这一点发朋友圈，让客户觉得：

①几年前买的保险也能认真负责到底，值得信任；

②理赔成功说明专业性强；

③经常发成功案例，说明不是偶然因素在起作用，这个团队绝对靠谱。

案例2 摄影团队

有一家全国连锁摄影机构，除了为客户拍摄证件照、结婚照、写真集等业务，还有一个特色业务，那就是拍摄团队照。它为许多知名的机构和品牌拍过团队照，便将拍摄过程中的一些花絮以及合照都发在了朋友圈，相当于借客户的品牌和名气为自己打广告。用这种方式发朋友圈还有个小技巧，即在留言区告诉客户最近有什么活动以及参与方式。如此一来，"权威背书＋视觉化展示

＋活动刺激”三管齐下，很多客户都会动心。

作为商家，如果你不知道在朋友圈发什么内容，可以试试从发客户案例开始。不过有一点需要注意，即在发客户案例之前一定要征得客户本人的同意，客户的姓名、品牌、照片等能否使用都要问清楚，这是对客户最起码的尊重。

不过，在朋友圈发一发客户案例就能提高成交率吗？当然不能，我们还需要发一些其他内容，不断增强客户对我们的信任感。

如何快速建立信任

在学习如何与客户快速建立信任前，我们需要先了解一个公式：信任＝(专业 × 靠谱 × 亲密度）÷ 自我。

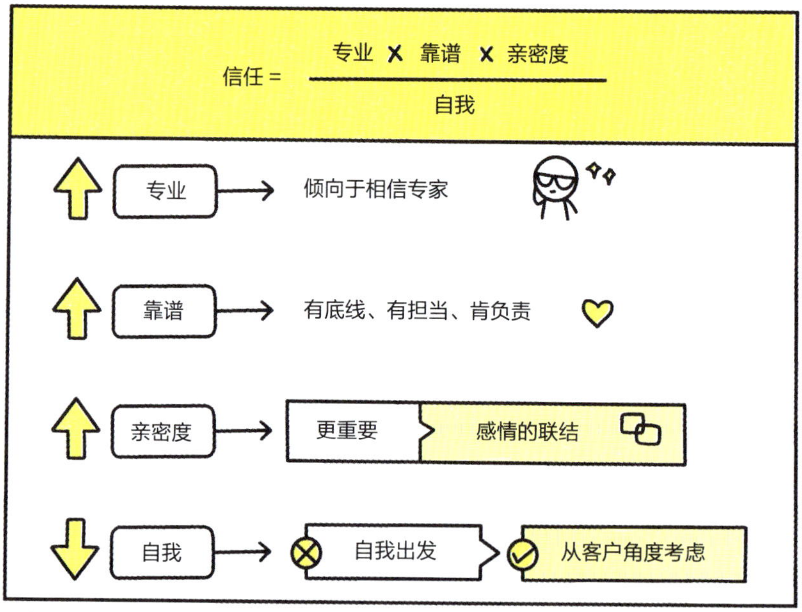

建立信任的公式

①专业

当客户对一个领域并不熟悉时，他会更倾向于相信专家的选择、专家的观点。如果你能让客户感觉到你很专业，他自然会更加信任你。

②靠谱

也就是有底线、有担当、肯负责，从一个靠谱的人手上买产品，客户当然更放心。

③亲密度

这是公式中比专业和靠谱更重要的一点。如果你与客户没有情感上的联结，他很难做到真正信任你。

④自我

为什么要除去自我呢？有些商家面对客户时，专业、靠谱、亲密度都没问题，然而总是从自我出发，不能切实地从客户的角度去考虑，所以要把自我除掉，否则无法赢得客户的信任。

那么，在除掉自我后，从专业、靠谱、亲密度这几个方面出发，我们具体应该怎么执行呢？

1. 专业——体现专家人设的 3 个方法

- **持续输出干货**

最能体现你的专业性的，就是你所拥有的专业知识和专业能力。我每天都会在朋友圈分享一篇自己写的短文，内容涉及行业案例、当下热点、工具使用等，很多微信好友都对我说因为这个每天都会看我的朋友圈。

- **发布最新行业资讯**

我经常会在朋友圈发布一些行业的最新动态。很多微信好友为了得到行业的一手信息，会时刻关注我的朋友圈。时间久了，信任就这样建立起来了。

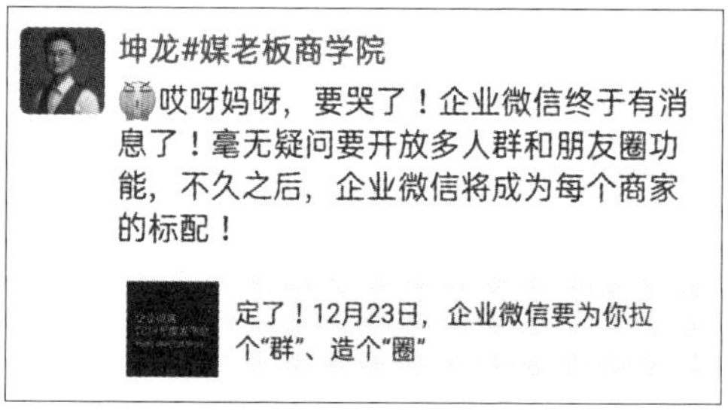

价值观

这一点尤为重要，你的专业性一定要体现你的价值观。我曾经发过以下这样一条朋友圈。

如何提高复购率呢？就是直接告诉你的用户，你的产品可能不适合他。可是大部分企业都做不到这一点，导致成交了很多非精准的客户。短期来看，是赚了一笔利润；长期来看，这批买了但觉得不合适的客户就会四处传播对你的负面评价。所以，不要胡乱与不需要你的客户成交。

当时，微信上很多平常不太联系的朋友都为我点赞，并且还和我有了进一步的互动。这并不是因为我的这条朋友圈写得多么精彩，而是因为当中体现了我的价值观：我不会为了利益而胡乱推销产品。

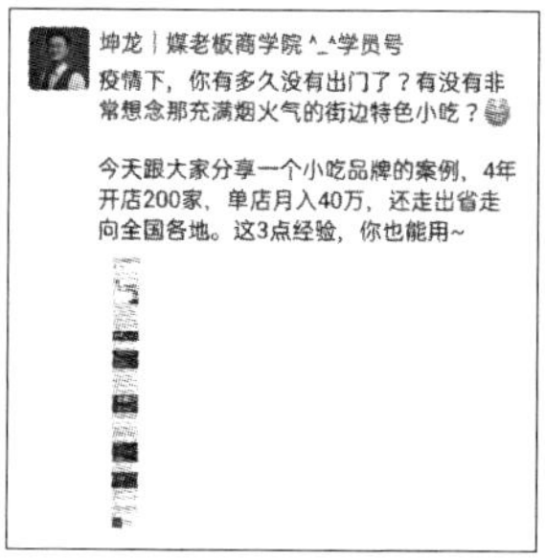

2. 靠谱——体现靠谱，让客户放心的两种时刻

- **敬业时刻**

敬业的人身上会发光。例如，我们在开展线下课程的时候，团队成员需要布置会场，有时会忙到凌晨两三点，但是他们毫无怨言。

有时我会把他们的这种工作状态发到朋友圈，很多学员看了之后就感觉我们这个团队很靠谱。

你一定也有加班到很晚或者是工作很投入的时候吧？你也可以记录并发出来，让客户看到你的敬业。

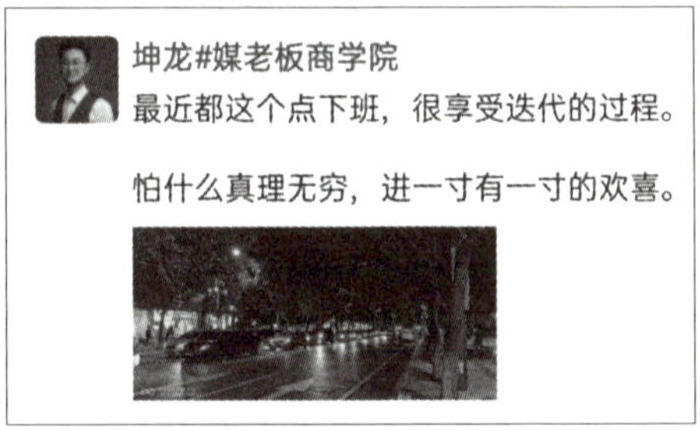

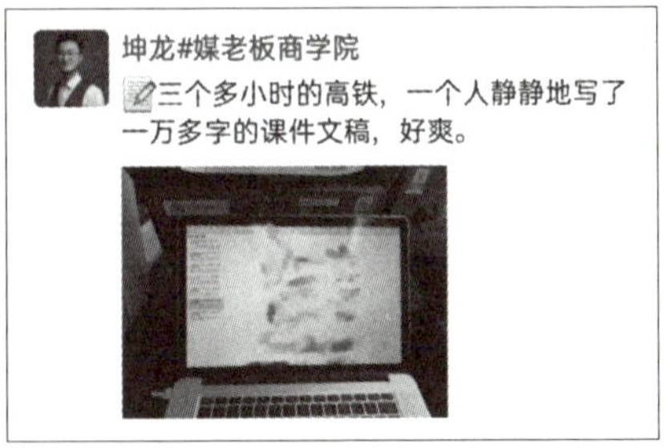

- **高光时刻**

高光时刻，也就是你觉得荣耀、自豪的瞬间。

例如，我们是创业型公司，最初执行每周休息一天的单休制度，但是我和团队成员们达成了一个协议：如果我们连续两个月超额完成目标，休息制度可以调成单双休；如果又连续两个月超额完成目标，就可以调成双休。

之后，大家真的完成了。当我宣布可以双休的那一刻，团队成员都欢呼起来。这种高光时刻就可以记录下来，发到朋友圈，让客户感受到公司积极奋进、言出必行。

3. 亲密度——提高互动率的 5 个技巧

如果我们与朋友圈的好友没有互动，那么我们自身也就不能获得关注，因为没有互动就没有沟通，也就无法了解客户的实际需求，自然也就谈不上获得关注。

因此，想要做好朋友圈互动、提升亲密度，我们可以使用以下 5 个技巧。

- **点赞公布答案**

在朋友圈发一条有悬念的内容让大家点赞，然后公布答案。例如，我曾经发过这样一条朋友圈。

我们团队的某个人说这本书是运营微信群必备，要我们好好学，大家想了解是哪本书吗？点赞超过 28 个，我就分享给你。

结果这条朋友圈的点赞数很快就超过了 28。

- **猜中答案有奖**

发一张图片或一个文案，引起大家的好奇，让大家猜一下这是什么。

有的人可能一眼就看出了答案，会在评论区留言；有的人想不出来，也可能会产生好奇，继而在评论区留言，那么互动率也就提上来了。

朋友圈所发的内容最好与你的产品、行业相关，这样既提高了互动率，也顺便做了一次品牌宣传。

- **日常问题求助**

人都喜欢被需要的感觉，所以当你遇到了问题也可以发朋友圈向大家求助。例如，我有一次在朋友圈这样求助。

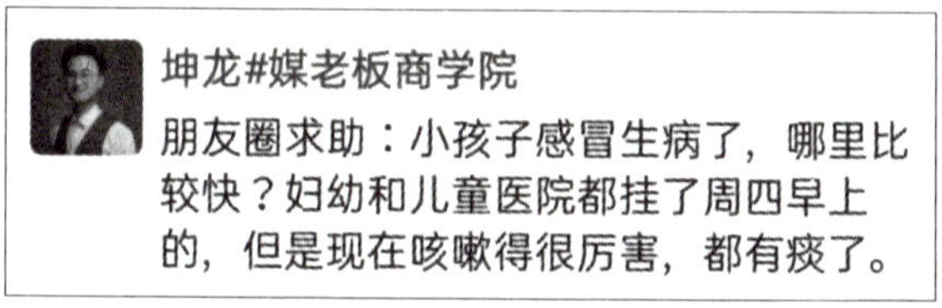

这条朋友圈发出来半小时后就获得了七八十条评论。我平时展现的都是专业、理性的一面，但当我偶尔在其他方面向大家求助时，大家会觉得我这个人更真实、更有温度。

- **偶尔流露心声**

每个人都有感性的一面，当你卸下伪装、真诚地袒露心声时，别人是会感受到的。

到 2019 年 12 月，我结束了全年所有的线下课程，在一年内连续讲了十几场线下课程，每个月都在四处奔波，其实我的身心已经比较疲惫。

于是我就发了一条朋友圈，配上了我们在这一年里所有线下课程的合照，很多学员都默默给我点赞。

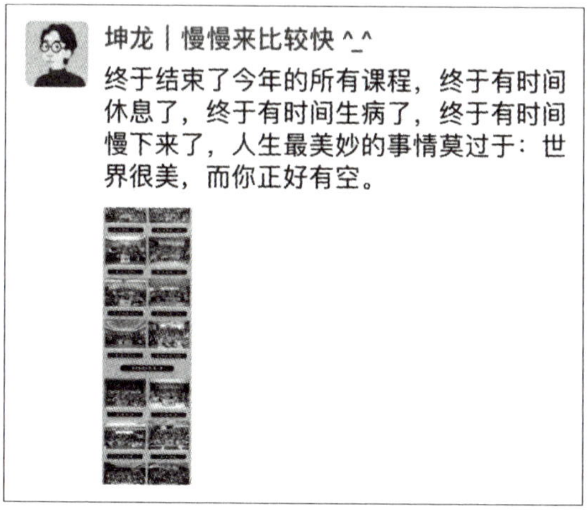

- **有趣的生活段子**

很多人都觉得幽默、有趣的人特别有魅力。偶尔在朋友圈发一个和自己的生活有关的段子，也能让你变得更有亲和力。例如，有一次我半夜从外地出差回来，实在太饿了，就发了这样一条朋友圈。

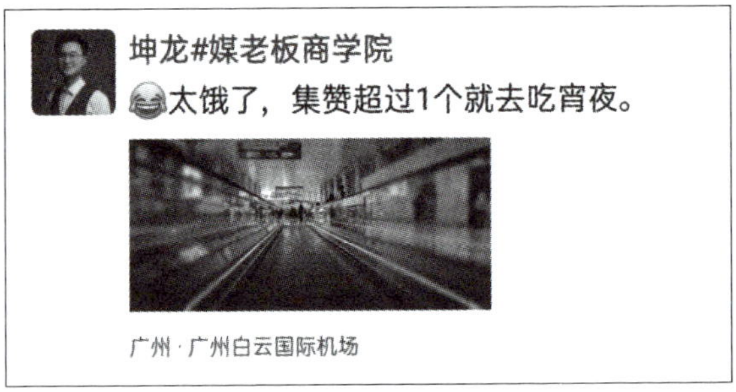

结果很多人都被吸引过来吐槽我，跟我互动。虽然段子并不是人人都有的，但我们平时可以有意识地收集一些有趣的段子，用的时候做一些改动就行了。改了几次之后，你就会发现自己也能写段子了。

以上都是发朋友圈的一些技巧，但是如果我们想通过朋友圈卖货，尤其是新产品，就要学会运用“朋友圈剧本”，让客户看你的朋友圈像看电视剧一样被吸引，直到成交。

朋友圈剧本

这是我们公司研发的一种发朋友圈的方法，叫作“朋友圈 6 + 1 剧本”，意思是用 6 天的时间进行铺垫，然后用 1 天的时间来做成交。

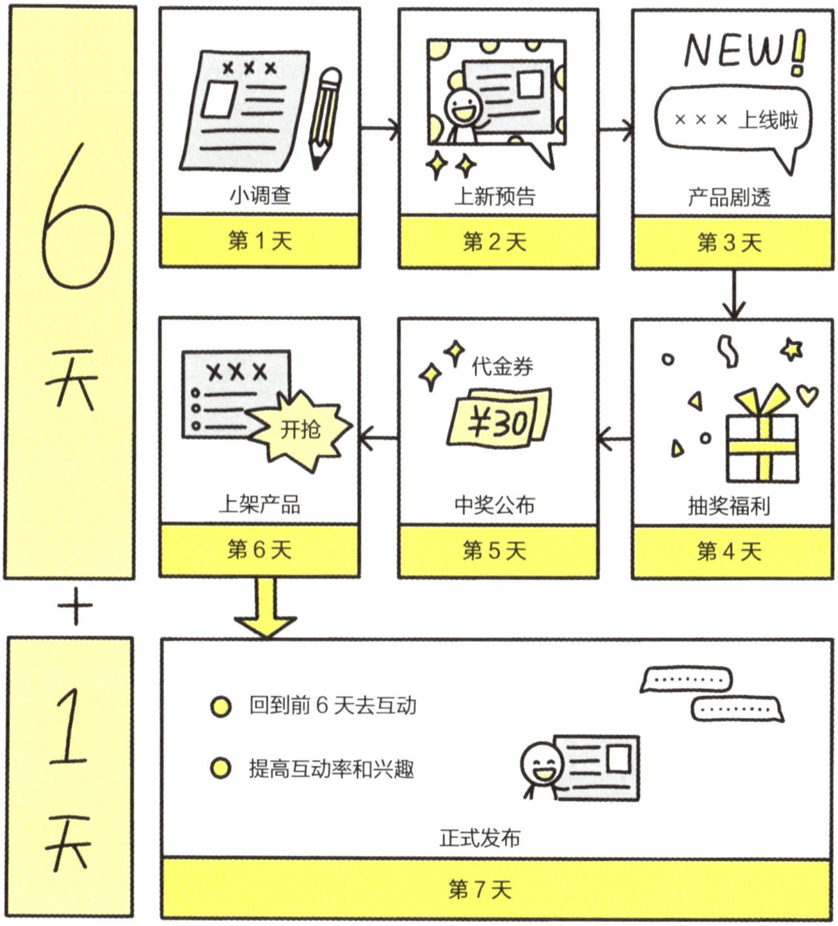

朋友圈6 + 1剧本

例如，我们要上架一个新课程，具体操作过程如下。

- **第1天：小调查**

此时我们会根据这个课程可以解决的一些问题，去朋友圈里做调查，这一步就相当于埋“钩子”。例如，我们以“如何在群内加好友以及做自我介绍”

为诱饵，然后在评论区宣布我们有主题分享会，只要点赞，就可以参加。这样做不仅提高了互动率，还筛选出了有意向的精准人群。

- **第 2 天：上新预告**

此时我们就可以发朋友圈说昨天通过调查发现大家的需求很强烈，为了满足大家，我们会找老师来讲课。这算是开课前的预告。这样，很多用户就会觉得自己的需求被重视了，会继续关注我们的后续动作。

- **第 3 天：产品剧透**

此时可以进行产品剧透，发朋友圈告诉用户我们已经决定要开发这个产品，正在加班加点地打磨课程，进一步增强用户的信任感。

- **第 4 天：抽奖福利**

此时可以公布抽奖福利，让大家扫码抽奖。操作也很简单，直接在微信搜索栏搜索“微信抽奖助手”就可以免费发布抽奖活动。这一步就是锁客。

- **第 5 天：中奖公布**

到了第 5 天，用户已经很信任我们，这时可以公布中奖名单。奖品其实是一些优惠券或者代金券，等课程上线之后就可以使用了。例如，客户抽到了 30 元代金券，可以直接用于购买课程。为了不浪费这一福利，很多本来就对课程感兴趣的用户就会下单。

- **第 6 天：上架产品**

此时我们就可以上架这个课程了，注意先不要放课程的二维码和链接，只是给出大概的介绍，也不显示价格，激起客户的好奇心。

- **第 7 天：正式发布**

到了第 7 天，我们要发布一个正式的课程海报来介绍这个产品。

这里还要做一个动作——到前 6 天所发的朋友圈下面留言，也就是自己评论自己，可以这么说："课程已经正式上线，详情见我最新的朋友圈。"因为微信的机制，虽然我们是自己评论自己，但是在这条朋友圈下面点赞或评论的其他人都会收到消息提醒。

我们前 6 天的操作，就是为了这一刻，要知道只有对产品有兴趣的人才会点赞或者评论。这样要比你一上来就直接发朋友圈去介绍产品的关注率高得多，而且这种有情节、有转折的剧本化操作，也会让客户的兴趣和互动率更高。

除此之外，因为我们每个人的朋友圈都有不少人，所以如果你只发一条朋友圈去介绍产品，可能会有很多人错过了，但是像这样连续几天环环相扣地为产品造势，就能被更多人看到，这就是我们做"朋友圈 6 + 1 剧本"的目的。

另外，发布朋友圈的时间也是有讲究的，以下几个时间段是最佳选择。

①早上 7:30 ~ 9:00

这是大多数人起床之后到上班之前的一段时间，此时大家要么在地铁上或者在公交车上，要么在吃早餐，都会习惯性地刷一下朋友圈。

②中午 11:30 ~ 13:50

这是午休时间，许多人也会看看朋友圈。

③下午 17:30 ~ 19:00

这是下班之后的晚饭时间，此时大家工作了一天，比较疲惫，也会刷刷朋友圈放松放松精神。

④晚上 20:00 ~ 22:00

晚饭之后到睡觉之前的这段时间，几乎是所有社交 App 的流量高峰期。

以上是我们根据数据和用户反馈归纳出来的发朋友圈的 4 个黄金时段。我们根据产品推出的时间，安排朋友圈一周剧本的计划表，就能做到胸有成竹。

今天的商业模式已经进入私域流量为王的趋势，只要掌握了发朋友圈的正确方法，私域流量池将会为你带来源源不断的成交，为企业注入新的生命力。

第6章

公众号文案：写出高转化率商品文案的两种方法

自从2012年微信推出公众号以来，我们亲眼见证了公众号的发展和变迁。作为一个元老级的自媒体渠道，公众号的数量和用户经历过爆炸式增长，虽然公众号现在已经不复当年的盛况，但是这并不意味着它日渐没落。

大浪淘沙，在这一波浪潮中留下来的公众号，仍然能够发挥相当大的影响力。与其他自媒体渠道一样，公众号也能成为我们重要的成交渠道，那么具体该怎么做呢？

公众号困境

相信近两年来做公众号的人都有以下痛点。

1. 打开率低

公众号的打开率越来越低，有时甚至只有0.5%。这就意味着即使公众号有100万粉丝，但日常的推送内容可能只有几千的阅读量，而且可能会越来越低。

2. 更新难

因为公众号对内容的要求较高，所以不管是个人公众号还是企业公众号，内容生产都变得越来越难。不要说每天更新一篇，连每周更新一篇都困难。

3. 涨粉慢

公众号的涨粉速度也越来越慢。如果是企业服务号，不更新还好，一更新就会掉粉，而且常常是涨粉不如掉粉快。

既然运营公众号的难度这么大，我们还有必要继续做下去吗？公众号到底能发挥什么样的作用呢？在这里，我要提出一个自己的观点：企业公众号和营销公众号有一个销售型文案就够了。

因为所有企业公众号和营销公众号的最终目的都是成交，而销售型文案就是最好的成交武器。这样一个文案能够帮助导购、销售人员省去许多解释的力气。

销售型文案

那么，销售型文案该怎么写？在介绍具体的模板之前，我们先来看看 3 个实战案例。

案例 1 “媒老板商学院”学员李晟博，24 小时卖货 56 万元，产品是白酒

李晟博，前苏宁电商运营人员，后来自己创业销售家乡的白酒。遇见我们之前，他的白酒在有赞商城卖得不温不火，后来我们用 3 天时间帮他打造

了一个销售文案，1天的销售额就达到了56万元，累计销售额在150万元左右，帮他彻底打开了在有赞商城上的销售局面，有不少分销商主动找到他要求做分销。

了解有赞商城的人都知道，有赞商城的分销商去分销一款产品时，不仅会看产品的销量和宝贝详情，还会看文案的转化率。因为他们一般都有自己的公众号和粉丝，他们会把文案转载到自己的公众号，再去分销这款产品。

案例2 “媒老板商学院”学员温碧珠，24小时卖货超30万元，产品是茶叶

温碧珠，之前是万科的人力资源总监，后来辞职创立了品牌“告白茶室”，在公众号卖茶叶和茶具。虽然她有一批稳定的老客户，但是每年的销售额并不多，只有20多万元。

我们帮她做了一个销售文案，仅1天的时间，销售额就达到了30多万元，超过了之前1年的销售额。

案例3 “媒老板商学院”学员于鹏，24小时卖货125万元，产品是大米

于鹏自创了五常大米品牌——“没想稻”。他之前在微信上通过投放广告做推广，但基本上处于亏损状态。我们用1个月的时间帮他策划了销售文案，有上百个客户直接订购了全年的大米，仅仅24小时，销售额就达到了125万元。后来，这个文案累计帮他卖出了500万～600万元的大米。

这3个案例中的高转化商品文案，我们都用了同一个模板——“媒老板商学院”的联合创始人弈棋老师开发的剧本型文案，它源于好莱坞的一种剧本写作模式——英雄之旅。

微信电商与淘宝电商不同。淘宝本身就是购物平台，用户需要什么东西时会先搜索再购买，但是在微信上，用户很多时候是不打算购物的，只是刷到了感兴趣的产品就买了。所以在微信公众号的文案里，我们需要打造一些引人入胜的内容，让用户对你这个人产生兴趣，对你做的事情产生兴趣，进而对你的产品产生兴趣。

这种剧本型文案的关键在于埋雷布线。那么，如何埋雷布线呢？

①梳理好故事线，用故事激起用户的兴趣；

②在故事中隐藏一些销售线索，用卖点促使用户下单；

③在故事线和销售线中埋雷，把产品卖点揉散在各个地方。

如果我们现在要售卖一款有美白效果的产品，该如何打造剧本型文案呢？

第 1 步：用故事引起用户的注意

这个故事，一定要和用户的生活场景相关，是用户在熟悉场景里见过或者听过的。只有这样，用户看到故事时才会比较有代入感。

那和美白产品相关的场景有哪些？

我想到的比较常见的场景就是两个女孩好久不见，一个女孩突然发现另一个女孩变了，明明上次见到她还有点疲倦之色，但这次不仅肤色变白了，气质也变好了。

我们可以这样写：

你有没有经历过这样的场景，好久不见的朋友某天突然出现在你面前，从里到外好像换了一个人。我的闺密，昨天就给了我这样的感受。

以前因为工作压力太大天天熬夜加班的她，皮肤状态特别差，不仅暗沉还长有斑点，整个人也没什么精神。但现在，她光彩照人，不仅气色好了一个度，气质也提升了不少。

第 2 步：在故事中埋一些线索，激发用户的兴趣

这一步一定要和上一步结合起来。我提供两个方向做参考，一是可以加入自己的使用感受，二是可以和一些其他品牌的产品进行对比。

文案后文就可以这样写：

我问她到底是怎么做到的，她居然说只是最近新换了一款精华，特别好用，上脸就吸收了，而且价格比 ×× 低了几倍，还推荐给了几个朋友。

第 3 步：巧妙地引出产品，说它的具体卖点

比如，巧妙引出产品颜值、使用效果、所含特殊技术等，但要注意这些卖点不能脱离故事线本身，要时刻想着怎么将用户代入。“理性说服，感性成交”就是如此做了。

此时可能会用到以下几个要素。

- **权威**

专家、专业的工厂、检测报告、杂志、明星。

- **用户证言**

比如电商平台的一些评价。用户看到和自己一样的人使用后是什么感觉，一般都会将其效果代入自己身上。

- **使用前后效果对比**

也就是使用之前和使用之后的变化。以这款美白产品为例，我们可以放

上没用之前和用了几个月后的对比图，用户看到好的变化，就会对产品产生信任。

需要注意的是，故事线和销售线一直在相辅相成。卖点可以在开始时就设好，比如脸色从暗沉到变白了不少，就是在暗示产品真的有美白功效。

第 4 步：表明价格优势，促进用户下单

到这一步就可以说价格了。因为之前埋了价格比大牌产品低好几倍这个线索，暗示此款产品的价格也不高，所以只要产品的价格真的比大牌低，那用户就很容易被打动了。

这样一套方法特别好用，不过要找到一个好的故事切入点并不容易。我们需要多和用户沟通，想想哪些场景是用户熟悉而且很快能代入的，然后更快、更精准地调动他们的情绪和感官，促使产品更快成交。

拆解学习文案

要用故事线加销售线相结合的方式写出一个剧本型文案，对大多数人来说可能并不是朝夕之功。因此，我们还有一种比较简单的文案写作模式——仿写，即拆解一个爆款文案的所有细节，然后逐字逐句地仿写一个新文案。

第 1 步：拆解学习文案

想要仿写一个成功的文案，首先要把爆款文案的结构和框架尽可能细致地进行拆解。

例如，一个推广课程的文案可能是这样的结构。

- 标题部分
- 头图部分
- 摘要部分
- 导读部分
- 引入部分
- 课程简介
- 老师简介
- 老师案例
- 课程提纲
- 报名方式
- 课程海报

拆解完这个文案的具体结构和框架之后，我们可以对照着“成交5步方程式”再拆解一遍，看一看这个文案在每一步都是怎么做的。

抓住注意力：是用故事开头，还是用问题导入，或者是结合最近的热点引入话题？

激发兴趣：是直击痛点、颠覆认知，还是举例子？

建立信任：是直接出示质检证书以及权威推荐，还是进行过实地考察？

刺激欲望：是限时优惠还是为产品比价，或者是描绘用户期待的场景？

催促行动：是有超级赠品还是主动做出有效承诺？

只要拆解几个爆款文案，你就会发现很多文案都是根据“成交5步方程式”写出来的。所以，平时我们要把那些好的文案收藏起来，多进行练习。

第2步：填充内容

在我们通过文案拆解得出一个现成的框架之后，接着就是往里面填充内容了。填充内容绝不是照抄，抄袭别人的文案最终只会得不偿失、自食恶果。框架可以借用别人的，但是文字、内容一定要是我们自己的。

所以，我们最好跨界学习。例如，你的产品是新媒体课程，就不要模仿其他贩卖新媒体课程的文案了，可以去看看其他类型的课程的文案，比如贩卖英语课程的。

举一个具体的例子，以下是推广英语课程的文案中的部分内容。

我在教表演英语的时候认识了一个学生，他在外企工作。

他问："老师，我应该选择什么样的英语学习方法呢？"

我说："选择哪种英语学习方法倒无所谓，例如表演英语可能适合你，也可能不适合你，没有一定之规。但是，有 5 个标准，你一定要注意。"

我当时看到这些内容，觉得很有趣，想着可以应用到自己的卖课场景中，就仿写了几段话。

之前有一个读者加了我的微信，她是卖珠宝产品的，之前主要通过线下经销商来销售，现在想拓展线上渠道。

她问："坤龙老师，我应该怎样在线上推广自己的产品呢？"

我说："线上推广可能适合你，也可能不适合你，没有一定之规。但是，如果你真的想学好、用好互联网营销，有 5 个标准，你一定要注意。"

你看，我仿写的这几段话和上述文案在段落结构和表述方式上基本一致，但当我把它用在自己的卖课文案中时,你能看出是仿写的吗？如果没看过原文，恐怕很难有人看出来这是仿写的。再来看几个例子。

对方的文案：

第一，如果一个老师只能教你英式英语，那你就不要选择。

尤其是当你在一家美国公司工作时，我认为你应该选择美式英语。

我仿写的文案：

第一，互联网营销渠道现在越来越火，如抖音、小红书、微信等，所以你不要只学传统的互联网营销。

如果老师只能教你建网站、做搜索排名，那你就不要选择。

尤其是当你在推广一款针对消费者的产品时，我认为你应该选择新媒体营销。因为新媒体营销传播成本更低，传播速度更快。

对方的文案：

第二，有的老师是自己关起门来练英语，但这样练出来的英语是没有用的。

作为老师，他得有使用过英语的经验。例如，他在美国工作、生活过，他能用英语与别人沟通，达到自己的目的。

我仿写的文案：

第二，有的老师喜欢自己关起门来做研究，但是这样研究出来的方法未经过市场验证，不知是否可以落地。

所以，作为老师，他得有新媒体营销的实战经验。例如，他曾在互联网公司工作过，有过从零开始操盘项目的经验；他能用新媒体渠道进行推广，并且有很好的效果。简单来说，他不仅需要具备互联网营销的理论知识，而且应该是一个有成功经验的操盘手。

对方的文案：

第三，这个老师应该在跨国公司工作过，这样他才知道你的沟通需求……

我仿写的文案：

第三，这个老师最好自己创过业、卖过货，这样才能够深刻体会创业中的种种困难和“瓶颈”，不仅从操盘手的角度来思考问题，更要能够从创业者的角度来掌控大局。

这样他才能感同身受，理解你的特殊情况和满足你的实际需求。

看到这里，你是不是觉得写一篇商品文案其实也并没有想象中那么困难？有些学员学过我们的课程之后，就仿照招生文案写出了自己所在行业的招生文案，转化率同样不错。你现在就可以去找一个适合自己仿写的文案，用这种方法写出属于自己的文案，试试效果如何。

第 6 章

微信社群成交：用快闪群做群促销，普通产品也能卖爆

微信社群成交也是微信电商的必修课之一。这一节要重点讲解的并非传统的微信社群成交，而是一种新型的微信社群成交模式——快闪群成交。什么是快闪群？为什么要用快闪群成交？以下我们来一一介绍。

微信社群的困境

今天，微信社群营销是符合当前和未来的商业趋势的，但是当大部分商家开始做这件事的时候，会发现这并不是那么容易做的。目前，对商家来说，运营微信社群有 3 大痛点。

1. 活跃度低

新社群的活跃期一般只在建群的第 1 周。过了第 1 周之后，社群活跃度会急剧下降，时间越长，活跃度越低，打开率和互动率也就越低。甚至还有别的商家会趁机浑水摸鱼，在你组织的社群内发自家的广告，或者直接把客户挖走。

2. 运营困难

建群之后，不仅活跃度会越来越低，而且很多商家还面临着如何运营的难题——应该在群里分享什么内容？以什么样的方式分享才能引起大家的兴趣？客户有问题抛出来，怎样回应才能让他满意？

建群之后，商家每天都要搜肠刮肚地思考这些问题，不知道你是否也有同样的感受？运营社群并不是一件容易的事，以我自己的经验来说，运营一个社群绝不比运营一个公众号轻松。运营公众号最耗费时间和精力的环节是写文章，但是文章被推送之后，可能过了 3 小时就可以不用管了，但是运营社群几乎得 24 小时在线，随时为客户答疑、服务。

3. 成效慢

对于大部分商家来说，做社群的目的是提升业绩。如果一个社群需要长期经营，那也就意味着成效比较低。

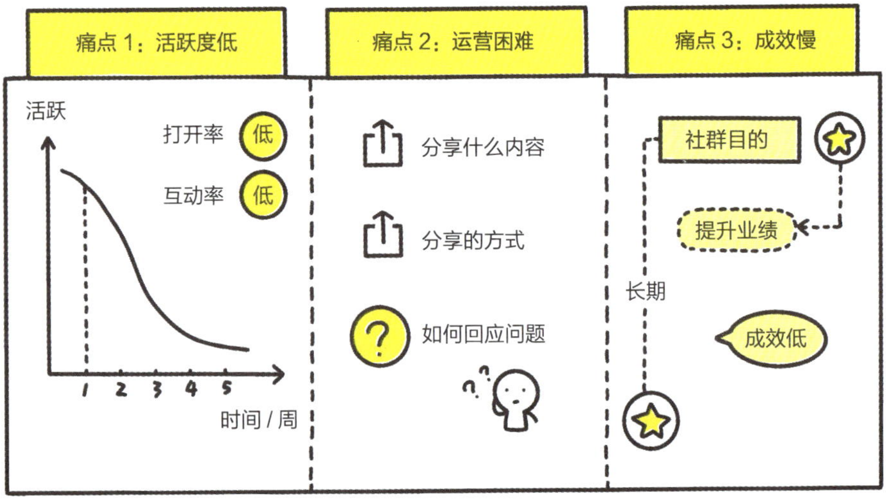

运营微信社群的 3 大痛点

快闪群

针对微信社群的 3 大痛点，我们提出了一个新的概念：快闪群。什么是快闪群？

快闪群就是一群人约定在某个时间做一件事情，做完就解散社群，最短可能只有几分钟的存在时间。在国外的年轻群体中，这种快闪活动非常流行，快闪群的概念也由此而来。快闪群有 3 个好处。

1. 周期短

从建群到解散，可能只有 48 ~ 72 小时。

2. 易上手

我们在实操的过程中总结出了一套快闪群的操作方案，很多学员直接套用就颇见成效。

3. 效果好

我们在 2019 年这一年的时间里辅导、服务了很多学员实操快闪群成交，其中包括服装、珠宝、茶叶、旅游、餐饮、美妆、零售、电商以及服务型的多个行业，大家都通过快闪群取得了不错的效果。例如，深圳的一家景区实体店以前通过私域平台卖货，月营业额在 60 万元左右，用快闪群进行销售，单月最高销售额就达到了 150 万元；禧念珠宝用快闪群拼团，48 小时内收款 60 万元，当月销售额高达 180 万元，环比增长 50%；一个大码内衣店用快闪群拼团，吸引 2 000 人进群，15 分钟卖出了 1 000 件内衣；等等。

➔ 解析快闪群流程

1. 群员选择

做快闪群首先要选择群员，需要注意的是：不要在原来的老客户微信群里直接发售这个产品，而要在朋友圈、其他微信群、公众号推荐这个产品。这样就可以筛选出对这个产品真正感兴趣的用户，然后让他们加入一个新群。这个新群唯一的用处就是团购新品。这样做有两个好处。

- **不会破坏老客户群的氛围**

老客户较多的微信群是我们与老客户维系感情的地方，尽量不改变其中的氛围，在老客户群里大肆开展营销活动容易引起反感，造成老客户流失和口碑受损。而为了做新品推广活动新建一个群，并且明确地告诉大家在团购结束后会解散该群，大部分用户能接受这种明买明卖的形式。

- **筛选出精准用户，只针对有兴趣的用户开展团购**

你一定也遇到过这种情况：突然被拉进一个群，而在此之前没有看到任何打招呼的动作，进群之后也没有什么互动。这种群虽然看起来有很多人，但基本是无效用户，很多用户在观望过后不是退群就是将其屏蔽了。

因此，我们在建群时不仅要优化邀请动作，还要筛选出目标人群，也就是一定要找出对产品活动感兴趣的精准用户。对于那些没有表现出兴趣的用户，我们尽量不要去打扰。事实证明，快闪群并不需要特别多用户才能够做出比较好的业绩，只要产品能够解决目标人群的痛点，用户的忠实度自然会很高。

2. 快闪群方案

建立快闪群之后，怎样让用户从看热闹变成抢着买？别着急，我们将详细拆解快闪群成交方案的每个步骤。

快闪群成交，分为售前预热、营造售中氛围和售后追踪这几步。

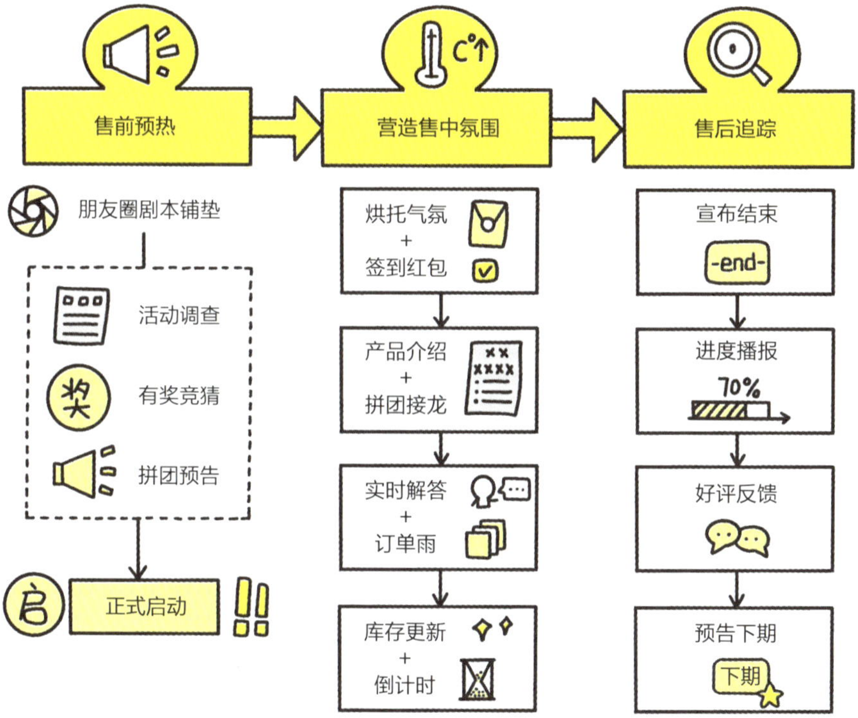

快闪群成交 3 步流程

- **售前预热**

活动前要充分地在朋友圈预热，让足够多的人知道自己要做活动，引发关注。活动发布后点赞、互动的人越多，说明有意向参加活动的人就越多。

在这一步，商家可以做 3 个动作为产品造势，分别是活动调查、有奖竞猜和拼团预告。例如，我们曾经帮一家企业用快闪群卖月饼，发布的第一条朋友圈是活动调查。

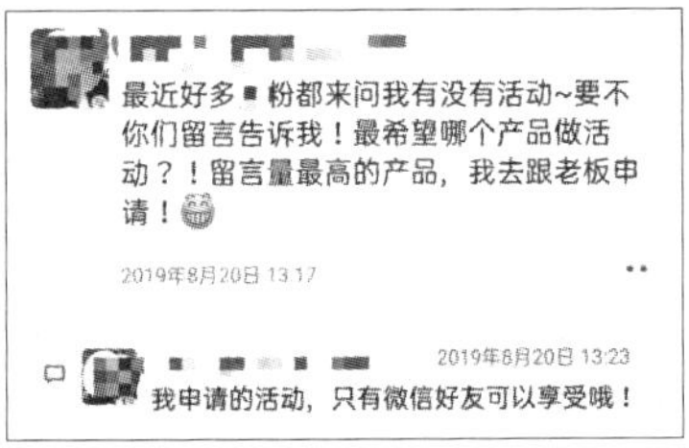

第二条朋友圈是有奖竞猜。

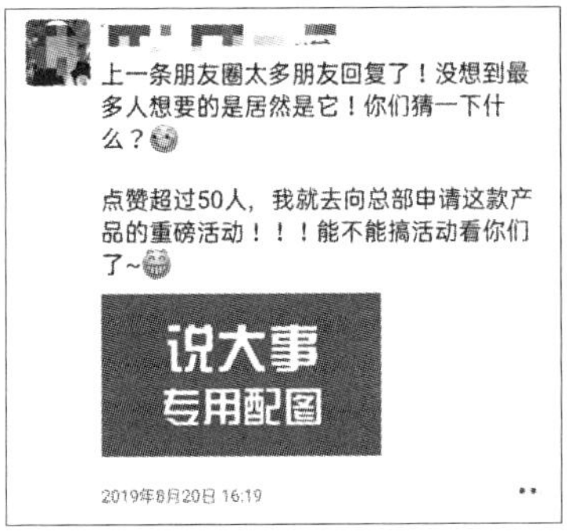

这一条朋友圈的互动依旧很多，说明用户的热情已经被激发，于是我们趁势发布了第三条朋友圈——拼团预告。

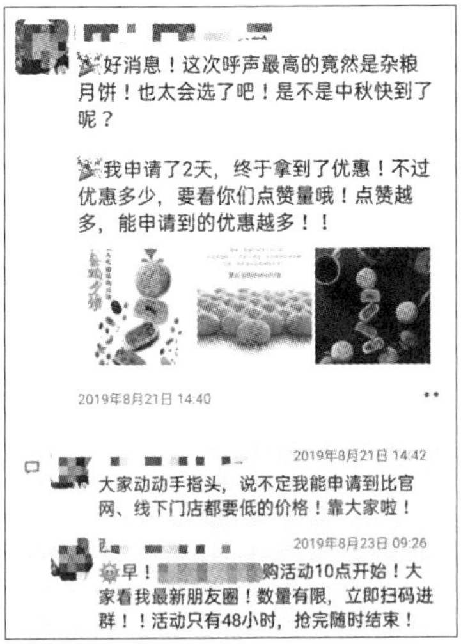

这样，我们为产品造势的动作就完成了，对活动有兴趣的用户也基本被筛选出来了，所以第四条朋友圈，我们就可以发布拼团拉群预告。

发完这几条朋友圈，我们可以等互动足够多之后，通过回复自己之前的朋友圈，通知大家要进群才能够享受优惠，让他们发私信给我们，我们再统一邀请用户进入拼团群。

- **营造售中氛围**

用户进群后，就到了售货这一步，要通过运营动作激发用户的从众心理，促使他们快速下单。

这个运营动作主要指营造热闹的群气氛，该怎么做？有以下4个关键操作。

①签到红包

发签到红包可以活跃群气氛。假如计划8:00开始拼团，在7:50的时候，客服就可以上线发群公告："在线的人请发'1'签到，满 20 人发红包。"这时就会有很多用户开始签到。

满 20 人之后发第一个红包，然后按节奏连续发 3 个，整个群的气氛就烘托起来了。

②拼团接龙

用户签到后就可以进入拼团接龙环节。我们首先把准备好的产品介绍、购买链接、图片、视频等信息发到群里，然后告诉大家产品数量有限，要购买的赶紧接龙。接龙的形式非常简单，让用户复制接龙的文字，然后在接龙时加上自己的名字，标记好要买的数量就可以。

为什么要这样做?

因为每多一个人接龙，复制的这段文字就会越来越长，会在群里营造一种火热的抢购氛围。那些没有立即参加接龙的用户不一定是不想买，可能是还处在观望状态。这种接龙制造的抢购氛围会刺激他们，促使他们也加入接龙的行列。

③订单雨

接龙之后，我们要引导用户发订单截图。这样做的好处和拼团接龙一样，能够把群内的气氛推向高潮，引发从众效应。不过这个环节也需要做一些设计，例如，我们是这样说的："如果你把订单截图发到群里，我们会给你单独寄送一份礼品。另外，我们会送所有参与活动的朋友一张 50 元的优惠券。"

截一张图并不难，而且还有优惠券可以领，所以很多用户都愿意把订单截图发到群里，然后领优惠券。

因为优惠券是需到店使用的，所以并不会额外增加太多成本，而且这也是一个很好的引流复购操作，设计这种方式对客户和企业来说是双赢。

④倒计时

怎样让群里的场面更热闹一些？我们还可以加上倒计时，制造紧迫感，一般从两个维度来设计。

一是时间维度。例如，“本次活动还有两个小时就结束了，需要的人请尽快下单”。

二是数量维度。例如，“即将售罄，还剩 150 份，需要的请尽快下单”。

你也可以思考一下，除了以上 4 种方式，还有哪些可以激发从众心理的操作。

- **售后追踪**

售后追踪这个环节也可以产生成交，具体操作就是在活动后通过一对一、微信社群、朋友圈跟进未成交的用户，利用进度播报、好评反馈、预告下期等方式激发他们的购买欲。

①进度播报

例如，我们会在朋友圈和微信社群里发一些发货、打包的图片，让用户看到我们的效率，他们自然也会对我们好感倍增。

②好评反馈

我们可以把刚收到货的反馈截图以及之前买过这个产品的用户的反馈截图发到微信社群和朋友圈，让还在观望的用户打消顾虑，增加信任度。

③预告下期

即使我们充分准备了朋友圈剧本为产品造势，也还是有很多用户错过了活动怎么办？

我们可以做一个下期活动预告，例如可以这样发朋友圈：“有很多人说错过了活动，我去补货试试看，不一定补得到，大家等一等，点赞人数多的话，成功概率更大。”“最后一个好消息就是还有 200 盒，数量不多，优惠也仅限群内，我们准时开抢。”

人数够了就可以启动第二期活动。

这里需要注意的是，不要频繁地做快闪群成交，一个月控制在两到三次比较合适，最多一周一次。活动太频繁的话，用户会觉得自己被套路了，品牌形象也会受创。

那么，为什么我们这次的月饼团购在短期内做了两次呢？因为这次的品类比较特殊，月饼是时效性短的产品，所以我们必须速战速决，把剩下的库存清理掉。当初预计销售 2 000 盒左右，最终也完成了这个目标。

众多实战案例显示，快闪群具有活跃度高、转化率高、运营成本低、运营周期短等显而易见的优点，按照快闪群成交方案进行操作，普通产品也能做到大量成交。对于想做微信社群营销又怕力不从心的商家来说，快闪群无疑是最好的选择。

第6章

微信小程序：激活用户，让用户迅速找到你并忍不住下单

微信小程序（以下简称小程序）是一种不需要下载、安装就可以使用的应用，这两年来热度一直不减。对于企业来说，比起耗费巨大的成本去开发一个专门的App从零起步，不如开发一个小程序，更加方便、经济。更何况小程序依附于微信这个庞大的流量池，本身就有天然的流量优势。

因此，很多企业纷纷开发属于自己的小程序，如拼多多、京东、快手等，几乎涵盖了衣食住行各个方面。如果已有自己的小程序，怎样才能让它发挥出最大的价值为企业服务呢？

有魔力的小程序

1. 小程序的特点

- **触手可及**

使用小程序时只需用微信扫描相应的小程序码或者搜索一下小程序名称就能进入。凡是用过的小程序都会保存在微信中，用户可以从“最近使用的小程序”里查看。如果经常使用某个小程序，用户还可以把它加入“我的小程序”。

- **无须安装，即用即走**

小程序不需要下载，也不用安装，完全不占用手机内存，即点即用，即用即走，非常方便，也不会像一些 App 那样天天推送消息打扰用户。

- **背靠微信，有 11 亿流量**

小程序背靠微信 11 亿的活跃用户和几十个流量入口，尤其是“附近的小程序”能自动使小程序免费曝光在周围 5 公里人群的微信里，获客成本非常低。

- **开发成本低，开发周期短**

比起 App，小程序的开发成本非常低，开发周期也比较短，只需要 10 ~ 30 天。

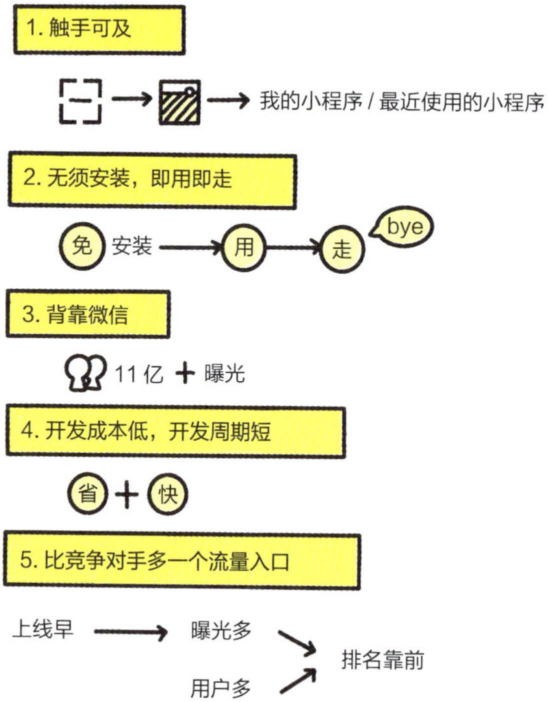

小程序的 5 大特点

- **比竞争对手多一个流量入口**

小程序在搜索排序方面，遵循以下算法：越早上线的小程序，优势越大，曝光次数越多；使用小程序的用户越多，它的排名就越靠前。后者在小程序的搜索排序中占到 50% 的比重。

因此，企业越早做小程序，就越能摸清楚用户的痛点，为他们提供更好的服务，企业的曝光量也会越来越大，甚至可以达到“霸屏”的效果。

2. 设置小程序关键词，抢占搜索排序

小程序关键词的设置有一些规则：

①每个小程序最多可以填写 10 个关键词；

②每次修改的审核周期为 7 个工作日；

③自定义的关键词每 30 天可以修改 3 次。

因此在设置时，最好一次性填好小程序的搜索关键词，因为即使只填了 1 个，也需要 7 个工作日审核。

添加关键词并不难，难的是添加什么词以及怎么找到这些词。我们要秉持一个原则：添加的所有关键词，都是为了方便用户更快捷、更精准地找到它。

所以，添加关键词的核心就是站在用户的角度去思考，思考他们在什么样的场景下会需要我们的服务，思考这个服务具体是什么。

你可以用头脑风暴的方法尽可能多地想一些关键词，将它们写出来，然后筛选出 10 个。

具体怎么做?

假如你是做家庭维修的，你会用什么关键词？我们有个做家庭维修的学员用的是空调清洗、防水、管道疏通、空调维修等。你看，这些关键词都关联着

一个具体场景或一种具体需求。因为有的企业布局较早，所以用户一搜这些关键词，就会看到这些企业的小程序排在前面。此外，如果品牌比较有名，你也可以将其作为关键词；如果你所在公司的地理位置比较特殊，也可以加上。

你还可以想一想竞品会用什么关键词，当用户搜索这些关键词时也会看到你的小程序，这样就多了一个机会。使用长尾关键词也是一种不错的选词方式，你可以把品牌关键词、热点关键词、位置关键词等组合起来使用。

3. 流量入口

随着微信对小程序开放了越来越多的流量入口，它的价值也日益显现。目前，据不完全统计，微信已经对小程序开放了 64 个流量入口，但是对于商家来说，肯定无法兼顾这么多入口，所以就要有一定的取舍，而以下几个入口是最重要的。

- **发现→小程序→附近的小程序**

“附近的小程序”是按照距离排序的，小程序离客户越近，展示越靠前。你也可以在微信小程序的后台添加地点，每个小程序可以添加 10 个地点。如果你觉得不够，也可以向微信申请添加更多地点。

- **微信主页面下拉菜单**

凡是用户用过的小程序都会自动保存在微信中，下拉微信主页面就可以看到。如果小程序令用户有较好的体验，有较大的概率会吸引他再次进入，反之可能会被删除。

- **扫一扫，让线下和线上的场景充分融合**

扫码进入小程序是小程序刚问世时推出的功能，现在小程序的入口多了，但是扫一扫依旧是主要的入口。扫一扫用得最多的就是线下的场景，如喜茶每天都有大量的顾客排队点单。为了解决这个问题，喜茶开发了自助点餐小程序，为用户提供了极大的方便，缓解了排队的压力。

这种方式被广泛应用于餐饮行业。现在我们出去吃饭时，很多店都可以用小程序进行自助点餐、结算。

- **聊天小程序**

小程序可以转发到聊天对话框、微信群，现在还可以分享到朋友圈。例如，相信很多人都在微信中看到过拼多多的砍价活动，砍价活动除了复制链接，很多时候是通过小程序实现的。

- **公众号入口**

小程序与公众号可以互相关联，发送信息，公众号文章里也可以插入小程序。如果你已经开发了自己的小程序，但是处于没有用户关注或者下单的状态，首先要考虑的是以上这几个入口有没有利用好。

要知道，如果不主动宣传，用户是不会主动上门的。你还可以考虑将这几个入口组合起来使用，例如组合使用公众号、小程序、微信群、个人号，可以让用户从多维度了解你和你的产品，从而建立基本的信任，这样用户关注和下单的概率就会大一些。

此外，不要局限于一个小程序，还可以尝试建立小程序矩阵。很多企业其实已经开始做小程序矩阵了。例如，我们在微信搜索美团时，就会看到很多与美团相关的小程序，包括美团外卖、美团团购、美团门票等。

看一看这些小程序的名称，你就会发现每个小程序都是针对特定的场景和人群命名的，但是它们都属于美团，这就是小程序矩阵。

拼多多的小程序矩阵也是如此，除了拼多多，还有拼多多内购、拼多多品牌黑卡、拼多多校园招聘等多个小程序。

小程序留存

很多人开发了小程序之后都会遇到同一个问题——用户就算点进了自己的小程序，也只是看看就走了。怎样才能提高小程序的成交率，并让小程序留存在用户的微信里呢?

我们可以先在一个名叫“阿拉丁指数”的网站查询全网小程序指数变化情况。

以拼多多为例，我们来简单分析一下它是怎样打动用户购买并留存在用户的微信里的。这可以说是教科书级别的营销，很多用户在打开拼多多小程序的那一瞬间，就会陷入其中，无法自拔。

首先会跳出新人福利——1 元购，领取之后会跳出很多 1 元商品，用户可以任意选择一个，包邮到家，如果收到后不满意还可以退换。

接着是新人惊喜福利，点击抽奖后，大多数用户都会中奖。注意：用户抽中之后会看到倒计时，如果没有及时点击“收下”，福利页面就会消失。可以说是诱惑力十足。

接下来是主页面，从上到下、从左到右都是有诱饵的，如限时秒杀、断码清仓、百亿补贴……到处都是吸引用户下单的“钩子”。

例如新衣馆，用户打开后映入眼帘的是个性服务——“定制我的新衣裳”，是不是很贴心?往下看是新品、原价、特价抢等，“剩下 × 件”造成稀缺错觉，“马上抢”催促用户下单。

继续打开一个产品页面，你会发现到处都是“再售 × 件恢复原价”“已拼了 × 件”“满 × × 减 10 元”以及左上角不断弹出的好评，都会让你对某个商品产生下单的冲动。

页面最下方就是拼单按钮，拼单要比单独购买优惠一些，而且你甚至不需要自己去找人拼单，因为拼多多已经帮你安排好了。拼单按钮上方就有许多用户发起的拼单，你直接参与就行了，是不是很方便？

除了这些，还有月卡，原价虽然是 90 元，但是你可以拆折扣红金。假如拆到的折扣红金是 89.1 元，你只需要付 0.9 元就可以购买并享受月卡服务。

这个月卡的权益有什么呢？

① 144 元的优惠券，全平台通用；

②每个月免一单；

③免费试用；

④月卡精选。

当然，144 元的优惠券并不是一次性发放的，而是分几周发放，如果你连续领取 4 天优惠券之后，拼多多还会额外送一张 10 元优惠券。这会吸引用户不断下单，成功留存用户，而且潜移默化地培养了用户的习惯，获得了大量曝光。

拼多多的多多果园也是一个很好的留存用户的入口。多多果园类似于经营类游戏，但是与游戏不同的是，用户只要坚持浇水就可以收到真正的水果。

这对许多用户来说都是新鲜有趣而且很有成就感的事情，于是成了他们每天必做的一件事。在这个过程里，拼多多又设计了拼单、特惠、直播活动，以增强商品对用户的吸引力，从而提高成交率。

除了拼多多，京喜也是一个做得相当不错的小程序。京喜是京东旗下的社交电商平台，在小程序榜上排到了前 10 名，取得了相当不错的成绩。

点开京喜小程序之后首先跳出的也是新人红包，主页面从左到右、从上到下都是 9.9 元包邮、1 元福利、清仓特卖、免费水果、1 元礼盒、领任务赚金币等活动，每一个都在引诱你下单。

拼多多和京喜的引流都是在用户首次下单后，商家获得买家的地址、电话等信息，后续引导复购。

通过拼多多和京喜的案例，我们可以总结出以下几种适用于小程序的营销方式。

适用于小程序的营销方式

- **新人大礼包**

新用户首次访问小程序时，小程序会向用户提供代金券、折扣券、赠品券等各种新人礼包优惠。

- **拼团**

小程序开启拼团活动，让用户主动宣传、进行裂变。

- **抽奖**

在小程序中可以在多处设计抽奖环节，如新人抽奖、首次下单成功抽奖、满额抽奖等。

- **购物返现及红包分享**

用户通过小程序购物成功后，可以获得一定金额的红包。如果用户将红包分享给他人，分享者和接收者均可领取红包，实现用户裂变。

- **秒杀活动**

利用定时秒杀活动促进老用户持续关注小程序，如 1 元秒杀、9.9 元秒杀、今日秒杀等。

- **会员卡**

利用各种月卡、年卡、省钱卡、黑卡，时刻刺激用户下单。

- **签到领红包**

用户购物前可以签到领红包，连续签到几天可以领取一个大额红包，也可以在系统中随机设置红包金额，让用户每天都有期待。

- **推荐返佣金**

用户把小程序或者小程序中的某个商品分享给朋友后可以获得一定的佣金，如果成交，佣金翻倍。

- **满减满送**

在小程序中设置“满减”“满折”“满送”活动，提高用户客单价。

- **游戏任务领奖励**

利用游戏吸引用户每天到小程序做任务、得奖励，例如拼多多的多多果园，可以提高用户的活跃度。

符合用户心理的设计

利用商品的稀缺性、价格对比、从众效应、退换包邮以及节假日优惠活动等，从多方面刺激用户下单。

以上就是通过小程序刺激用户、引导下单的方法。但是如何通过小程序把用户引入私域流量池，企业仍然任重而道远，需要我们持续不断地努力。

第 6 章

企业微信：3 个功能让你更好地服务客户

企业微信是目前唯一被微信官方认可的私域流量池。说起私域流量，这个概念最初几乎就是为微信量身打造的。

作为拥有 11 亿用户的超级 App，微信已经成为中国最大的社交平台，也被看作打造私域流量池最合适的地方。那么，私域流量到底有怎样的威力？

把生意做到微信上的便利店

便利店多分布在街边或者小区，来往消费的基本都是在附近居住或工作的人，抑或位于人流量较大的车站、市中心等。便利店都不大，因为想要多赚一点钱，人流量很重要。除了选好店址、丰富产品种类，便利店其实没有更多提高营业额的好办法。

那么，这家便利店是怎样找到突破方向的呢？便利店的老板是这样做的：凡是到店消费的用户，加入便利店微信群就可以成为便利店的会员，买单出示微信群就可以当会员卡用，享受折扣。用微信群作为会员标识解决了用户容易退群的问题，然后利用线上的销售额填补线下折扣的差额。

的成本。

不过，虽然加好友的数量没有上限，但加好友的速度是有限制的。目前从各方测试的结果来看，有些企业微信号每天加好友的上限是一两百人，有些则是三五十人，其标准暂时还不清楚，据推测可能与企业微信号的新老程度、所在行业以及企业员工数量有关。因此，有以下两点需要注意。

- **企业微信的活码功能**

活码功能是指一个二维码背后对应了多个账号，这样每一个扫码添加进来的用户会被随机地分配到各个账号，做到了平均引流。企业也不需要使用那些有风险的第三方工具进行分流，管理员在电脑端后台就可以设置。

- **尽早建立企业的用户标签标准**

管理员是可以在后台直接设置企业级别的标签的。企业级别的标签是一级标签，当你给用户贴上在企业微信后台里设置的一级标签时，别的员工添加这个用户时会同步看到。

而员工自己给用户设置的标签是二级标签，换一个员工来对接用户的话，一级标签仍会出现，而二级标签不会出现。

一旦添加的用户多了，标签系统就变得意义重大。如果你加了几千个用户甚至几万个用户之后再设置标签，那工作量是相当惊人的。精细化的运营，从给用户贴标签开始。

2. 企业微信的客户群和客户朋友圈

截至 2020 年 12 月 21 日，企业微信的客户群人数上限从 200 调至 500，已经与微信的 500 人大群持平，在管理和推广上足够使用。

同时，客户群可以统一欢迎语素材，包括文字、图片、第三方小程序和

H5 网页，甚至还能插入客户昵称，这样客户一加入就能看到专门为他设置的欢迎语。

企业微信的客户朋友圈比较特别，分为企业内容和员工内容两大类。企业内容是管理员在后台统一编辑的，会先推送到员工手中，再由员工选择客户范围发布朋友圈。每位客户的朋友圈每个月最多可展示 4 条由企业发布的内容。而员工内容由员工自行编辑、发布，每位客户每天最多可以看到 1 条。和微信个人号的朋友圈相比，企业微信的客户朋友圈的最明显的不同是有数量限制。

企业微信的管理

如果你是企业微信的管理员，相信工作台是你每天打开次数最多的页面，也只有管理员才能看到对外、对内各个版块的数据。

对外包括客户联系、客户群和客户朋友圈，点击进入就能看到企业总体的数据情况。企业一共有多少客户、新增了多少客户、总共有多少群、群聊的情况等全都有数据记录。大家最关心的离职员工所服务的客户再次分配和统一的用户标签系统也在工作台里。

这就是企业微信和微信之间最重要的区别。如果使用微信，员工离职后，企业的客户资源很可能会被员工一起带走；企业微信却可以完美解决这个问题，可以将已经离职的员工的客户分配给其他员工继续跟进。

“媒老板商学院”有一位学员是地产行业的销售负责人，她也知道把客户添加到销售员工的微信里对于后续的沟通和成交来说有多么重要，但是她迟迟不敢这么做。

原因就在于当销售员工把客户添加为自己的微信好友之后，客户基本上就成了销售员工的私人资源。万一他中途离职或者跳槽，手中的客户资源很可能会随之流向竞争对手，会给公司造成巨大的损失。有了企业微信，她就可以放心了。

企业微信的其他功能

另外，使用企业微信时还要注意以下几点。

1. 头像要专业

这关系到用户对企业的第一印象。因此设置头像的时候一定要选择与企业调性相符的专业形象。

以“媒老板商学院”为例，我们的企业微信选择了我的一张公关照片作为主体头像，给人一种很专业的印象。

2. 活用群发助手

群发助手的群发对象是已经添加企业微信的客户，可以向客户发送文字以及图片。单次群发的上限是 500 人，如果客户数量超出，你需要多点几次群发。

在一天内，一位客户只会收到企业的一次群发消息。已经收到群发消息的客户，当天不会出现在可发送客户列表里，这样就能避免打扰客户。

3. 设置统一的欢迎语

客户添加进来时可以自行回复，也可以设置聊天快捷回复。对于商务和客服等可使用话术范本的岗位来说，效率大大提高了。

此外，你对内可以使用企业微信的各种移动办公功能，如会议管理、日程管理、上下班打卡、盖章申报等。

企业微信 3.0 版本还强化了以下几个功能：

①音视频在线会议功能，最多支持 25 人同时在线开会；

②团队同步日历日程功能，不仅可以给自己安排日程，还能将重要工作安排给下属，甚至可以直接在群里安排会议时间并同步到所有人的日程里；

③微盘功能，为企业提供了线上的资料共享空间；

④微文档功能，能够直接在企业微信上处理文档和表格，可以多人编辑、随时修改，同时又能设置可见范围，以防泄露。

作为一个专业的企业管理工具，企业微信在管理上的强化全面超越了微信。对于做私域流量的企业来说，数据、流程和风险控制是非常重要的 3 个环节，即便不使用企业微信，企业也应该有自己的数据表格、流程文档和风险控制方案。

企业微信的拓展功能

企业微信提供了 300 多个应用程序接口，已经有部分企业根据这些设计出了基于企业微信的新引流营销流程。如果你的企业有一定的开发能力，可以去了解企业微信的 API[①]文档，包括群机器人随时监控企业经营情况在内的各种玩法，能为公司的管理和运营提供极大的便利。

企业微信上可以添加许多第三方应用，如覆盖率硬件、移动办公、文化建设、企业管理、团队协同、客户关系、内部培训等，能够满足企业各方面的需求。

例如，有一个名叫"腾讯乐享"的第三方应用，它是腾讯官方出品的一站式企业社区，使用完全免费。企业完全可以通过这个应用建立内部的知识库、管理流程，实现信息同步。除此之外，企业还可以在应用中设置技能课堂和内训考试，非常适用于企业的入职培训。

综上所述，企业微信的功能确实要比微信强大得多。但许多商家还是会有这样一个疑问：现在到底应该用微信还是企业微信来运营私域流量？

关于是选择微信还是企业微信，需要结合自己的实际情况来考虑。朋友圈的营销和传播在你的私域流量体系里占比有多大？如果占比很大，使用微信来打造私域流量体系仍然是当前最好的选择。

但是随着客户数量的增加，你需要为每一位客户提供更精准、更专业的服务，迟早会用到企业微信。从目前的各种迹象来看，微信的营销空间将越来越小，未来是属于企业微信的。

---

① 预先定义的应用程序接口。——编者注

行业案例实战篇

第7章

私域流量运营3步走，人设+内容+成交

第 7 章

▸▸▸ 行业案例实战篇：

苏小糖

自从电商崛起，相信很多经营实体店的商家都面临着同一个难题：人群路过不进店，进店也不加微信，不加微信就没法进行追销和复购，白白浪费了很多流量。拥有实体店和电商两条渠道的品牌苏小糖也曾面临同样的问题，我们为苏小糖搭建了私域流量体系，在双方团队的共同努力下，苏小糖的业绩比上一年增长了 368.39%。以下就是整个项目从无到有的全部细节。

品牌定位

苏小糖位于福建省厦门市鼓浪屿，主打产品是牛轧糖，其他产品有凤梨酥、手工曲奇饼等，有十几家门店，产品定位为旅游景区的必买伴手礼。它旨在为追求精致、浪漫的年青一代提供低热量、不粘牙、好吃、新鲜的高端牛轧糖。苏小糖拥有自己的工厂，品控和生产安全都有一定保障；产品包装设计风格清新、浪漫，符合现代客户群体的审美。苏小糖 6 年累计卖出了 1.8 亿颗牛轧糖，在各大电商平台上一直保持着牛轧糖类产品的领先地位。

苏小糖的客户绝大部分是女生，年龄多在 23 ~ 35 岁，主要是刚毕业一两年的上班族和年轻宝妈。宝妈的消费能力比较强，客单价都能达到 300 元左右，她们也很愿意分享，会介绍朋友来购买，产生裂变；而上班族的客单价虽然不高，但是他们的复购能力很强，裂变效果也不错。

➔ 打造微信个人号

微信个人号是构建企业私域流量的最重要的阵地，也是和客户持续产生联系、培养其成为超级客户的地方。我们根据苏小糖的品牌和产品，做了以下设计，让客户只要一想到牛轧糖，就会想到苏小糖。

微信个人号“四件套”

1. 微信个人号“四件套”

- **头像**

对于客户来说，你的头像约等于你的真实形象。苏小糖需要向客户展现出亲切、美好的形象，于是我们用店员真人在店的场景做头像。真人出镜能够增强用户对苏小糖的信任感，还能突出品牌信息，更能拉近苏小糖与客户的心理距离。另外，职业形象照或者真人卡通形象也可以作为头像。

- **昵称**

这是个人号对外展示形象的最重要的部分，是一家店的免费广告位，相当于门店招牌。我们对苏小糖团队成员的微信昵称进行了优化，采用“店名+人名”的方式设置昵称，如“苏小糖 | 橘子”。这样客户在想起苏小糖的时候，能够立刻找到它，而后缀的人名则更有真实感和亲切感。

- **个性签名**

这是对品牌或者个人的补充说明。客户能够记住你，肯定是因为你在某一方面很厉害，以后或许对他会有帮助，所以我们可以在个性签名中简明扼要地展示个人的成绩或头衔。另外，你也可以根据个人号的人设来设计个性签名。针对苏小糖的人设定位，我们设计了这样的个性签名：“一个有趣会撩的福建本地人。”

- **背景图**

个人号朋友圈背景图相当于门店的海报，海报不好看，很难吸引顾客进店。最好使用团队合照作为个人号朋友圈背景图。苏小糖的个人号朋友圈背景图，我们采用的是门店成员的大合照，既可以展示企业良好的形象和强大的实力，也可以证明这是官方的个人号，这样客户才敢放心地在微信上付款，而不用担心被骗。

2. 个人号的人设定位

一般来说，门店微信个人号的人设定位要符合品牌的调性。例如，我们将苏小糖的个人号定位为“好友＋专家”：一个在你身边的苏小糖销售小姐姐。首先，它不仅是苏小糖的销售，还是一个很亲切、很有趣的小姐姐。其次，它非常专业，在制作、品尝牛轧糖领域是专家。

3. 个人号人设的朋友圈落地

每一条朋友圈都应该为塑造人设以及销售服务，而不是想发什么就发什么，负面、负能量的信息，谣言、标题党文章、隔靴搔痒的心灵鸡汤，以及刷屏都是内容发布禁忌。朋友圈内容发布可以做成 SOP（标准化可执行流程，详见第 268 页、第 269 页）。朋友圈内容可分为 4 种类型，具体占比如下图所示。

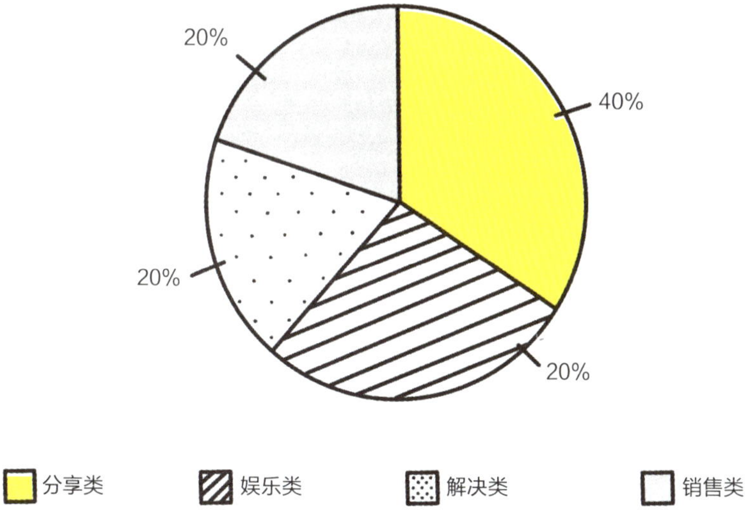

朋友圈内容类型

分享类朋友圈，也就是门店个人号持有者的日常生活，包括美食、运动、厦门特色景点的介绍、产品相关知识分享，以及苏小糖的品牌故事等。

娱乐类朋友圈，如段子、娱乐综艺热点、恶搞、提问互动等。

解决类朋友圈，如教客户如何冲泡一杯好喝的花茶，公司是如何研发产品等。

销售类朋友圈，相当于卖货广告，如新品预告、拼团活动、限时秒杀等。

像这样发朋友圈，才能打造一个亲切、有趣、真实的人设，才能与客户产生良好的互动效果。我们和苏小糖一起打造了朋友圈的一周文案模板。针对不同标签的用户，我们设定的联系频次、朋友圈内容也是不一样的。苏小糖在厦门有很多家分店，不仅能编写朋友圈剧本，还能让多个门店以相对统一的标准在朋友圈展示自己的产品。

门店用户转化路径

我们想要把门店流量引导到微信上，还需要设计用户转化的路径。

1. 门店外展示内容

在苏小糖门店外，我们设计了非常强大的吸引客户进店的“钩子”，如“6 年累计卖出 1.8 亿颗牛轧糖”的广告牌，能更好地吸引人进店。

- **门脸**

门脸需要根据品牌、产品定位、对消费者的价值（也就是购买理由）来设计，而且在设计时，要传达给消费者的信息必须是一个很强的信号。苏小糖的门脸在当时主要有两种：一种是“厦门伴手礼新名片”，另一种是“累计卖出 1.8 亿颗”。这都是在告诉消费者“我们的牛轧糖很畅销，口碑也很好，是个大品牌”，让消费者对其产生信任。

- **橱窗**

橱窗除了玻璃橱窗，也包括门店的空白墙，要尽可能地把能够吸引客户进店的信息展示出来，如牛轧糖的制作工艺、门店优惠活动、免费试吃活动、权威背书——获得的奖项、赞助过的马拉松比赛等。

2. 客户进店

当客户走进苏小糖的线下门店时，导购会亲切地走过来递一颗糖给其试吃，然后为其介绍产品并提供购买建议。这里需要对导购进行规范的话术培训。

- **店员着装**

苏小糖的员工服装以浅蓝、浅绿蓝为主色调，与产品的外包装属于同色系，而且服装上还印有门店的名称。

- **店员引导话术**

客户进店后，店员会主动上前迎接，亲切地推荐产品，尽量引导客户下单。

- **店内物料展示**

例如，苏小糖门店的收银台摆满了其所获得的各种权威性的奖项，还有一个屏幕用来循环播放苏小糖的发展史以及创始人和妻子的爱情故事，以塑造甜蜜、浪漫、文艺的品牌形象。

- **门店音乐**

苏小糖门店内通常会播放清新、安静的音乐，与品牌调性相符。

3. 客户支付

支付环节是把客户引流到微信个人号的一个非常重要的环节。

当客户来到收银台后，收银员要给出一个其难以拒绝的加微信理由，这样才能顺利地让客户主动添加微信号。

- **加粉诱饵设计**

门店吸引客户加微信的诱饵，应该符合以下几个要求：员工易操作、吸粉成本可控、诱饵有足够的吸引力和价值感。

- **加粉海报设计**

收银台上的引导客户添加微信的海报应该符合以下要求：设计诱人又显眼、规则简单、文案动人。

- **加粉话术**

我们为苏小糖门店设计了这样一套话术："您好，我们店里现在搞活动，只要添加微信就可以获得 1 包 10 片装的湿纸巾哦，您可以在回去的路上使用。您回去之后如果感觉买得不够，还想买我们的产品，可以直接在微信上联系我。在微信上下单还有折扣，会比在门店买便宜不少，以后多关注我的朋友圈哦。"

- **建立信任**

当客户添加微信后，店长会主动通过验证，然后对客户进行标签化管理，等到晚上 9 点，会为客户推送一篇苏小糖公众号的文章——以苏小糖的名义精心撰写的厦门旅游攻略。

因为许多客户是第一次来鼓浪屿，所以苏小糖站在本地人的角度为他们量身打造了旅游攻略。客户会因为感受到这份旅游攻略的价值而对品牌产生信任，觉得苏小糖不仅仅是卖货的微商，还是一个真诚的朋友。

- **裂变海报设计**

客户结账不是服务的结束，而是开始。企业需要的不是一次性成交，而是客户的长期复购。

4. 客户回访

- **回访反馈记录**

回访过后，要做一个汇总，将客户的新需求一一记录下来，以便有针对性地推荐产品或是开启话题。

- **标签化管理**

给客户贴上标签，是为了更加精细化地运营，针对不同属性的客户设计专属的营销活动。那些和我们的互动频率较高、关系比较友好的客户，一定要重点标记，因为他们是重点维护的复购客户。

引流

1. 引导进店

引导进店的动作有以下几种。

①免费试吃。在门口放置醒目的“免费试吃”广告牌吸引游客。

②门脸设计。用伴手礼名片以及“累计卖出1.8亿颗牛轧糖”的广告语吸引客户进店。

③门店装修风格。每家门店都装修得梦幻感十足，以马卡龙蓝、马卡龙粉为主色调，吸引客户驻足拍照。

④全方位投放广告，不断加深客户对品牌的印象，例如机场的手推车、鼓

浪屿轮渡口的电视、鼓浪屿游览观光图上都有苏小糖的广告。那么在进入鼓浪屿前，客户就已经知道了苏小糖这家店，当他们看到苏小糖的实体店时就会忍不住进去看看。

2. 收银台引流

- **收银台引流方法**

收银也是重要的引流环节。在这个环节，我们构思了 40 种方案，并选出 10 种进行测试。仅测试完第 3 种，微信添加率就达到了 100%。

- **收银台引流产品设计**

收银台引流产品的设计需符合以下特点：

第一，实用性强，客户接受意愿高，店员就会减少很多解释的成本。

第二，成本低。只有成本低，获客成本才会降低。而且在前期并不确定引流效果时，可能要同时测试几种产品，成本太高的产品即使测试成功，后期也未必会投入使用。

第三，吸引力强。如果吸引力不够强，客户加微信的意愿就会降低。

基于以上几个特点，我们设计了 3 个方案。

①扫码参与抽奖。只要买单就能抽奖，中奖率为 100% ，奖品价值从几元到几千元不等。

②赠送 1 张刮奖彩票。彩票装在一个专门定制的红包里，红包上还印有专属的文案，以便于吸引客户拆红包。

③扫码赠送 1 包湿纸巾。湿纸巾是专门定制的，不是薄薄的 1 片装，而是厚厚的 1 包。

以上 3 个方案，哪一个的微信添加率能达到 100% ？一开始我们都以为会是扫码抽奖，实际上是扫码赠送湿纸巾，而且成本最低。

后来我们复盘时通过分析才发现：抽奖的解释成本太高，店员一忙起来，根本没时间跟客户解释，所以微信添加率很低；彩票也是如此，几乎每个客户都会问什么时候开奖，去哪里兑奖，就算写好了标准话术，忙起来后店员也是应接不暇。

而扫码赠送湿纸巾这个方案就简单多了，客户只要扫码加了微信，就立马可以领取，因此微信添加率达到100%。最后将此种方法推广到所有门店的时候，平均微信添加率也在80%以上。

- **收银员引导话术**

每当有客户买单的时候，收银员在收款前后都会多说一句："现在有扫码加微信就送湿纸巾的活动，您如果没有扫可以扫一下，之后也可以直接通过微信下单。"

- **收银台卡片设计**

客户太多时，收银员忙不过来，无暇一一告知每位客户扫码赠送湿纸巾的活动，于是我们在收银台旁放了一张A4纸大小的海报，写着"扫码领取10片湿纸巾，苏小糖给你送清凉"，下面附有微信二维码，这样在排队等待付款的客户也能注意到这条信息。

3. 送礼引流

部分客户在苏小糖的门店购买产品是作为伴手礼赠送给他人的。因此，我们产生了一个大胆的想法：除了把送礼者引流到微信个人号，怎样把收礼者也导入我们的私域流量池中呢？

大部分产品附带的引流信息都是一张卡片，上面写着"刮开有奖，五星好评后截图给客服，可以领取现金红包”，但是这种方式的引流效果越来越差。因此，我们推出了“苏小糖留声机”服务。客户扫描商品二维码之后会进入一个 H5 页面，上面有两个入口，一个是录留言，另一个是听留言。不管是录留言还是听留言，都需要客户输入手机号码，这样就将客户与门店绑定了，而且需要关注苏小糖的公众号，又把客户沉淀到了公众号里。

➔ 成交

1. 朋友圈成交应该怎么做

根据我们前面制订的朋友圈内容发布占比，朋友圈 20% 的内容为销售类朋友圈，也就是产品广告。但就算是发广告，也不能生硬、直接地发广告，需要用一定的技巧将产品广告巧妙地植入文案中。那么，拼团、限时折扣活动、新品尝鲜、客户评价、门店销售火爆的场面等都可以作为广告文案，让客户直接在朋友圈看到，然后通过微信下单。

不管你想卖什么，最好先在朋友圈做一拨铺垫，这样做的原因有二：一是验证所选产品对客户的吸引力，二是筛选潜在客户群体。最重要的是，这样做不至于显得太突兀，让客户觉得你只想从他身上赚钱。那么具体该怎么做呢？你可以参考下面几个步骤。

- **引起好奇**

结合具体的场景，从各个角度轻描淡写地引出产品，让客户先对品牌有一个基本印象，建立初步的信任。例如，苏小糖做袋装花茶快闪群时，发的第一条朋友圈是“翻到初次研发花茶的照片，一晃已经快 3 年了，如今小糖家的花茶已经深受大家喜欢，一切用心都值得”，还配了一些养眼的花茶照片。

发这条朋友圈的目的是什么呢？是告诉客户，苏小糖做花茶已经近 3 年，不管是生产经验还是产品品质都靠得住。引出产品后，我们可以从饮用方法、原材料供应商、衍生产品、权威证书等角度去介绍产品。

比如，在朋友圈发布“get（学会）花茶新吃法，葡萄乌龙茶冻、乌龙茶冻奶也超赞的”，再配上制作过程图和成品图，然后在评论区给出具体的制作方法，让客户看到时一目了然。

世界顶级的花茶供应商之一——德国 Wollenhaupt，大家有没有听过呢？从第一次试喝选品（日本、中国、德国的三家供应商 PK），Wollenhaupt 中国区的沈总来厦门给小糖们试泡，到前往德国实验室改配方，真的花了快半年时间，我们才最终敲定这款……

衍生产品：在苏小糖，每一分钟卖出一罐的白桃乌龙，你一定喝过，那么我们新出的葡萄乌龙你想不想试试呢？特选法国香槟葡萄入茶，淡淡乌龙醇香，泡一杯，开始享受属于你的悠闲时光。

这个环节主要是为了引起用户对产品的好奇，进一步建立信任。如果这一步做得好，在促销活动正式启动之前，就会有很多客户迫不及待地直接下单。

回应好奇心，预告活动

激起客户的好奇心和购买欲之后，便是回应好奇心，同时预告活动。在发布预告之前，我们需要明确产品的卖点，准备好活动素材，如产品海报、产品购买链接、买家秀或者客户评价、介绍产品的话术等。

同时，在活动开始前对员工进行培训，“演练”一遍，让员工熟悉流程，预设客户会有哪些疑惑，比如货够不够、价格怎么定、发什么快递……准备好应答话术。也可以让“话题开启者”把客户可能会问的问题提出来，降低客户的行动成本，促成订单。

准备工作做好之后，就可以确定售货的形式了。

如果你希望客户直接扫码下单，就直接在朋友圈发购买链接或二维码；如果想做微信群成交，就可以先在朋友圈公布活动形式和产品价格，然后在评论区告诉大家：“想参加群接龙的宝宝们扣‘1’。”这条朋友圈可以多发几次，以免有客户没看到。

- **准备建群，全方位吸引客户进群**

产品活动发布之后，预估大多数客户已经看到，就在每条朋友圈的评论里公布建群的时间，这样所有感兴趣的客户都可以看到。

除了价格折扣，还可以利用群限时（24 小时）加入、群内福利、大咖分享等方式全方位吸引客户进群。

2. 快闪群成交

我们在前面的章节中已经详细介绍了快闪群成交的方法。在和苏小糖的合作中，我们也用到了这种促销方法，牛轧糖、花茶等品类都做了快闪群成交。这里我们选其中一个袋泡花茶的详细操作过程作为示例。

- **设置群名**

例如，群名可以设置为“24 号 10 点袋泡花茶活动 × 群”（ × 为数字）。

这里有个小技巧，“× 群”中的数字不一定要从 1 开始，可以从 10、15 开始，让客户产生“活动很火爆”的心理感受。

- **设置进群欢迎语**

袋泡花茶拼团时，我们设置的欢迎语是：“宝宝，欢迎进群！进群后可以先看一下群公告，活动明天早上 10 点开始，活动期间还有各种红包及小礼物，可以期待一下哦！”

因为进群人数较多，我们选择用群机器人自动回复，每 20 秒艾特一次新进群的用户，欢迎他们进群。

- **设置群公告**

群公告的好处是能让进群的客户清楚地知道这个群是为什么而组建的。下面是我们为这次袋泡花茶拼团群设置的群公告。

【置顶】进群的宝宝们先把群置顶，避免错过时间，如果怕吵闹可以先开启免打扰模式。

【活动】袋泡花茶一共有5种口味：葡萄乌龙、白桃乌龙、桂花乌龙、玫瑰红茶、茉莉绿茶，单盒售价为39元，5盒为195元，群内活动是5盒仅售145元！

此活动价只限进群的宝宝享受（每盒21克，保质期为18个月，口味可以自由选择）。

【红包】活动开始前，我会用发红包的方式提醒大家，活动结束后也有抢红包活动！

【时间】7月24号上午10点准时开始，下午3点准时结束，活动结束后该群自动解散，不会影响到大家。

群聊天引导

用户进群之后，我们安排了“话题开启者”，也就是内部员工及几位关系好的老客户来开启话题，制造活跃的氛围，拉近与客户的心理距离。

话题如下：

①大家都是在什么时候（或怎么）认识苏小糖的呢？

②大家最喜欢苏小糖的什么产品？

③大家想要苏小糖出什么新品或新口味？

3. 活动开始

当朋友圈和快闪群都做好准备工作后，按照事先设定的活动流程，我们可以做以下几件事情。

- **发群红包**

活动正式开始前需要活跃气氛，可以通过发红包来吸引客户。红包金额不需要太大，领了红包的客户一般会主动签到或者发表情包以示感谢。

- **倒计时**

活动开始前的 2 小时、1 小时、半小时、1 分钟在群里提醒一次，让客户提前预留时间来参与活动。

- **发活动详情**

活动正式开始后，可以用事先准备好的话术，加上海报和商品链接，与客户互动。

- **群订单雨**

一旦有群成员下单，就开始引导他们发布订单接龙，激发其他客户的购买欲望。例如："已经拼团成功的宝宝，在群里按【序号+收货名字+购买数量】的格式依次接龙，我登记一下，会另外附送一个小礼品哦！"

4. 活动结束，回访追销

由于是快闪群，最终是要解散的，以免沦为垃圾广告群，影响客户体验。但是解散之前工作人员也应该跟群友打声招呼。

活动结束了，已下单还没有接龙的宝宝们可以再接龙一下。感谢大家今天的大力支持，一会儿给大家发红包，领完红包就可以退群了。该群为临时活动群，稍后会解散，再次感谢大家！

同时，把群里客户下单、接龙、抢红包的截图发到朋友圈，宣布活动已经结束，让没有进群的客户也感受一下活动的氛围，挖掘潜在的客户。快闪群解散后，工作人员还要对每一位进群的客户进行一对一的私聊回访。

➔ 会员体系

在设计了微信引流与成交方案之后，我们还建立了会员体系，用来维护客户关系、引导复购。

1. 建立会员体系的 3 要素

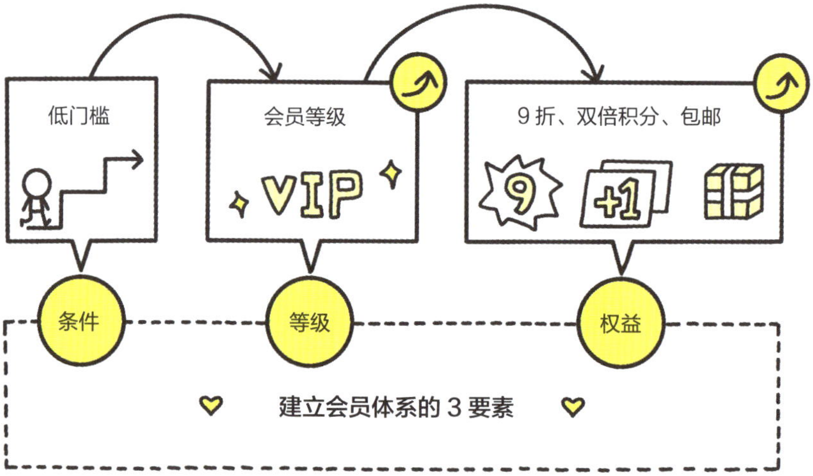

会员体系需要以下 3 要素：条件、等级、权益。会员等级越高，享受的权益越多，再次晋级的门槛也越高。

为了使会员体系更具吸引力，我们设计了“9.9 元抢购苏小糖年度会员”的活动，相比于原来的二、三级会员，这种升级方式门槛低，并且可以享受 9

大权益，如会员日当天购物享双倍积分、包邮、享优惠折扣等，用这些极具吸引力的条款刺激用户不断消费。

2. 会员体系的海报设计

我们为苏小糖设计的会员权益有 20 多项，苏小糖团队最终选择了适合自己的 9 项，其中最大的卖点是“9.9 元抢购价值超过 365 元的年度会员”。

建立好会员体系之后，我们制作了会员海报。

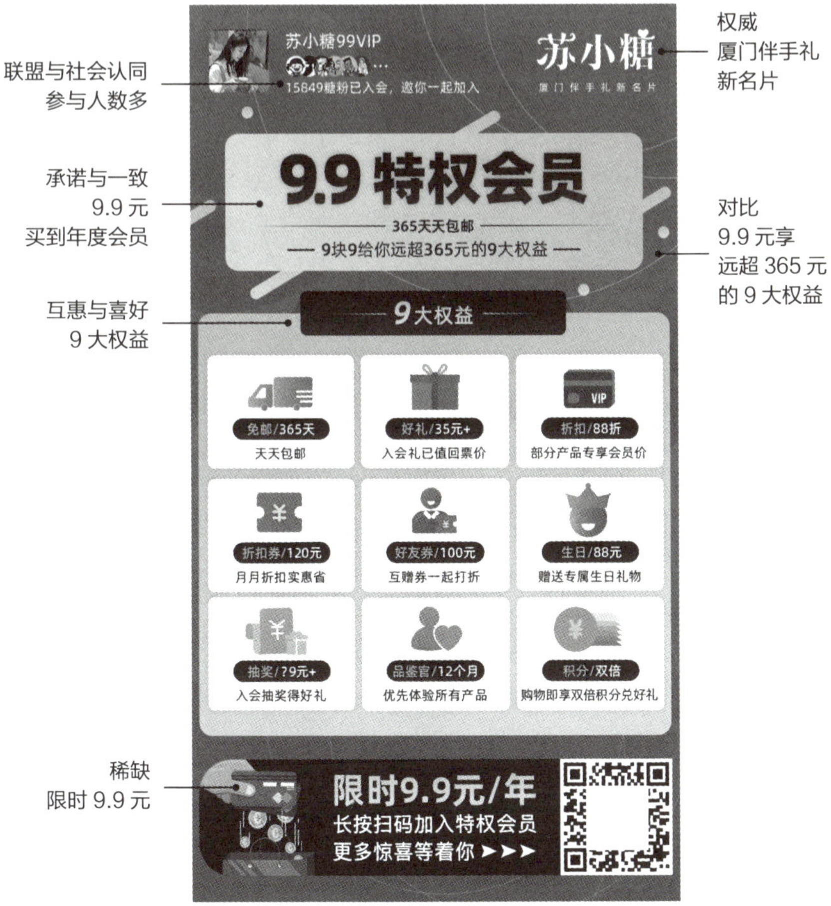

3. 会员年卡的朋友圈铺垫

发售会员年卡，前期也要在朋友圈造势，并且做好客户调查，增强互动，引起客户的关注。

如果小糖家出VIP卡，大家有兴趣吗？

满世界的VIP，到底哪些才是你们真正想要的VIP权益呢？

4. 会员年卡的正式发售

一周后，会员年卡正式发售。当天我们发布了一条朋友圈之后，售出了400多张，两天售出了1000多张。

苏小糖会员年卡重磅来袭，内测价格只要9.9元！

包邮、折扣、优惠券？新品、积分、生日礼？之前问你们想要什么会员权益，今天告诉你，这张卡统统都有！

整张卡价值远超365元，9.9元限量内测1000张，真的丧心病狂，快扫码抢吧，下一秒可能就没了！

5. 会员年卡发售结束

会员年卡发售活动结束后，也需要发一条朋友圈告诉客户活动已经结束，并且详细说明持有会员年卡可以享受哪些权益。

昨天的1000张内测会员年卡上架一晚就被抢光光啦！

很多宝宝抢完来问会员年卡在哪里，要怎么使用，我在这里统一跟大家说一下：请关注——苏小糖公众号！

在会员中心就可以看到会员年卡、优惠券，要使用可以直接点击立即使用哦～还有抽奖可以玩，昨天有个幸运宝宝一下子就抽中了我们的大奖“诸事大吉礼盒一个”。

➡ 数据复盘

在整个项目执行过程中，为了“媒老板商学院”和苏小糖两方能够顺利合作、共同推进方案，我们以甘特图的形式呈现项目进度。但是甘特图会根据实际情况做出调整。

对于这次为苏小糖量身打造的私域流量运营方案，我们做了一次阶段性复盘。结果显示，苏小糖的业绩和去年相比增长了368.39%。

客户结账不是服务的结束而是开始，我们需要的不是一次性成交，而是客户的长期复购。而这一切的起点，都是基于你能学会一套吸引私域流量的实战打法。

苏小糖 7 天朋友圈剧本 SOP			
	第 1 天	第 2 天	第 3 天
上午 8 : 00 ~ 9 : 00	互动	鸡汤	
正文	亲们，还在厦门吗？今天去哪里玩呢？ 还在的话给我点赞，给你们推荐几个好玩的景点。	很多朋友说我们的店员颜值都超级高，我想大概是受图下这家公司的影响了，福建公司只看脸。	这些微信社交礼仪，你都知道吗？ 我最讨厌第 5 种，你呢？
配图	好玩的各种景点	公司配图	9 张对应文字内容的图
追评	写出推荐景点		
中午 12 : 00 ~ 13 : 00	一颗糖的工艺、苏小糖的特点，工厂制作流程。	很多人以为苏小糖只有糖，其实茶是福建的特产，因此我们也开发了一些与茶相关的产品。	去哪儿都要带上苏小糖，见婆婆去！
配图	工厂生产现场图		
追评		有赞商品链接	
下午 18 : 00 ~ 19 : 30	很多顾客自己买了后觉得很好，想买来送闺密，又赶紧找我急忙下单。如果你不知道怎么选，我可以给你推荐！	顾客买来送闺密，闺密对她说："你是魔鬼吗？怎么可以用这么有颜值又不发胖的糖来收买我的心？"	企业定制， 婚礼定制。
配图	顾客好评截图	闺密对话截图	婚礼定制图
追评	有赞付款链接	有赞付款链接	
晚上 20 : 00 ~ 23 : 00	200 元或许只能买一件衣服，但在苏小糖能买送给 7 个朋友的礼品，精致好吃又有面儿。	企业定制， 婚礼定制。	晚安，现在还没睡的来评论一下。
配图	十大伴手礼的信任状	企业定制图	工厂生产环境图
追评			

苏小糖 7 天朋友圈剧本 SOP			
第 4 天	第 5 天	第 6 天	第 7 天
早，清晨的鼓浪屿！	不为自己的梦想奋斗，就要为别人的梦想打工。	企业定制，婚礼定制。	门店钥匙在我这里，我还没回去。
鼓浪屿美景图			
感谢各位微信会员的支持，搞个小活动，点赞逢 8 送一盒价值 35 元的糖，需要自付 6 元邮费。	××× 给我们的祝福语都有看到吗？不是我叫你买的，是 ××× 叫你把这份美好的礼物带回去的。	经常有人问到了厦门可以带什么礼物回去，除了苏小糖，就只有我了。	很多小仙女在问糖吃多了会不会胖，我们家的牛轧糖特地去专业机构检测过，都是低热量的，一颗糖的热量仅相当于 1/16 包巧克力。
	××× 在门店的视频		检测报告
			有赞付款链接
保证每颗糖都不超过 45 天。	各种证书、设计奖。	新品限量发售，优惠新品仅有 50 份，售完恢复原价 ××× 元。	（段子），美景生活。
安全生产标准	各种获奖证书图		
鼓浪屿晚安	朋友买了还不够，闺密都说赶紧推微信给她，她要买，送朋友真的太棒了。	生活，撩人。	（段子），晚安。
美景图	顾客截图		

第 7 章

行业案例实战篇：

露千儿

露千儿于 2007 年创立，是一家自主研发的院线护肤品牌，定位是专为东方女性研制的高品质专业产品。创立至今，它凭借卓越品质和超高性价比积累了一批忠实拥护者。尽管口碑如此之好，复购率也相当之高，但是露千儿有一个隐忧——大部分客户都在电商平台上，品牌和客户之间的关系比较薄弱，品牌始终受制于电商平台。怎样把电商平台上的忠实客户引入自己的流量池呢?

如何进行微信端的复购、裂变，最大程度地挖掘用户的终身价值，是露千儿亟须解决的一个难题。在一年的时间里，“媒老板商学院”与露千儿携手合作，共同搭建了私域流量体系，使露千儿的私域业绩相比于公域业绩提升了 400%。

品牌定位

在做私域运营方案之前，我们首先要确认品牌的定位。

我们筛选了 40 位重点老客户，对其进行分析，采访他们购买和回购露千儿产品的原因。

调研显示，该品牌的绝大部分客户是女性，年龄多在 28 ~ 50 岁，大多数为已婚，工作、家庭稳定，其中不少客户还是公司的核心高层，收入可观，对皮肤保养有充足的预算，复购能力极强，而且乐于与身边的人分享。

基础建设

1. 微信个人号矩阵

露千儿拥有 43 个微信个人号，并且按照属性分为专家号和成交号，扮演不同的角色。

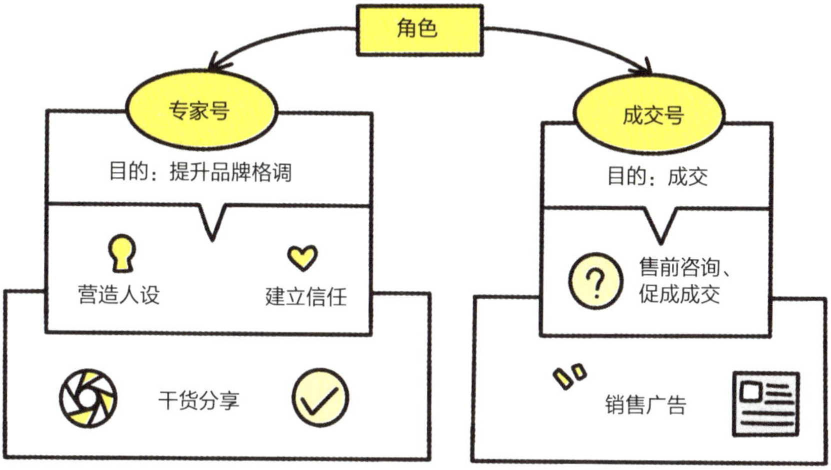

露千儿微信个人号矩阵

专家号的运营以提升品牌格调、营造人设、建立信任为主要目的。

成交号的运营目的就是成交，主要为客户提供售前咨询以及促成成交。

这样划分的目的是规避风险。当客户只添加了成交号时，如果这个号发的销售信息、产品广告太多，很有可能被客户屏蔽甚至删除。

但是，如果客户还添加了专家号，在一般情况下，就算删除了成交号，还是会保留专家号，因为专家号主要是做一些生活类、知识类、干货类的分享，也更具有信服力。

2. 人设定位

14 年来，露千儿的品牌创始人郑元音女士一直用心经营，是客户心中的专家，又因为自身气质、容貌比较出众，所以露千儿的专家号就以她的照片作为头像，展现专注科学护肤，有着“70 后”的年龄、“80 后”的外表、“90 后”的心态和“00 后”的纯真、青春的形象。

3. 微信个人号“四件套”

- **头像**

在微信上，用户对品牌形象的第一印象就是头像，你的头像相当于你的真实形象。

因此，我们对露千儿的微信个人号所做的首要优化就是更换微信头像。因为露千儿有两种账号人设，专家号打造的是纯真、青春的形象，所以头像是其创始人的一张高清、富有亲和力的照片。

成交号则是由公司的员工使用，所以我们给员工们拍了真实的个人半身照作为头像，真人出镜可以拉近客户与品牌的心理距离。

- **昵称**

次要的优化对象是微信昵称。我们将露千儿的昵称统一设置为“品牌名字

+人名”的形式，如“露千儿美容顾问｜小咪咪”，让客户想要咨询美容护肤问题或者购买护肤品时能够立刻找到露千儿。而昵称中的真实人名，更能凸显真实感和亲切感。

- **个性签名**

个性签名相当于品牌宣言，一般是简明扼要地展现身份、价值、愿景、态度，让客户看到品牌的价值，给他一个记住品牌的理由。

露千儿的个性签名是什么呢？

专家号：身份——20 年科学护肤经验；价值——露千儿创始人；愿景——带领 100 万粉丝永葆青春。

成交号：态度——你负责年龄成谜，我负责帮你美丽，你的专属美容小顾问。

- **背景图**

这也是一个很好的广告位，所以我们用露千儿团队的合照作为朋友圈背景图，既具有亲和力，又能让客户对品牌产生信任感。

4. 朋友圈规划

- **朋友圈素材矩阵**

确定人设后，我们规划了 4 种类型的朋友圈内容，分别为产品类朋友圈、生活类朋友圈、案例类朋友圈和思想类朋友圈。这样，露千儿团队平时就可以按照这 4 种类型收集素材，建立素材库，保证朋友圈有源源不断的内容可供发布。

朋友圈素材矩阵

	产品类朋友圈	生活类朋友圈	案例类朋友圈	思想类朋友圈
分享式对话 （40%） 分享观念 / 情感 / 经历 / 知识	产品起源 产品发展历史 行业近几年的趋势 老百姓对产品的误解 产品故事：研发起因、初心 产品用料、产品测试 产品的生产过程：设计、打样、生产	你的公司 / 工厂的新闻 学习、进修的动态 社交活动 和厉害大咖的交流 产品发货日常 送货的情况 读书 运动	产品晒单：客户询单、客户介绍、客户买家秀、日常发货 客户好评：好评截图、前后对比 产品受众 产品正反面教材	点评时事热点 摘抄畅销书句子 思考心得
娱乐式对话 （20%） 重在创造和 共享乐趣		粉丝日常互动 生活趣闻 相关娱乐段子		
解决式对话 （20%） 围绕解决问题 在沟通	产品功效 产品知识：知识科普、专业干货		产品受众 产品正反面教材	
销售式对话 （20%） 重点在 说服他人	产品功效 产品优势：卖点、所获证书、奖状 产品活动：上市、宣传、优惠、包装、销售进度、倒计时			

- **朋友圈一周文案模板**

①分享式对话可以是账号持有者的日常生活，包括工作、美食、运动、学习感悟等内容，以及与美容、保养、内外兼修相关的价值观。

例如，下文这条朋友圈就非常具体地向客户展现了露千儿品牌的价值观——不搞营销，不搞噱头，踏踏实实做产品，给客户一种专业、踏实、可靠的印象，对品牌形象的提升是大有帮助的。

事实上，械字号面膜并不存在，根据国家药监局的发文，正确说法应是医用敷料，主要用于术后养护。虽然安全性更高，但不推荐作为日常护肤品长期使用。

据我了解，申请械字号其实不是特别难，所以不少商家申请，借此宣传自己的面膜功效突出，反正消费者不会分辨。

反过来，这也是我特别佩服元音大大的一点，在这个圈子十几年，赤子之心仍在，不是真正提升产品品质的，她一分钱也不会花。在这个年代，踏踏实实做产品，更难吧？

②娱乐式对话，如幽默段子、提问互动、娱乐综艺热点等内容。真实的生活都需要一点娱乐，才显得更“接地气”。

例如，下面这条朋友圈就是幽默的互动，不仅让客户会心一笑，还不失时机地宣传了产品。

每天坚持3件事：看脸、看秤、看余额。如果脸不够美，秤不够低，余额不够多，那么请继续努力。

③解决问题式对话，如为客户科普一些行业知识——如何有效地防晒、抗痘、补水等，还可以把产品研发过程展示给客户，塑造专业形象。

暑假时有很多人去海边度假，玩水游泳，除了防晒霜，一定要随身携带芦荟胶！晒后修复超级管用！要带孩子出门的妈妈们别忘了随身携带，除了晒后修复还能做面膜呀！宝宝如果出门磕到碰到或者被蚊子咬都能及时消炎止痛，口水疹、湿疹都可以缓解。总之，这瓶芦荟胶就是个宝藏单品！真的牛！

④销售式对话，重点在于说服客户，一般是卖货广告，如新品上市、秒杀、拼团活动等，利用文案和产品反馈截图相结合的方式来推荐产品。

例如，可以在朋友圈科普一个护肤小知识——洗脸的误区和正确方法。这个场景对许多客户来说是很有代入感的，也很有用，因此能增强客户的黏性。

而下面这条朋友圈表面上是晒美食，实际上是促销活动倒计时，幽默又不着痕迹地提醒了客户别忘记下单，不会被客户当成硬广告而招致反感。

七夕吃顿好的补补，不要太羡慕我。【顺便提醒一下我的宝贝们，七夕活动剩最后两小时了。】哈哈，吃饭不影响接单，宝宝们尽量砸单吧！

以上种种朋友圈，内容丰富而鲜活，多角度的呈现让客户感知到这是一个真实存在、有温度的品牌，从而使其对品牌建立更深的信任。

引流设计

1. 设计客户加微信的“钩子”

经过这几年的用心经营，露千儿的电商店铺每天都有稳定的浏览量和成交量。针对这部分自有流量，如何将其最大程度地引入微信呢？要给用户一个添加品牌微信的理由，如小福利、小礼物之类。

例如，“加微信送你‘2020 年私域流量资料包’”“加我微信免费咨询××××”“加我微信领红包”……

露千儿设置吸引客户添加微信的“钩子”是激活会员立即赠送一支正装精

华。为什么会选择这个产品？因为这个产品在露千儿的全线产品中销量是第一，价值 89 元，好评率高达 99%。客服和客户沟通时会推送这个产品的链接，客户点开链接后看到这么多的购买数据和好评，很可能会心动，然后添加品牌微信，激活会员。

2. 客户咨询环节

通过调研，我们发现，当客户进入店铺中浏览产品时，有购买意向的客户通常会咨询客服有关产品效果或者适用肤质的问题。

咨询又分为几种，如活动咨询、成交前咨询等。针对不同情况下的咨询，露千儿设计了不同的话术，引导客户添加微信。当然，这些话术并不是一成不变的，而是会根据实际情况持续地进行优化。

- **活动咨询引导话术**

优化前："活动结束了哦，您可以添加一下美容顾问微信：×××，激活会员就能享受补水精华水光针的活动价格。"

优化后："之前的活动已经结束啦，为了弥补小仙女们的遗憾，赠送亲亲补水精华水光针一支，激活会员后会随订单发出。添加美容顾问微信:×××，激活会员，下单两小时内激活有效。"

- **成交前咨询引导话术**

优化前："亲亲，可以加一下我们美容顾问的微信号（×××），备注数字'5'，今天下单，加微信激活会员可以给亲亲赠送一支价值 89 元的补水精华水光针，随亲亲的订单发出哦。"

优化后："亲亲，下单后再送你店铺爆款补水精华水光针一支，今日随订单发出。每日只赠送前 50 个订单，添加微信：×××，激活会员后领取。"

- **客户下单话术**

有些客户喜欢自助购物，并不会主动咨询客服。这一部分客户下单后，露千儿的客服会马上向客户发送一段话术，引导其添加微信："亲亲，激活会员即赠送一支 89 元的补水精华水光针，今天随订单发出，下单两小时内激活有效。可以添加美容顾问微信：××× 。"

如果客户用过露千儿的产品，觉得效果不错，就很有可能会加微信；如果客户没有用过，因为是免费的，可能也会想要试一试而加微信。

- **包裹卡片**

虽然咨询和下单时可以通过话术引导客户添加微信，但还是会有相当一部分客户在浏览和购买产品时无法及时看到客服的消息，或看到也不理会。因此，针对所有已下单但还没有加微信的客户，露千儿在包裹中放置了卡片引流。

3. 抖音引流

除了引导自有流量，如何吸引外部流量呢？我们把目光投向了抖音，通过直播的形式让品牌创始人郑元音女士来抖音做护肤直播。

在直播中，不少客户会前往橱窗下单，只要下单成功，客服就会用"加赠一支价值 89 元的补水精华水光针"作为"钩子"来吸引客户添加微信。客服还在发货包裹中放置了专门的二维码，用来监测抖音引流的具体数据。

➔ 私域留存

很多商家花费巨大成本添加了客户的微信，但因为不知道如何跟进和互动，导致客户慢慢流失。因此，把客户留住是相当重要的。

1. 破冰话术

客服添加客户微信之后，首先要做的是打招呼破冰，并主动兑现承诺。因此，露千儿的工作人员添加了客户的微信之后，首先做的就是主动介绍自己，并且马上帮客户激活会员。这样的体验路径对客户来说才是顺畅的，他对品牌的好感度也会增加。

2. 多渠道留存

引导客户添加微信号、激活会员之后，接下来就要邀请客户进入微信群。因为露千儿在微信群里经常会分享一些护肤、美容干货以及产品活动福利，所以很多客户都会不由自主地加入讨论。

通过这些方式，露千儿实现了客户从公域进入私域，同时还使客户留存在微信个人号、微信公众号、微信群中，不同性格和偏好的客户都能通过不同的渠道接收到露千儿的信息。

那么客户留存之后，露千儿需要做什么？给客户贴上标签，进行分层管理。

这是非常重要的一步。如果没有做好，等到客户越来越多的时候，工作人员就会因为记不住客户信息而手忙脚乱。

3. 客户标签

管理 100 个客户与管理 100 个标签相比，运营成本和效率是截然不同的。

露千儿首先把客户按照“会员群＋加粉来源＋旺旺号＋收件人姓名”的格式进行备注。在和客户进行一对一沟通时，露千儿能够快速确定客户的真实姓名、旺旺号以及来自哪个会员群，然后按照客户的肤质类型、生日、对应的肌肤问题单独设置标签。

这样，对待不同肤质类型的客户，露千儿就能够有针对性地推送护肤知识，后续有对应的新品时，露千儿也可以通过筛选标签，为客户推送特定的产品信息。

➔ 社群成交

露千儿在私域的成交途径主要是社群成交，社群成交的主要形式是团购。社群团购是集中型成交，适合短期促销。品牌方前期的人设、朋友圈打造得越好，团购效果就越好。而且，社群团购能够一次服务多位客户，降低了一对一销售的沟通、服务成本。

露千儿每个月都会在会员微信群里发起一次内部团购活动，平均单个社群能够在 8 小时创造 12 万元成交额，10 多个社群一天可创造 200 万元成交额。社群团购与电商店铺相比，支付转化率提高了 25.8%。

整个社群团购活动分为策划期、准备期、执行期、结束期和复盘期，其中最重要的是策划期。策划越充分，后期执行就越轻松（具体团购流程详见本节末尾）。

1. 策划期

- **活动策划**

为了给客户提供最好的体验，露千儿每次团购的产品都不同。那团购产品是怎么确定的？露千儿把选择权交给了客户。

在开始团购前，露千儿的美容顾问会在社群里展开调研，询问客户想要团购什么产品，然后以接龙和报数的方式进行投票。

因此，每次团购的产品都是客户自发讨论、投票选出来的，可以确保每次团购的都是呼声最高、客户最想要的产品。团购前的投票活动不仅能够选出产品，还能够调动群内的气氛，获得大家的关注，为正式团购积累势能。

- **活动规则**

选出产品后，美容顾问会在群里公布本期团购活动的产品和规则，这也相当于活动预告。在团购营销话术中，要给出客户不得不下单抢购产品的理由。以下是一些团购营销话术，可供参考。

团购营销话术

话术	对应营销要素
原价 219 元 vs 团购福利价 119 元	价格对比
4 瓶 399 元，平均一瓶 99.75 元；10 瓶 666 元，平均一瓶 66.6 元	团购折扣
今晚 12 点截止，限量 2 000 瓶	限时限量
订单只保留 10 分钟	损失厌恶

2. 准备期

每次团购活动开始前，工作人员都要准备好活动所需的素材，如产品海报、产品购买链接、买家秀或者客户评价、介绍产品的文案等。

3. 执行期

- **签到红包**

在团购活动正式开始前，露千儿的美容顾问会在群内发红包来活跃气氛。经过 3 ~ 5 个红包的连续轰炸，领了红包的客户一般会主动发信息或者表情包以示感谢，这样群内的气氛就逐渐活跃起来了。

● 产品宣讲

气氛到位之后，露千儿的美容顾问会进行产品宣讲，向客户介绍团购产品的成分、功效以及适用的肤质。有相应肌肤问题的客户会听得格外认真，还会在群内提出疑问，和美容顾问展开探讨，此时群内的气氛更加热烈，一些潜水、观望的客户也会被带动起来，参与到讨论中。

使用过这款产品的客户一般会自发反馈使用效果。如果暂时还没有这样的客户基础，你可以在策划活动时安排公司员工用私人微信号在群内把控话题节奏，制造气氛。

● 团购接龙

产品宣讲完成之后，露千儿的客服会分享购买链接，让大家进入商城购买，提交订单的客户会在群里艾特客服修改价格。

因为团购的数量、时间有限，大家纷纷开始抢购，一时间艾特客服改价或者修改备注的信息开始刷屏。刷屏的信息越多，越能引发从众效应，激起其他客户的购买欲望。

● 倒计时

客服会通过倒计时提醒群友，分别在活动结束前 3 小时、结束前 1 小时、结束前 15 分钟。因为团购优惠力度很大，所以活动倒计时能够有效促使客户下单。活动结束前 1 小时，客服会在群内不断地播报时间和产品所剩库存，催促客户下单。活动结束时，客服也会发红包感谢客户支持，为下次团购活动做铺垫。

● 活动结束

团购结束后，如果有些客户对于团购成交有疑问，客服会在群内进行答疑，直至客户满意，做好售后工作。

4. 结束期

整个活动结束后，露千儿的客服会将产品宣讲内容整理成群聊精华，发给其他没有参与活动的客户作为参考，继续提供价值。

另外，客服还会将团购活动的群聊截图发到朋友圈，一来是宣布活动结束，二来是让没进群的客户也感受下群里的气氛，挖掘潜在客户参与下一次活动。

5. 复盘期

每次团购活动结束后，露千儿都会针对当期活动进行全面的复盘与归档——分析当期成交数据以及团购中新、老客户的占比，并将客户的好评、反馈记档，汇总到朋友圈素材库中。团购数据复盘主要包括客户分析、交易分析等内容，具体如何复盘呢？我们可以参照下面的表格。

团购数据复盘表

数据分类	项目	日期	备注	总结
客户分析	新访客数			
	参与老客户总数			
	新增客户总数			
	成交新客户数			
	成交老客户数			
	加微信总人数			
	加微信率			
交易分析	产品 1 销售额			
	产品 2 销售额			
	总销售额			
其他分析				

常见的复盘除了团购数据复盘还有活动复盘，这里提供一个活动复盘表格，以供参考。

活动复盘表

复盘类型	具体项目	复盘指标
数据复盘	成交数据	日销售额
		总销售额
		退款数据
		成交人数
	朋友圈数据	每日发朋友圈数 发朋友圈总数
		点赞总数 平均每日点赞数 统计最高点赞量及内容（前3名）
		评论总数 最多评论数及内容（前3名）
		转发数（若有裂变，统计分享人数）
	社群数据	建群数量
		活码扫码次数
		进群人数与扫码转化率
		下单人数与下单转化率
活动复盘	问题收集	收集活动中出现的问题，如客户提出的新问题、突发情况，最后总结出一套解决方案
	优化清单	梳理整个活动的流程、各个节点，有哪些环节、哪些话术可以优化，哪些问题有待解决，最终列出一个优化清单，设置执行的时间节点，检测效果
	资料归档	每次的活动都要进行资料整理和归档，一是作为复盘资料，二是作为之后的活动素材

➡ 会员积分体系

露千儿还打造了一套独特的会员积分体系。与一般电商品牌不同，露千儿的客户基本集中在微信群，为了让客户在社群里保持互动和活跃，露千儿在微信群中设置了群积分功能，群友完成任务后可获得相应的积分，积分达到一定值可以兑换优惠券或者产品。社群内的客户只要完成以下任务，就可以获得相应的积分。

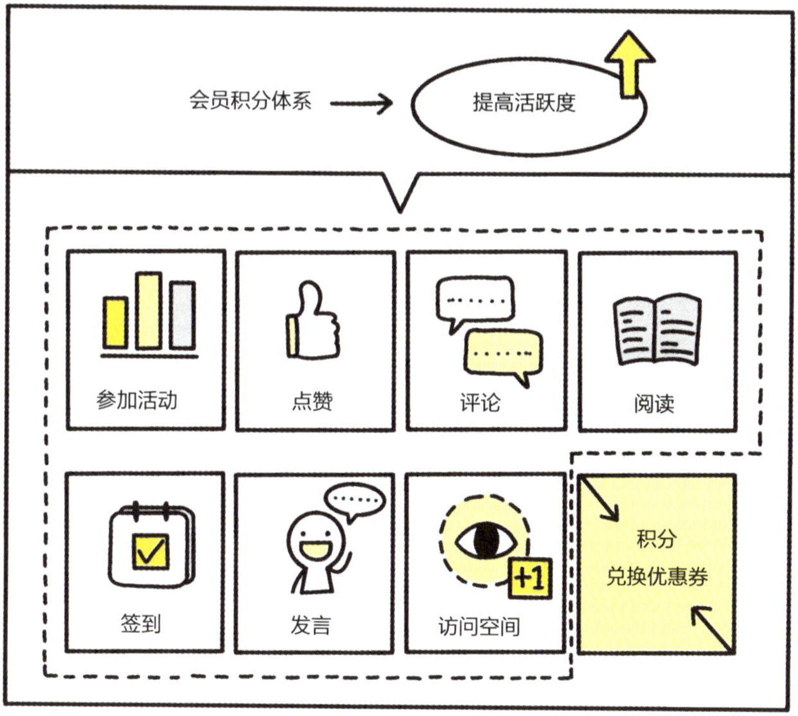

任务积分设置

参加活动：报名参加群内的活动、参与群内的投票活动。

点赞：为群内发布的精华内容点赞。

评论：参与群内话题讨论，对群内发布的精华内容进行评论，评论群通知。

阅读：阅读群内的精华内容（阅读单条精华内容最多可加分一次），阅读群通知。

签到：每日签到可获得积分。

发言：每日在群内发言可获得积分。

访问空间：每日访问空间可获得积分。

露千儿借助社群管理工具进行积分维护和记录，机器助手拥有群内自动答疑、群聊记录保存、成员管理、潜水查询、数据统计、多群管理、专属社群空间等多项功能，极大地提高了运营效率。

除了群积分功能，露千儿还设置了积分兑换规则，如 50 积分便可兑换 5 元优惠券，500 积分可兑换 20 元优惠券……这种方式不仅能够有效提高社群的活跃度，还有助于培养客户的复购习惯，提高客户对品牌的忠诚度。

客户裂变

只有引流，还不足以让客户在短时间内快速倍增，那么怎样达到这个目标呢？答案是裂变。对企业来说，没有客户裂变，等于坐吃山空。裂变是获取客户的最快方式，这是一种通过驱动原有客户的社交关系进而给企业带来新客户的高速增长的方式。

露千儿的客户裂变是怎么做的呢？

首先，通过朋友圈发布拼团活动详情，并且借助有赞商城的团购功能，老客户扫码即可开团，邀请两名新客户即可解锁拼团价，而拼团价比原价优惠一半以上。结果不到 1 个小时，100 瓶玻尿酸就宣告售罄，最终这次拼团裂变活动的裂变比是 1 ∶ 2.5，即平均每 100 名老客户带来了 250 名新客户。

➜ 私域数据复盘

针对露千儿的私域运营规划，我们也做了一次阶段性复盘。经过统计，露千儿 2019 年的私域业绩是其电商平台业绩（公域业绩）的 4 倍。也就是说，如果不做私域运营，单靠以往传统的电商经营方式，要想取得相同的业绩，露千儿或许需要 4 年的时间。私域一对一、朋友圈、社群的支付转化率与电商平台相比，提高了 25.8%。

而且，露千儿的私域复购率与公域相比提高了 50.03%，公域的平均客单价为 192.53 元 ，而私域的平均客单价为 630.43 元，是公域的 3 倍多，而部分团购的客单价可高达 1 320.62 元，相较于公域增长了 585.93 %。

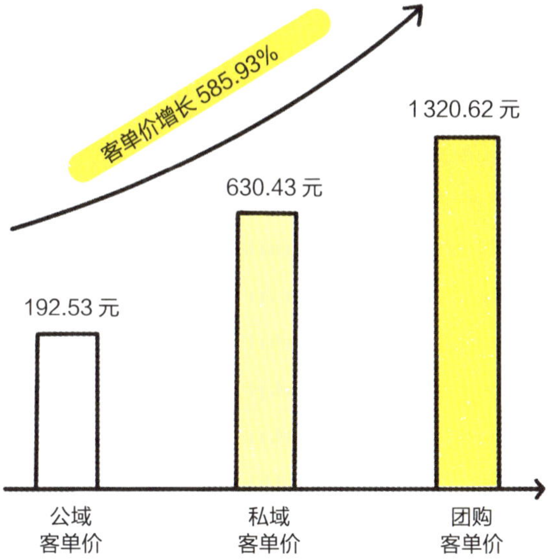

露千儿的客单价变化

团购流程图

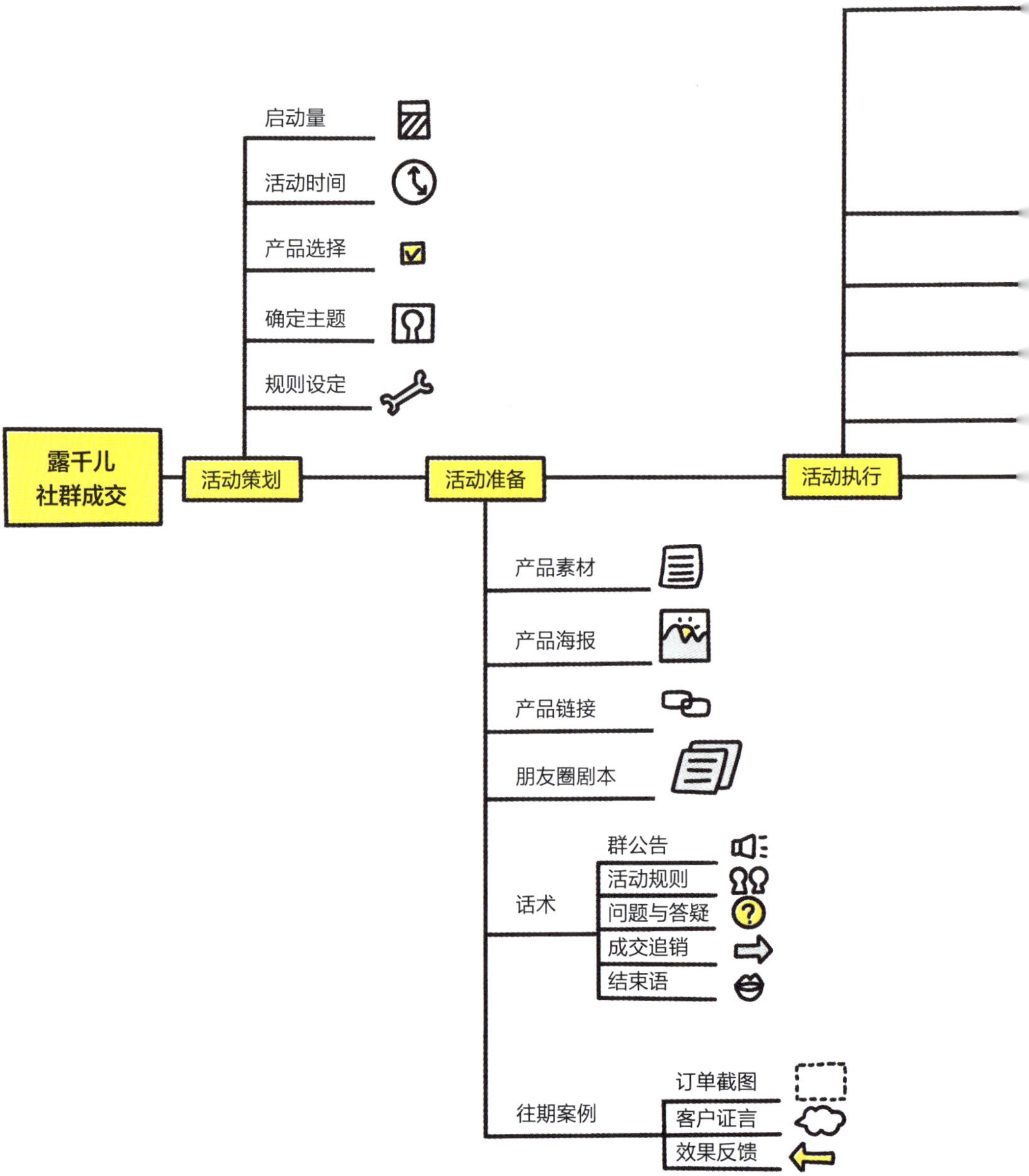
露千儿
社群成交
活动策划
启动量
活动时间
产品选择
确定主题
规则设定
活动准备
产品素材
产品海报
产品链接
朋友圈剧本
话术
群公告
活动规则
问题与答疑
成交追销
结束语
往期案例
订单截图
客户证言
效果反馈
活动执行

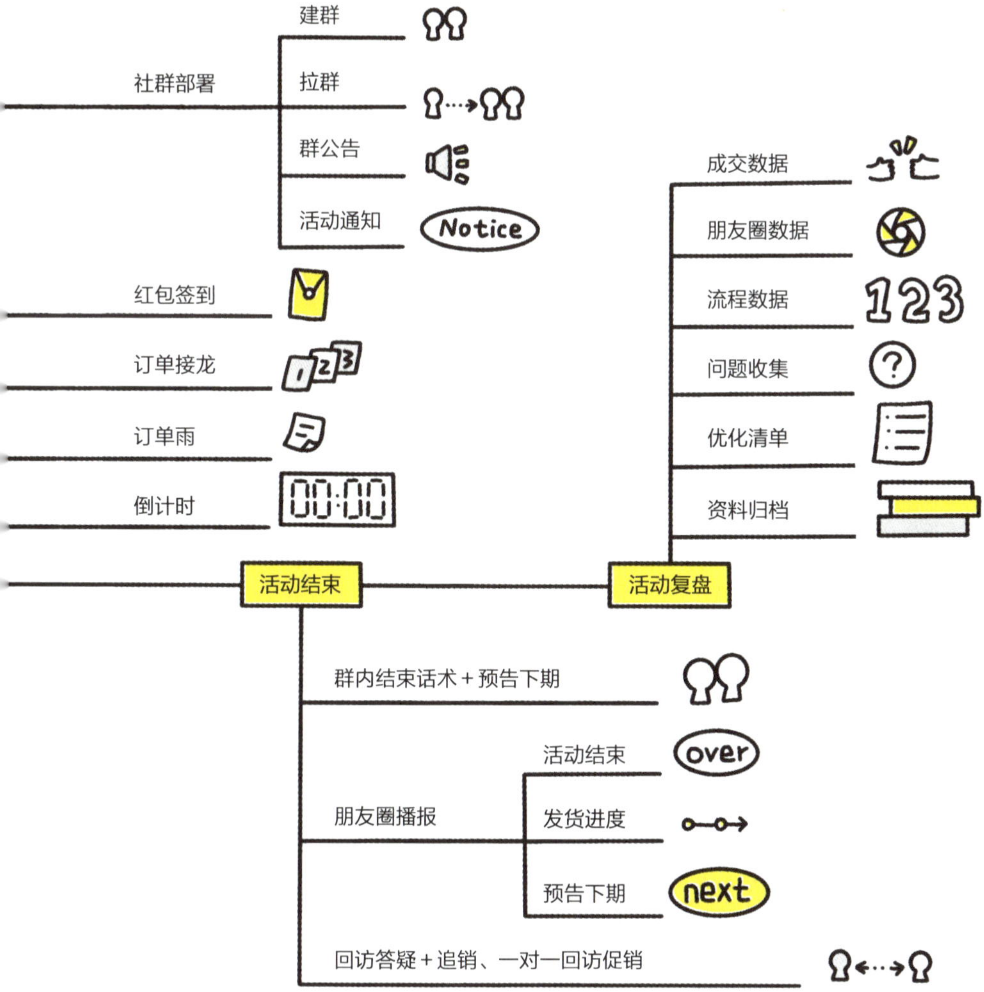

社群部署
建群
拉群
群公告
活动通知
Notice
红包签到
订单接龙
订单雨
倒计时
00:00
活动结束
活动复盘
成交数据
朋友圈数据
流程数据
123
问题收集
优化清单
资料归档
群内结束话术＋预告下期
朋友圈播报
活动结束
over
发货进度
预告下期
next
回访答疑＋追销、一对一回访促销

第7章

▸▸▸ 行业案例实战篇：

黄妈辅食

一个好的品牌是吸引流量的利器。回想一下平时的购物场景就会发现，我们都倾向于选择品牌产品，因为品牌代表了口碑和质量。所以，如果你能将产品或者个人做成品牌，就相当于省下了一大笔广告费，品牌效应会为你带来源源不断的客户。

“宝宝辅食微课堂”是一家新媒体母婴电商公司旗下的品牌，创立于2016年3月，专注于为0～18个月宝宝的妈妈提供专业的辅食食谱和推荐好物，创始人是黄爸和黄妈。

这家公司是黄妈在朋友圈分享自己做的辅食起步的，黄妈、黄爸很早就开始添加粉丝微信、建微信群，粉丝都是自发地在群里分享、讨论关于辅食和育儿的话题。

截至2020年9月，“宝宝辅食微课堂”已经创立4年多，同名公众号拥有202万粉丝，在抖音、快手、小红书、百家号、头条号等其他平台的粉丝合计300多万，微信个人号有6万多好友，年流水超过2 000万元。

在我们参与“宝宝辅食微课堂”的运营之前，它在私域运营方面的专业能力较为欠缺，由于运营不当，因此引流加粉效果不佳，用户黏性差，复购率也低。

有人可能认为私域运营慢慢摸索不就行了吗？但是，对于“宝宝辅食微课堂”来说，它的用户比较特殊，因为宝宝吃辅食最多到 1 岁半。如果在此期间不重视私域运营，等到宝宝 1 岁半后不需要吃辅食了，妈妈们可能就会对其取消关注。

而且它早期的选品也有问题，卖的多半是厨房用具，不仅使用周期长，而且复购率低。于是，从 2018 年开始，我们主要帮助公司对私域运营这一块进行优化。

品牌调研

“宝宝辅食微课堂”的定位是专门为 0 ~ 18 个月宝宝的妈妈提供辅食食谱相关知识，教妈妈怎样养好娃。除了微信公众号，“宝宝辅食微课堂”在腾讯母婴频道、爱奇艺、豆果美食、下厨房、美拍、抖音、小红书、今日头条等平台都会同步发布辅食文章和视频。

除了选品讲究，“宝宝辅食微课堂”的拍摄风格也很美，而且教的食谱容易上手。2017 年，它拿到了 2016—2017 年度搜狐母婴金牌自媒体作者奖，在公众号平台上也是排名前 5 位的母婴自媒体。

“宝宝辅食微课堂”的客户大多数是刚生一胎的新手妈妈，年龄多在 25 ~ 35 岁，熟悉新媒体，喜欢从网上学习辅食、育儿的相关知识，挑选宝宝用品时比较谨慎，而且舍得给宝宝花钱，消费能力较强。

只有了解了客户的年龄、性别、学历、工作、兴趣爱好等相关信息，我们才能针对他们的行为习惯设计具有吸引力的产品以及营销活动。

➔ 个人号引流及打造

1. 引导公众号粉丝加微信个人号

因为“宝宝辅食微课堂”是黄妈在朋友圈里分享辅食做起来的，所以在私域流量还没火的时候，它就已经开始尝试把用户添加到微信中。

不过，当时它引导用户加微信、进社群，主要是为了方便提供售前咨询和售后服务，并没有进行过多的引流操作，所以它的公众号有 202 万粉丝，但微信个人号只有几万好友。很多妈妈在宝宝长到两岁左右时就取关了公众号，这样一来，它就损失了很多能持续复购的流量。

针对这个问题，我们给出的策略是重点进行微信个人号的引流。为了吸引用户添加微信，我们通过头脑风暴，设计了几十种“钩子”，并筛选出以下几种。

· 扫码加微信，领 30 道“快手早餐”合集，让你多睡 20 分钟！

· 下单加微信，免费送 ××× 小礼品。（例如，购买面包机后添加黄妈助理的微信，送辅食碗或者冰激凌；购买不粘锅后添加黄妈助理的微信，免费领取硅胶油刷或硅胶铲。）

· 添加黄妈助理的微信，可立即预约即将开团的产品。

添加用户后的欢迎语，在日常和预热开团时也有所区别。

日常中：

· 认识一下，我是黄妈的助理——围裙甜妈。

· 穿上围裙变厨娘，脱下围裙变辣妈。

· 宝妈需要我们的什么产品，和我打个招呼，给宝妈备注开团提醒哈。

预热开团时：

· 宝妈，你好，九阳 Y1 静音破壁机明早 8 点 30 分开团啦……

· 你是来领取 300 元优惠券的吗？

经过这样一轮引流操作，黄妈家的微信个人号好友达到了 20 多万，可以说是成绩斐然。除了运用“钩子”和话术引流，我们也对微信个人号“四件套”进行了优化。

2. 微信个人号“四件套”

- **头像**

这相当于线下实体店的门头。门头好不好看，非常影响客户的进店率和扫码率。

很多人会用明星照、动漫人物、风景作为微信头像，但这样做，用户压根儿记不住你是谁，更不会在需要咨询或者购物的时候想到你。

有些人喜欢用自拍照作为微信头像，这样会显得不够专业，无法让用户对你产生信任。如果你的客单价是几百甚至上千元，用专业的形象照作为微信头像会更加合适。

因此，黄妈客服号换掉了以前的卡通人物形象，全部换成了“真人+品牌标志性黄色背景”。

黄妈专家号的头像则换成了黄妈和黄小宝的合照，不仅很有生活气息，拉近了品牌与用户的距离，而且会给用户留下一个“好妈妈”的第一印象。

- **昵称**

这相当于实体店的店名，一个好名字更容易让客户记得住，好传播。

以前，黄妈家客服号的昵称统一是“黄妈助理”，听起来冷冰冰的。后来经过我们的优化改成了“黄妈助理 | 柠萌”“黄妈助理 | 甜甜妈”“黄妈助理 | 陶舒”，这样既有辨识度也比较容易和用户建立感情。黄妈自己的微信昵称则改为“黄妈 | 宝宝辅食微课堂”。

这里需要提醒大家，微信昵称要尽量避免使用表情、符号、繁体字，以及在昵称前面加“A”或者电话号码。

很多人喜欢在昵称中加一些红唇、苹果、星星等符号，虽然很有辨识度，但是显得过于花哨，用户就会觉得你不够专业。还有些人在昵称中使用繁体字，用户不会读也记不住，更不会在需要的时候想起。至于在昵称前面加“A”或者电话号码的，这已经是过时很久的占据微信通讯录排序的做法，也会引起用户的反感。

- **个性签名**

这相当于品牌的标语，是品牌传播的助推器，如我们耳熟能详的“怕上火，喝王老吉”等。

所以，我们也用心设计了个性签名，黄妈客服号的个性签名为“用心做服务，用心做好物推荐”，黄妈专家号的个性签名为“珍惜才能拥有，感恩才能长久”。

- **背景图**

这相当于店面装修。头像可以用来吸引客户的注意力，背景图可以用来介绍品牌和团队。

我们选取了两张照片，一张是黄妈和母婴领域的大V栗子妈妈的合影，既有亲和力，也表明栗子妈妈是黄妈团队的一员，展示了团队实力；另一张是黄妈一家人的合影，一看就是一个幸福的家庭，会让用户对其产生亲近感。

3. 微信个人号人设定位及朋友圈内容落地

现在，许多企业和“宝宝辅食微课堂”一样，拥有不止一个微信个人号，那么个人号矩阵该如何布局呢？可以参考下面这个表格。

个人号矩阵

账号等级	账号属性	运营目的	考核指标
A	专家号	提升格调、营造人设	互动数、互动率
B	成交号	售前咨询、促进成交	成交数、成交率
C	会员号	会员跟进、促进复购	复购数、复购率
D	流量号	裂变粉丝、活动执行	裂变数、留存率
S	渠道号	素材提供、达成分销	渠道数、分销率

黄妈家的个人号矩阵主要由专家号和成交号组成，也包括会员号、流量号、渠道号。专家号的人设定位是擅长做辅食的好妈妈，以及对产品负责、对粉丝真诚的育儿专家，天天发产品广告显然不符合这个人设，于是成交号就担负起了这个任务，负责售前咨询、售后服务、活动通知等事项。

- **创始人访谈故事**

考虑到故事型文案易于传播、能够拉近品牌与用户的心理距离等特点，我们采访了创始人，从而对品牌创立的初衷、核心价值观及未来的规划都有了深入的了解，而微信个人号的内容就是以这些为核心进行规划的。

2015 年，黄妈的孩子黄小宝两岁半了还不会说话，医生说是吃东西咀嚼不当导致说话能力发育迟缓，因此黄妈不得不调整小宝的辅食计划。她将自己所做的辅食同步发布到朋友圈，结果收到了很多妈妈的点赞以及询问做法的评论。在众多粉丝的强烈建议下，黄妈在 2016 年开通了微信公众号。

因为黄妈教的辅食简单易做，而且按照宝宝的月龄和不同的烹饪方式进行了分类，对许多妈妈来说省去了到处搜索的麻烦，所以收获的粉丝也越来越多。

很多粉丝都很信任黄妈，希望她能推荐一些自己用过的好物，并且帮大家拿到团购折扣。于是，黄妈开始做团购，渐渐规模越做越大，就有了今天的“宝宝辅食微课堂”。

朋友圈内容落地

微信个人号精细化运营的重中之重就是朋友圈内容。用户添加了你的微信个人号之后，除了看你的微信个人号“四件套”，也一定会看看你的朋友圈内容。

首先，我们要想一想自己喜欢看什么样的朋友圈内容。应该不是广告，对吧？所以，朋友圈内容输出的核心是建立信任。

之前，“宝宝辅食微课堂”的微信个人号并没有规划朋友圈内容，几乎是想到什么发什么，非常随意。

于是，我们对其朋友圈内容进行了规划，按照“分享式对话＋娱乐式对话＋解决问题式对话＋销售式对话”设置不同对话内容所占的比例。

①分享式对话

比如孩子的日常、公司的日常、节日祝福、黄妈旅行等，可以很好地拉近品牌与用户的距离，增加亲密度。

孩子日常：兴趣班课题——把书立起来。孩子的世界果然是天马行空的，瞅瞅我家孩子的方法（配图）。

公司日常：收到六一礼物好评啦，愿姐妹们童心未泯，一切皆甜。

黄妈旅行：在新疆参观了楼兰博物馆，还见到了 3 800 年前的楼兰公主。公主保存得非常完好，就和睡着了一样！几千年前的文明令人惊叹！

②娱乐式对话

比如黄小宝趣事、招募体验官（福利）、段子等，也是增加亲密度的一种方式。

黄小宝趣事：哈哈哈，黄小宝老师开课啦！逻辑清晰，条理清楚。嗯，妥妥的小学霸。

招募体验官：为了得到更多客观、真实的反馈，黄妈家公开招募试吃官啦！100位面粉试吃官，100位五谷杂粮试吃官，100位红米、黑米试吃官。别围观了，赶紧私信我报名吧。

③解决问题式对话

比如育儿干货、辅食技巧等，这有助于打造专业人设，获得用户信任。

育儿干货：哪怕是批评孩子，我们也要注意交流的场合和时间，不然容易适得其反。

辅食技巧：新手妈妈担心口腔溃疡怎么办，这一般是因为缺铁、缺锌，跟大家分享护理的 4 大步骤。

④销售式对话

比如产品广告、体验官好评、购买客户好评、团购活动等。如果在打造专业性、增加亲密度这些方面做得较好，偶尔发一发广告，客户也不会反感，成交也会更容易一些。

产品广告：【35 克就能打】破壁机也能做宝宝饭，而且打得超级细腻呢，惊不惊喜？意不意外？

用户好评：有了这个分格餐盘，还没到饭点，就催着妈妈开饭了，托班的月儿宝宝还有了自己的饮食计划。

对朋友圈内容进行优化后，如何检验效果呢？我们做了一个表格，每天会把前一天发的朋友圈中用户留言最多的一条记录下来，分析原因、总结经验，继续沿用。做了这一系列优化后，黄妈家微信个人号的朋友圈互动率大大提高。

成交体系

1. 公众号推文成交

黄妈家从 2016 年开始做团购，直到现在其主要成交方式仍然是团购。它以前是一个月开一次团购，现在是每周定时开一次团购，通过公众号、个人号、社群三方联动的方式带动成交。

团购产品分为新品和老品。在与品牌商洽谈后，黄妈家提前一个多月在公众号推文中招募 20 名体验官。公布体验官名单时，公众号还会针对用户的痛点罗列出大家平时选购产品的困扰，并且让体验官在评论区留言，为活动造势。

体验官要做的事情并不难，就是收到产品后在 15 天内真实反馈试用结果——写 200 字以上的测评反馈。

为了保证活动顺利进行，体验官需要先垫付购买产品的费用，等测评结束后，黄妈家就会返还这笔费用。另外，为了表示对活动的重视，社群里还会举办一个试用开营典礼。

等体验官反馈后，黄妈家的文案编辑会进行整理，写成测评报告发布到公众号，向粉丝汇报进度。测评报告应该怎么写呢？

一般是从产品的包装和使用感受这两方面来写。其中包装分为外包装和内包装，具体到颜色、材质以及看到这个包装时的心理感受等；使用感受可以写自己对产品的形状、颜色、重量的感受以及在不同场景中的使用体验。以煎炒锅为例，其测评报告的内容包括外包装、锅具外观、重量、细节、开锅体验以及使用时的感受等。

虽然测评报告的阅读量不算太高，但是也吸引了不少关注，有不少粉丝去咨询黄妈助理。为了继续给团购造势，在开团前一天，黄妈家在公众号发布团购预告进行预热，在开团当天还会发布正式推文，引导粉丝下单。

通过这一系列操作，开团仅一天，黄妈家就卖出了 1 500 多口单价为 436 元的不粘煎炒锅，销售额达 70 多万元。

一款新品从选品、招募体验官、测评反馈、发布测评报告，到预告开团、正式开团，前后历经 2 ~ 3 个月，甚至是更长时间，而且需要多个部门共同协作。

除此之外，尤其值得注意的是黄妈家团购文案的写作方式。文案只有打动了目标客户，才能促进成交。黄妈家的团购文案就是按照以下步骤来写的。

第 1 步，搜集整理素材，也就是寻找各种和文案相关的信息。

第 2 步，建立基础框架，把找到的素材合理地梳理、组合。

第 3 步，调整逻辑，用流畅的逻辑吸引用户一直读下去。

第 4 步，表述方式角色化，让用户感受到每篇文案的性格。

后来，黄妈家再次依照这几个步骤写了一篇多功能锅的团购文案，发售当天仅 1 小时就卖出 1 500 多口，客单价为 600 多元，成交额为 100 多万元。

2. 朋友圈“种草”成交

很多商家在朋友圈卖东西时总是直接发布产品链接，效果不好时，还觉得发朋友圈没什么用。

黄妈团队以前也是这样，朋友圈的转化率一开始还不错，便一天发十几条朋友圈广告，使得很多用户直接屏蔽了黄妈家的朋友圈，甚至删除了黄妈家的微信。

为了改变这种状况，我们引入了“成交 5 步方程式”，从“抓住注意力→激发兴趣→建立信任→刺激欲望→催促行动”这 5 个步骤来设计朋友圈剧本。

以煎炒锅团购为例，我们首先让黄妈家在朋友圈发布体验官招募信息，来吸引用户的注意力，也告诉用户黄妈家有新品测评活动和上新。测评期间，黄妈家会在朋友圈发布体验官的试用心得以及用煎炒锅做菜的小视频，展示其性能或者和同类产品进行对比等，激发用户的兴趣。

在开团前一周，黄妈家再发一条引导预订产品的朋友圈，锁定种子用户。这样既能预估售卖数量、提前备货，也能根据用户预订的情况优化发售策略。

在这些环节，一定要重视标签的作用，根据用户互动的情况将其分类，打上标签。例如，有的用户在评论区询问了产品价格，有的用户主动私聊客服询问产品的详细信息，有的用户只是点了赞……这就要按照情况为他们打上标签。开团前一天，黄妈家根据标签群发信息，提醒那些购买意向较强的用户开团时间，以免忘记。

开团当天早上，黄妈家再次按标签提醒用户团购已经开始，并且运用稀缺原理强调前 1 500 名下单者有礼品相赠。

如果用户没有立即下单，或者下单后没有发送收货手机号给对接的客服，下午黄妈家就会再次群发信息促使成交。

3. 快闪群发售成交

大多数商家有社群卖货的经验，但是要么进群的人很少，要么有很多人进群，真正下单的人却很少。其实社群成交是一个系统性工程，包括前期策划、中期执行和后期收尾跟进，每一个阶段都有大量的细节需要注意。

2020 年 10 月，在我们的协助下，“宝宝辅食微课堂”做了一场“小米万人团”活动，69 元 5 袋装的小米两天就卖出了 13 588 份，销售额达 93 万多元。这是怎么做到的呢？

“宝宝辅食微课堂”以前的选品主要是厨具，复购率很低。为了提高复购率，我们先把产品范围扩大到食材，因为食材的复购率是相当高的。而且调研结果显示，大多数家长愿意花更多钱为孩子选择优质的食材。

我们选择小米作为活动产品，一是因为小米的客单价相对厨具来说比较低，用户的购买决策成本也低得多；二是想通过发售食材来测试一下快闪群成交模式的可行性。

我们在这场活动的形式上进行了创新，采用了官方帮助成团的方式，不需要用户去邀请好友拼团。用户支付 1 元定金购买一张 10 元优惠券后，就能进群以 69 元的价格抢购原价 79 元的小米，而且群内还有抢大额红包、看黄妈直播、参与抽奖送 1 年小米粮票等诱人福利。通过这样的设计，一款普通产品变成了爆品。

因为是大型拼团活动，而且一个微信群满 200 人之后就需要手动邀请用户入群，所以我们还需要提前预估大概会有多少用户进群。我们当时提前建了

300 个群，按照一个群有 150 ～ 200 人来算，能够容纳 45 000 ～ 60 000 人。

群里还要有扮演不同角色的工作人员活跃氛围。例如，“黄妈家辅食分享控”是群主，负责协助用户进群、提醒用户不要同时加入几个群、发进群欢迎语等；“百事通”是群里的答疑官，用户对活动规则、产品有疑问都可以找他；“小米体验官”主要负责反馈自己的真实试用感受、协助群主管理社群等。

确定了活动的形式、产品、时间后，还有很多物料、素材需要准备，如群运营话术、群营销物料（活动海报、福利海报、活动规则海报）等。

成交执行

成交的执行阶段，是按照“造势→预售→发售→收尾”的顺序进行的。

1. 造势

调动用户的积极性

在造势阶段，我们要做的是调动用户的积极性。没有人喜欢被推销产品，但是大多数人都愿意参加福利活动或者帮助别人。通过招募小米体验官，不仅让用户知道我们即将推出新品，还可以让用户参与到产品的测评过程中，提高用户的参与感和积极性。

激发用户的好奇心

通过小米体验官的真实测评反馈，让其他没有参与测评的用户对其产生兴趣。通过汇报黄爸去小米产地实地考察的进度，激发用户对考察结果的好奇心。

提升用户的期待

黄爸发布实地考察视频，让用户直观地看到小米的种植和收割过程，增强了用户的信任感，同时对即将发售的产品抱有期待。

通过对比测评两个基地的小米的品质，反馈不同品种的试用情况，再次提升了用户的期待。

通过教大家如何辨别小米的好坏、分享干货，继续增强用户的信任：既然黄爸对小米选品这么严格，那么他最后选出来的产品也一定不会差。

2. 预售

预售是发售环节的核心，产品能否一上线就引起抢购热潮，与预售期给予目标客户的价值大小有很大的关系。我们是按照以下方法操作的。

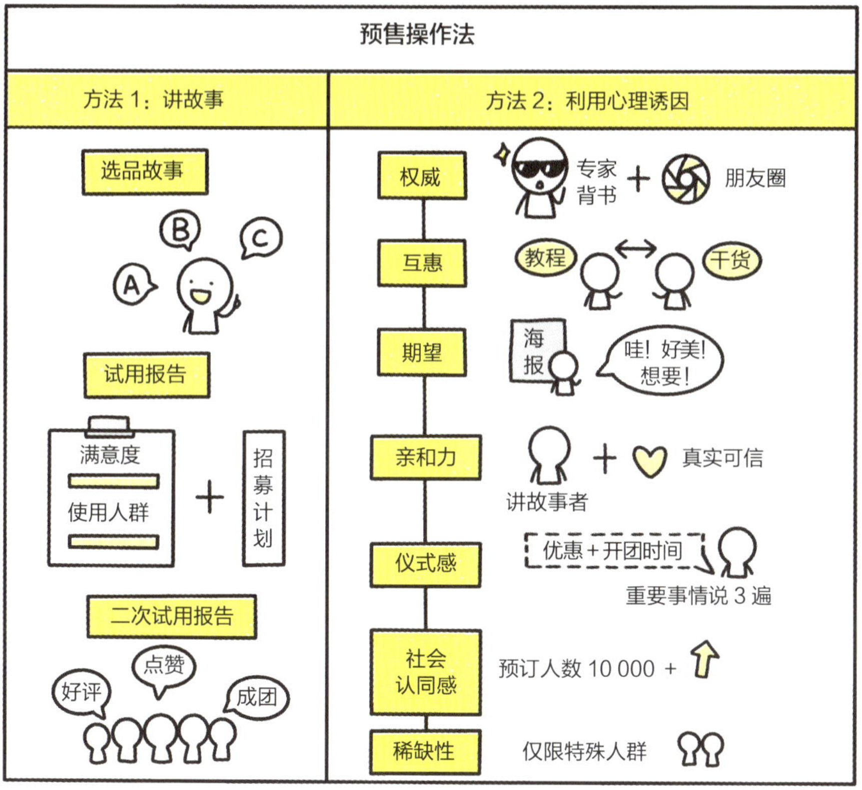

- **讲述选品故事**

向目标客户讲述一个与产品有关的动人故事，并告诉他们这个产品为什么值得买。黄爸用了 3 个长文案讲述此次选品的全过程。

第 1 个是免费试用文案，用来招募体验官。

黄妈家在朋友圈并不是直接发布招募信息的，而是先详细地讲述了“遇见小米→实地考察→内部测评→和其他小米对比→决定上架”的整个过程。

文案内容细节丰富，有据可依，言辞诚恳，而且因为文案的最终落脚点是招募体验官，让用户亲身参与产品体验，所以很容易获得用户的信任。

在经历了长达两个月的产品试用测评之后，黄妈家发布了第 2 个文案。

在此文案中，先是发布了产品试用报告，然后讲述了团队这两个月再次进行实地考察的情况，最后是再次招募体验官。结果评论区一片好评，都在夸赞黄妈家的用心和严谨，很多用户怦然心动。

第 3 个文案是对二次试用情况的反馈。

这个文案囊括了首次参加试用和二次参加试用的用户的反馈，而且其中还有两次试用都参与了的用户的好评。这样一来，绝大多数用户已经对产品完全没有任何疑虑，更加期待开团。

文案最后公布了开团时间和活动规则，再次激起用户的期待。等到开团这一天，许多用户直接下单，成交场面异常火爆。

在这个过程中，黄妈家微信个人号的朋友圈也一直在配合发布动态，为团购造势，具体操作如下。

- **利用心理诱因**

①权威

为了给产品打造权威背书，在选品过程中，黄爸特地去拜访了中国农业科学院和中国农业大学的专家，向他们请教专业知识。这些动态都发布在朋友圈。

选品，我们是认真的！

从5月开始小米选品，跑了辽宁、吉林、山西和内蒙古！其间还去拜访了中国农业科学院和中国农业大学的专家，飞机票都有厚厚一沓了！

②互惠

除了在朋友圈招募免费的小米体验官、分享辨别小米好坏的干货、发布与小米相关的美食教程等有价值的信息，还有预订优惠。

为了感谢大家的支持，也为了大家能尽早收到新鲜的小米，我们选择了预订的形式 。1元预订获得10元优惠券一张，10月23日晚上8点开团可以抵用哦！

③期望

通过活动海报加上神秘福利，激发用户的购买欲望。

9月开始试用，10月我们进行了问卷调查。近300位妈妈都特别推荐这款小米，给了我们很多反馈。煮粥时香气四溢，倒在碗里很黏稠，舀一勺靠近嘴边就能闻到一股很自然、很浓郁的米香。放进嘴里，用舌头轻轻一抿，米粒就化掉了，软糯顺滑到想舔碗！

④亲和力

通过分享黄爸在实地考察小米过程中的小故事、小插曲，让用户感受到黄爸的真实、用心，拉近距离，增强说服力。

我（黄妈）和小宝到内蒙古敖汉啦！早上6点多的飞机，又坐了两小时的长途汽车，几天不见，小宝刚看到黄爸就扑了上去！

⑤仪式感

不断强调预订才可享受优惠，以及正式开团的时间，营造仪式感。

跑了12个基地，对比了23款小米，经过了300位妈妈测评，23号尝鲜，到手价69元！一箱有5袋小米，每袋480克，颠覆你对小米的认知！

⑥社会认同感

公布已经有1万名用户预订了产品，展现活动的火爆程度和产品的受欢迎程度，让用户觉得如果自己不参与，就是吃亏了。

⑦稀缺性

由于很多用户没有抢到预订名额，因此重新开放了3000个名额，并且强调只有微信好友可以享受，制造稀缺性。

3. 发售

正式发售前，客服会邀请支付了1元定金的用户进群，用户进群后即发布群规、团购规则和活动具体时间，等到群里差不多有300人时，再发布活动安排公告。为了提高用户的活跃度和参与感，我们还设计了不少群内活动，如开营仪式、试用感受分享、黄妈科普，以及直播教大家用小米做美食等。直播结束后，我们开始在群里设置团购倒计时，营造紧张的气氛。

晚上8点，团购正式开始，客服在群内发布团购海报，大家自行扫码购买，并再次强调额外福利：1元预订的首单优惠10元，3天内发货（未提前预订的7天内发货）；参与重磅抽奖活动（奖品有小米粮票、5折优惠、瓜分千元现金红包）；购买成功后发订单截图到群内还可以领小米食谱合集；等等。在这个过程中，客服还会引导用户把付款截图、中奖截图发到群内，刺激其他用户下单。开团30分钟后，已购用户在群里播报团购进度，刺激其他用户购买。值得注意的是，在宣布团购活动结束前可以为下次团购预热，顺势招募一批新体验官。

4. 收尾

好的收尾，是下一场活动好的开始。快闪群团购结束后，黄妈家在朋友圈同步播报团购进度，再次促单。

昨日有机小米首团破万单，消息量实在太大，我在努力回复大家，请给我一点时间。

你们的消息我一会儿一一回复！

最后在朋友圈公布中奖名单，并且发布现磨小米的小视频，告诉用户准备发货了，做好活动收尾工作，也让没有参与此次团购的用户心生遗憾。通过这一系列运营动作，小米正式发售不到两天就销量破万单。

如果你的粉丝数量已经达到几万甚至几十万，团队里也有很多销售人员，那么你一定要开发一套专属于公司产品的接待流程的话术，提高销售效率。

黄妈家在与我们合作前已经有了一个话术库，但是其中有很多生涩难懂的专业词，而且客服在操作上也不够灵活，经常直接复制话术发给用户，所以很多时候聊着聊着，用户就“跑”了。针对这个问题，我们为黄妈家提供了解决方法——“FFCQ 法则”。

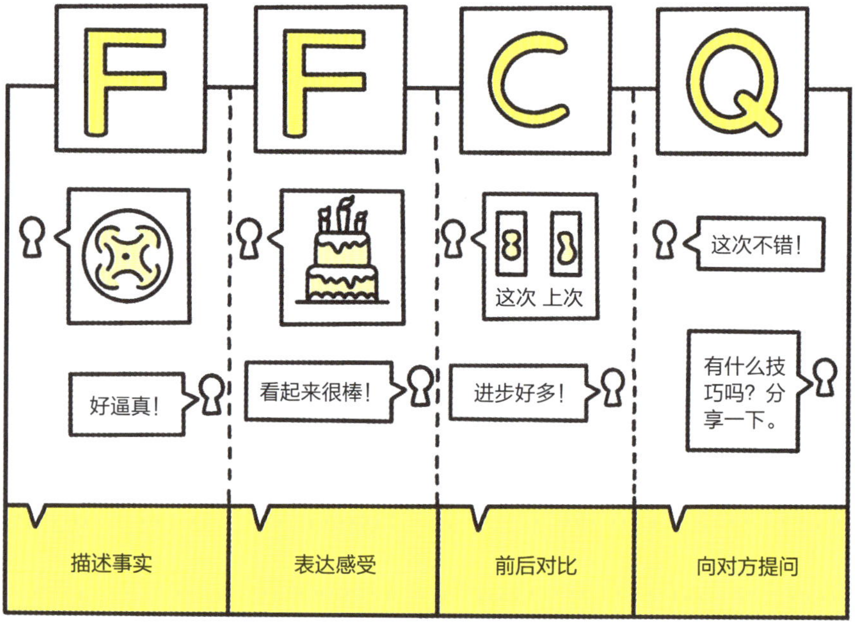

FFCQ 法则

F（Fact），描述事实。例如，用户发了自己做的美食照片，我们可以说一句“哇！××妈妈，你做的这个小熊面包太逼真啦”。

F（Feeling），表达感受。例如，“看起来很棒，宝宝一定很喜欢吃”。

C（Compare），前后对比，描述差异化的地方。例如，“你这次做得比上次进步多了，都快达到专业水平了”。

Q（Question），向对方提问，让他表达自己的看法。例如，“能分享一下你在做的时候有什么技巧吗？让我也学习学习”。

有细节，有感受，还有对比的赞美，是不是比一句干巴巴的“真不错”要有诚意呢？运用了“FFCQ 法则”之后，黄妈家私聊的回复率和朋友圈互动率都大大提高了。

会员体系

1. 会员福利

想要提高复购率，不仅需要产品本身具有复购属性以及自建私域流量池，还有一个关键之处，就是建立会员体系，以此培养客户对品牌的忠诚度。

黄妈家的会员体系比较简单，从白银到钻石分为 4 个等级。客户每消费 1 元，可以获得 1 个“成长值”和 1 个“黄豆”，可以使用“黄豆”在积分商城兑换礼品。

2. 客户标签管理

客户标签系统的重要性无须多言，既是一个对客户进行分层管理的过程，也能避免人员变动导致员工对现有客户的喜好、消费习惯、消费记录等不够了解的情况。客户标签一般可记录添加日期、手机号码、购买产品、会员等级、生日、意向产品等。

这样就能为客户提供更优质的服务，如在客户过生日的时候送小礼品，当客户喜欢的产品上新时第一时间通知……这样能够有效提升亲密度，让客户的黏性更强。

➡ 私域数据复盘

在“媒老板商学院”与“宝宝辅食微课堂”合作之前，黄妈家的公众号有202万粉丝，微信个人号的好友却只有6万多，团队一个月的业绩在50万元左右，全年业绩在600万元左右。我们对其私域流量体系进行全盘优化后，如今黄妈家的微信个人号已经拥有了20多万好友，团队全年业绩突破了2 000万元，总体增长了233%。

打造完整的私域流量体系，对于成交效果的提升，大家是有目共睹的，最重要的还是那句话——行动，行动，行动！

第 7 章

▸▸▸ 行业案例实战篇：

啄木鸟

近几年来，线下行业遭遇了前所未有的困境。啄木鸟作为国内最大的、拥有 28 家直营子公司的家庭维修服务平台，也受到了不小的冲击。

但可喜的是，啄木鸟企业在 2020 年 3 月开始布局私域转型，仅仅花了 3 个月的时间就搭建了一套落地的私域流量运营体系，并在 2021 年 1 月突破了企业微信好友总量超 100 万的大关。

2020 年 3 月，啄木鸟家庭维修团队（以下简称啄木鸟）找到“媒老板商学院”，希望在我们的协助下找到新的转型增长点。

和其他几个案例不同的是，啄木鸟承接流量的地方从微信个人号转移到了企业微信。如何留存客户、提高客户的转化率和复购率，成了这个项目的核心工作。

品牌定位

啄木鸟是一家家庭维修公司，早期除了做好服务，也在一直利用百度、58 同城等互联网平台进行大规模获客。

但是由于家庭维修的低频性，因此啄木鸟的用户黏性一直不强，获客和转化的局限性也慢慢凸显。我们先对啄木鸟进行了背景调研，主要做了以下三件事。

1. 管理层访谈，快速获取有效的内部信息

经过深入交流，我们了解到啄木鸟先后获得了 58 同城和小米科技有限责任公司的投资，并且与碧桂园、恒大地产等公司达成了战略合作。

啄木鸟的互联网数据系统非常强大，实现了用户预约后 1 分钟内快速响应，最快 30 分钟上门服务。

2. 数据调研，数据是企业发展的重要指标

只有通过数据，我们才能准确判断企业近期的决策哪些是对的，哪些是错的，并做出相应的调整。

我们调研了啄木鸟的 30 多项数据，包括各平台的引流数据和获客成本、对应的订单量、电话销售转化率、线上转化数据、投资回报率、公众号日均加粉量、头条阅读数据、平均客单价、复购周期、复购率等。

3. 客户访谈和线下服务、线下加粉的体验

我们对 100 多位客户进行了访谈，并亲自体验了啄木鸟家庭维修线下服务、线下加粉的全过程，希望从用户的角度去感知从需求产生到服务结束的整个流程。

然后我们综合考虑加粉率和服务体验两个因素，希望从中找到平衡，找到最佳的加粉触点。

整个调研完成后，我们发现家庭维修是一个低频、刚需的服务性行业，复购率低，很多客户一年需要的服务不超过两次；但客户对专业技术和服务的要求高，而且对家庭维修服务人员的满意度偏低；家庭维修行业内存在乱收费现象，没有统一的定价标准。

啄木鸟是本行业中第一个公开标准定价并推出“维修计价器”的公司。啄木鸟的客户量很大，累计服务客户超过3000万，公众号粉丝超300万，用户平均每天在其公众号的自动下单量超过3000，而且下单量以年均70%~80%的速度在增加。

从表面上看，数据很理想，但事实上存在很多问题。

首先，啄木鸟微信公众号的粉丝流动性大、互动率低。其公众号每日掉粉超过2000人，虽然拥有300多万粉丝，但是一条推文的阅读量很低。

其次，客户复购率低。超过一半的客户是一年下单一两次，大部分客户在成交之后几乎不会再主动打开啄木鸟的公众号。

对于这种大中型企业来说，做私域流量首先要考虑的因素就是安全和风险，而目前最安全、用户承载量大且运营成本最低的私域载体就是企业微信。

在此之前，啄木鸟也尝试过用企业微信获客，但是收效甚微，我们从企业员工口中发现了以下问题。

①不知道如何进行企业微信账号的基本建设、提升品牌形象，以及和用户建立深度关系；

②没有一个强有力的理由让客户添加企业微信，加粉率不到20%；

③员工对企业微信的操作、运营缺乏经验和方法。

针对这些问题，我们对啄木鸟使用企业微信后的经营、成交、复购等一系列环节，提供了细节上的解决方案。

基础建设

企业微信的基础建设主要包括角色定位、企业微信“四件套”和朋友圈，这些是为了让客户快速了解、记住并信任啄木鸟，并与其建立关系。

1. 角色定位：主打会员号

企业微信的角色定位一般分为专家号、成交号、会员号。

A 级：专家号，主要作用是展示专业性、激发需求、建立关系。

B 级：成交号，主要负责售前咨询、营销传播、促进成交。

C 级：会员号，主要担负后续跟进、提供服务、促进复购的任务。

这次我们选择只做会员号，原因如下。

首先，啄木鸟的客户都是在线预约下单，预约后和维修人员直接沟通，客户在维修之前不需要太多的人工服务。会员号的作用就是后续跟进、提供服务、促进复购，吸引用户添加啄木鸟的企业微信。

其次，为了确保效果，啄木鸟此次与我们携手开展企业微信的运营属于测试阶段，只有卓有成效才会全面启用，避免因策略和企业实际情况不符而造成客户流失。

2. 企业微信“四件套”

和微信个人号一样，企业微信号最常见的 4 个触点是昵称、头像、个性签名以及自定义信息。我们根据会员号的角色特点对啄木鸟进行了如下设置。

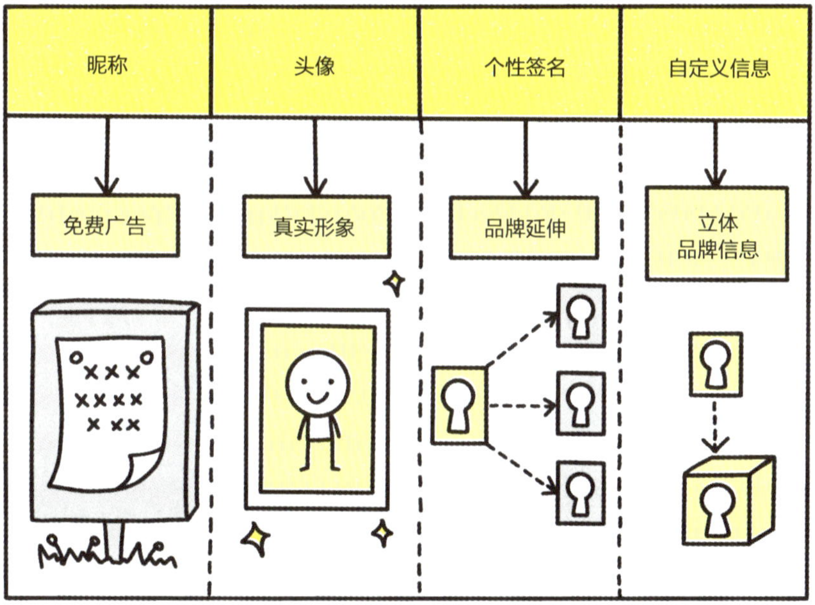

企业微信“四件套”

- **昵称：企业微信的昵称 = 免费广告**

昵称要展示专业优势和品牌，让客户一看到名字就知道啄木鸟是专业的家装维修品牌。一旦他们有维修需求，就会第一时间想到啄木鸟。

除了展示专业优势，昵称也要拉近企业与客户的距离，让客户感知到品牌的温度。为了兼顾这两个方面，啄木鸟采用了人性化的企业微信昵称——“啄修修 - 专属客服”，让客户一看到这个名字，脑海里就会浮现一个可爱、贴心的形象。“修修”二字也体现了啄木鸟的专业性：为您提供家庭维修服务。

- **头像：企业微信的头像≈真实形象**

和个人微信头像不同，企业微信头像不能过于随意，要既显得专业，又有亲和力，所以我们选择了一个女职员身穿白色衬衫微笑出镜的照片，拉近品牌与客户的心理距离。

- **个性签名：品牌信息的延伸**

企业微信的签名是品牌信息的延伸，可以加深客户对品牌的印象。设计啄木鸟的签名时，我们采用了以下几种样式，将“正规家庭维修，就找啄木鸟”的品牌定位深深根植于客户心中，强化了客户对品牌的认知。

啄木鸟，重庆家庭维修顾问。

覆盖 2200 + 县级以上城市，每天为 20000 + 家庭解决家庭维修问题。

正规家庭维修，就找啄木鸟。

一站式生活服务平台，让每个家庭享受便捷生活。

- **自定义信息：展示更立体的品牌信息**

企业微信还有一个功能，就是展示自定义信息。自定义信息能够展示更立体的品牌信息，如邮箱、描述、职位等，甚至还可以插入小程序链接。于是，我们也计划在啄木鸟的自定义信息中插入自助下单的小程序链接。

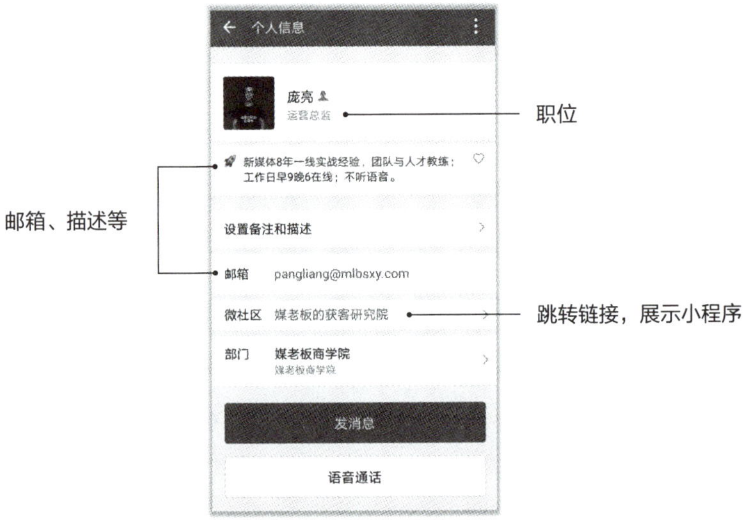

自定义信息的设置路径是：首先打开企业微信的管理员后台，在“我的企业”中选中“通讯录管理”，设置自定义信息；然后保存修改后回到“通讯录管理”，在“成员对外信息展示”里勾选“添加自定义信息”；最后在“通讯录”里点击你想要修改的同事的详细信息，点击“修改”，进行设置，点击“保存”。

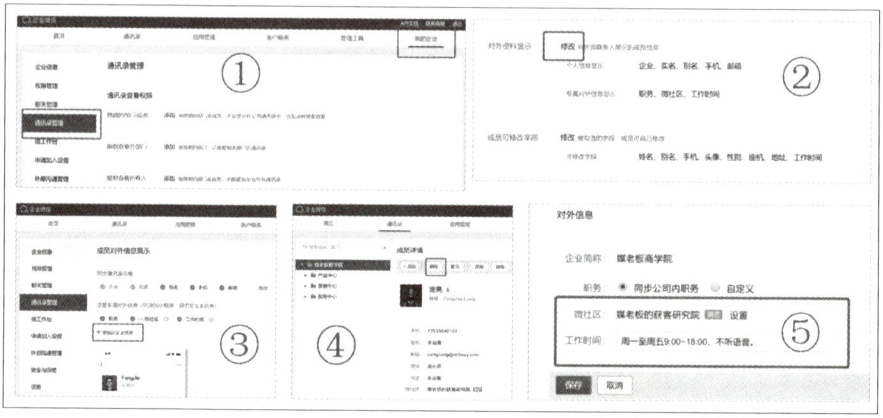

引流设计

啄木鸟一开始并不重视企业微信引流，几乎没有专门的引流动作，后来发现这样不行，加粉率持续低于20%，必须想办法将客户引入自己的流量池。对客户来说，他们需要一个强有力的加粉理由。

跟随啄木鸟的工程师体验了上门作业的整个流程后，我们发现对于客户来说，除了维修及时、服务到位，他们对售后保修也有很强烈的需求。

于是我们设计了这样一个加粉理由：添加啄木鸟的企业微信，领取电子保修卡，即可享受3个月内免费上门保修服务。

在不影响公众号正常运营的情况下，我们把这个添加企业微信的理由植入到能和客户产生接触的各个触点里。

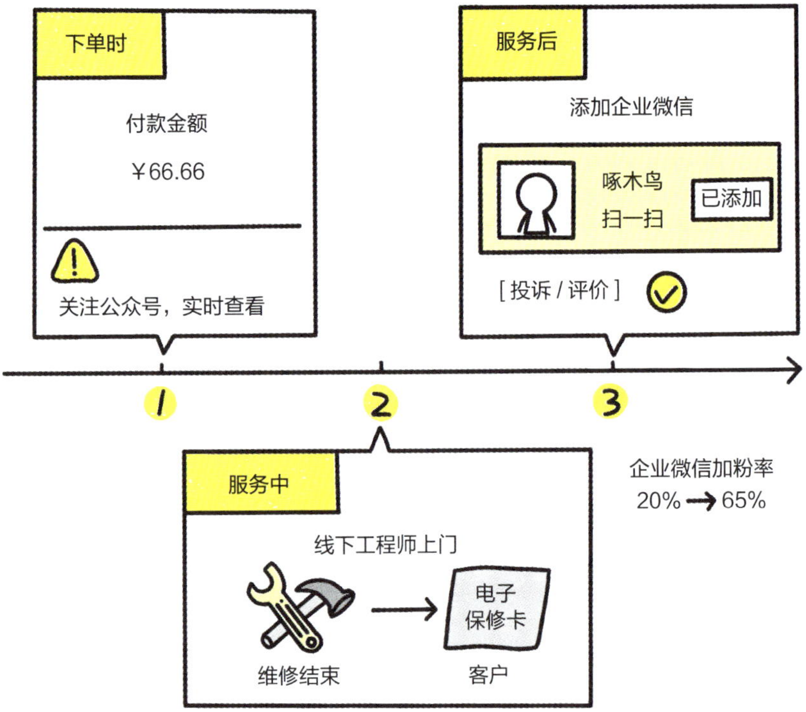

引流设计的3个步骤

1. 下单时：公众号自动弹出消息以及模板消息

公众号目前是啄木鸟自助下单的主要端口，在客户下单后会第一时间向其推送添加企业微信的提示。

此外，在客户首次关注公众号、查询订单等各个时间节点，公众号也会推送模板消息来引导客户添加企业微信。

2. 服务中：线下工程师上门作业

工程师上门服务是品牌离客户最近的时候，也是最容易和客户拉近距离、建立信任的时刻，所以啄木鸟的每一位工程师在施工结束后都会向客户宣传添加企业微信领取电子保修卡享受服务的活动。

3. 服务后：添加企业微信，进行投诉、评价

客户如果对工程师的服务不满或者想提出建议，可以通过添加专属客服的企业微信进行投诉或评价来保障自己的权益。

为了确保加粉策略能在全国范围内落实，啄木鸟内部还建立了员工激励机制，采用分区竞争、每日排行、设荣誉榜、标杆单位、每日复盘等方式激励员工为企业引流，每天都有专门的人负责统计各分公司的数据，进行数据复盘和加粉激励等。

通过这一系列操作，3 个月后，也就是 2020 年 6 月，啄木鸟的企业微信加粉率由原来的不到 20% 快速上升到 65%。

公域加粉，引流公众号

除了把公众号的自有流量引入企业微信，如何吸引外部流量呢？我们把目光对准了外部公域流量。

引流分为线上与线下两种形式，无论是线上还是线下，引流既可以从我们自身拥有的资源着手，也可以从外部的公域流量着手。

可以根据以下4个维度建立公众号引流矩阵。

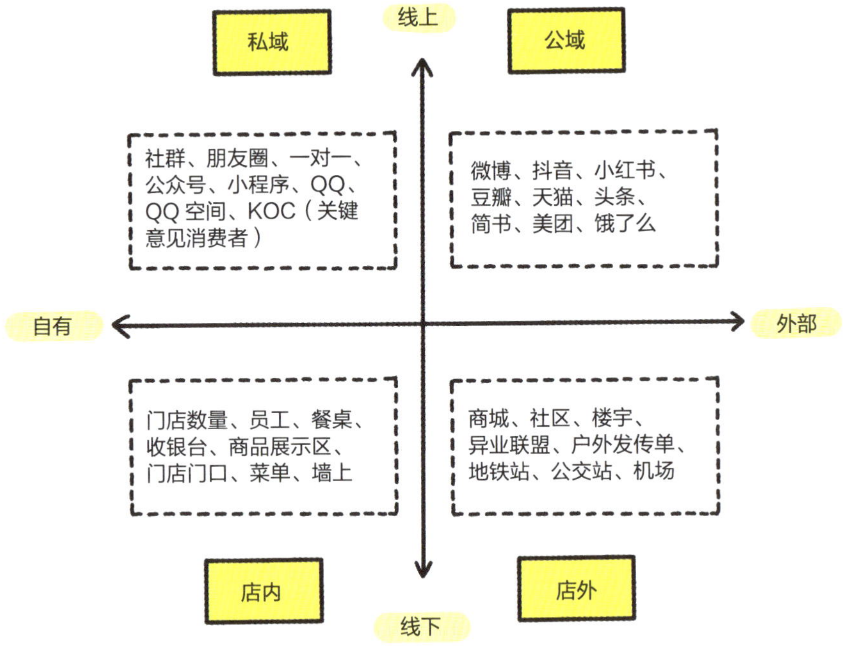

公众号引流矩阵

1. 线上引流

- **本地平台**

在58同城、大众点评等本地平台上，啄木鸟把公众号二维码置于自己的页面，引导潜在客户关注公众号，以获取更多流量。

- **搜索平台**

除此以外，尽管传统的SEO（搜索引擎优化）平台获客成本相对较高，但是在引流方面依旧非常有效，因此啄木鸟在百度等平台进行了推广引流，引导客户关注公众号。

- **微信“搜一搜”**

微信“搜一搜”是手机用户经常使用的一个新搜索渠道。啄木鸟在“搜一搜”中通过抢占关键词获取的流量也相当可观，每周通过“搜一搜”进入其公众号的客户超过2000人。

2. 线下引流

家庭维修服务需要线下交付，而且线下更具有场景感，能够深入地挖掘出客户在家庭维修方面的需求，所以引流的效果也更好。那么，啄木鸟的线下引流又是怎样进行的呢?

- **服务前关注公众号方便进行作业**

啄木鸟的工程师在线下维修服务开始前会引导、提醒客户扫码关注公众号以享受更多服务，并且会告知客户可随时在公众号页面查看订单状态等。

- **社区活动引流**

由于家庭维修的场所主要是家庭，所以居民小区是一个极其适合进行推广的地方。啄木鸟每3个月会和当地一些小区的物业公司以及小区周边的商家进行合作，在线下开展社区活动，推出限时优惠活动，以达到宣传品牌、为公众号引流的目的。

- **电梯广告引流**

小区内的电梯也是小区居民高频进出的场所，啄木鸟会选择各大人群密集的小区，与物业公司长期合作，投放电梯广告进行推广。

由于家庭维修是刚需、应急性服务，因此当居民出入电梯看到这类广告时，也会了解啄木鸟。

➜ 私域成交

引流再多，没有成交，一切等于零。我们的所有引流动作都是为了最后的成交。啄木鸟在私域平台的成交途径主要是公众号、小程序商城和企业微信。

1. 公众号引导成交

根据统计，啄木鸟公众号每个月的下单量已经突破10万，这是如何做到的呢？

目前，啄木鸟的公众号是客户下单的主要平台，也是企业的一个大流量池。要想引导客户在公众号下单，就不能直接在公众号发广告推文等销售性质太强的内容，否则容易掉粉，所以啄木鸟公众号推送的内容兼顾了留存客户和引导成交，这两者是不能分开的。

- **首次关注，推送模板消息引导客户自助下单**

客户首次关注啄木鸟的公众号后，在对话框中会弹出相应的品牌介绍，让客户对品牌有一定的认识，同时在第一时间提醒客户，可点击保修的链接自助下单，方便快捷。

- **3种推文引导成交**

为了兼顾留存客户和引导成交两个目的，啄木鸟的推文主要分为3种类型，分别是品牌宣传、干货内容以及优惠活动。

品牌宣传，如品牌新闻、品牌动态等，让客户想到品牌，建立品牌形象。

干货内容，包括家庭维修小知识、实用工具、保养知识等内容，为客户提供实用的知识，让客户产生信赖感。

优惠活动，如每周、每月的优惠套餐活动。限时性和优惠力度可以有效激发客户购买服务的需求，引导客户下单。

2. 小程序商城引导成交

啄木鸟在公众号上也搭建了线上商城，方便客户通过小程序自助下单。

为了提高咨询服务的效率和增强转化效果，啄木鸟设计了一套固定的客服话术："从了解需求、制订诊断方案到根据区域自动筛选工程师下达订单，全程最快 30 秒即可完成一个订单，1 分钟内就有工程师响应。"

针对小程序存在用户"即用即走"的痛点，啄木鸟会定期在小程序上推出优惠活动，如维修费用 7.8 折的年终盛典，让客户长期锁定啄木鸟的小程序。

3. 企业微信引导成交

- **一对一服务**

和小程序一样，啄木鸟凭借一对一咨询服务成为客户的专业顾问，通过顾问式沟通让客户放心，这种方式在企业微信上的效率和转化率也非常高。

- **朋友圈"种草"成交**

企业微信的朋友圈和微信个人号的朋友圈有很多不同之处，因此在规划企业微信的朋友圈时不能按照微信个人号的方法来操作。差异具体体现在哪些方面呢?

首先，企业微信的朋友圈有 3 大特点——点击"我不感兴趣"可以屏蔽其动态 7 天，动态在 24 小时内自动消失，无朋友圈入口。这意味着客户有更多屏蔽企业的机会，也有更大的可能看不到企业的朋友圈。

其次，企业微信发布朋友圈的次数有上限，每个月只能发 34 条（随着企业微信的不断升级，规则有可能发生变化）。因此，在客户有更多屏蔽选项和限制发朋友圈次数的情况下，如果我们一味在朋友圈发广告，很容易引起客户的反感，甚至是被删除。

既然不能直接发广告，那么应该发什么呢？我们给啄木鸟做了企业微信朋友圈的规划表，内容不同，发布时间也不同。

企业微信的朋友圈内容主要分为专业类朋友圈、成交类朋友圈、互动类朋友圈。

①专业类朋友圈

这类朋友圈内容包括干货技巧、行业前沿信息、观点分享，主要是为了体现专业性，例如如何进行有效的维修、如何保养家具等，有时也会展示一些服务的研发过程。

②成交类朋友圈

这类朋友圈内容主要是发布一些优惠活动、促销活动，旨在激发客户的需求，促成成交。

③互动类朋友圈

这类朋友圈内容主要是一种分享式对话，展现账号运营者的日常生活，包括工作、客户反馈、粉丝互动、美食、学习感悟等内容，让品牌显得更有温度，更“接地气”。

通过以上 3 种朋友圈内容，可以全方位、多角度地打造企业人设，让客户觉得这是一个真实存在的、有温度的“人”，而不是一个只会发广告的机器，在促成成交的同时还能建立品牌和客户之间的联系。

➔ 复购设计

1. 提高复购率的两种方法

啄木鸟有一大痛点——复购率低，仅为12%，这也是由其行业特性决定的。一般来说，家庭维修服务的复购周期比较长。以空调为例，80%的家庭一年才维修一次。

由于家庭维修行业的复购率普遍比较低，因此客户对品牌的感知度也很低，啄木鸟采取了以下两种方法来提高复购率。

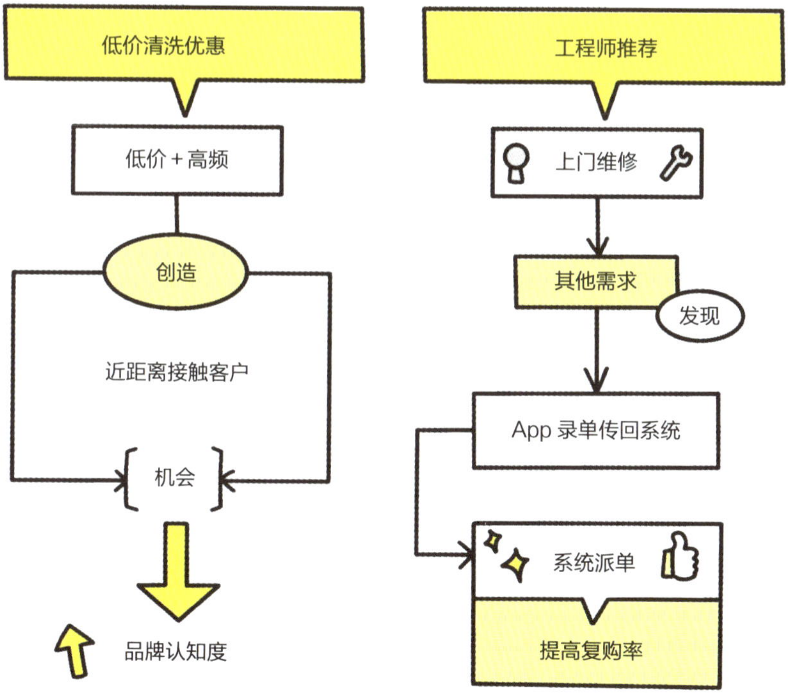

提高复购率的方法

- **低价清洗优惠**

啄木鸟每个月都会推出不同的低价清洗优惠活动，如发放 50 元家电清洗优惠券。与维修不同，家电清洗是每个家庭经常要做的事，属于高频需求。啄木鸟通过这种高频需求，推出令人心动的优惠价，不仅提高了成交量，还制造了更多近距离接触客户的机会，在提供优质服务时，不仅触发了客户的其他需求，而且提高了客户对品牌的认知度。

- **工程师互相推荐，产生新单**

啄木鸟的工程师在上门进行维修服务时，如果发现客户还有其他家电维修需求，他们就会通过 App 录单传回系统，系统会自动派单给提供相应服务的工程师，从而提高复购率。

2. 微信朋友圈触发复购

通过企业微信在朋友圈发布各种促使成交的内容，如限时优惠、折扣活动、用户评价等，刺激用户复购。

私域数据复盘

对于啄木鸟的这次私域运营规划，我们也进行了阶段性复盘。据统计，从 2020 年 3 月啄木鸟正式入驻企业微信，在 3 个月的时间里，加粉率已经从原来的不到 20% 上升至 65%。

2020 年 3 月，啄木鸟从零启动企业微信引流项目；2020 年 6 月，啄木鸟的企业微信好友总量达到 60 万；2021 年 1 月，它的企业微信好友总量突破 100 万。预计 2021 年末，啄木鸟的企业微信好友总量将稳步突破 200 万。

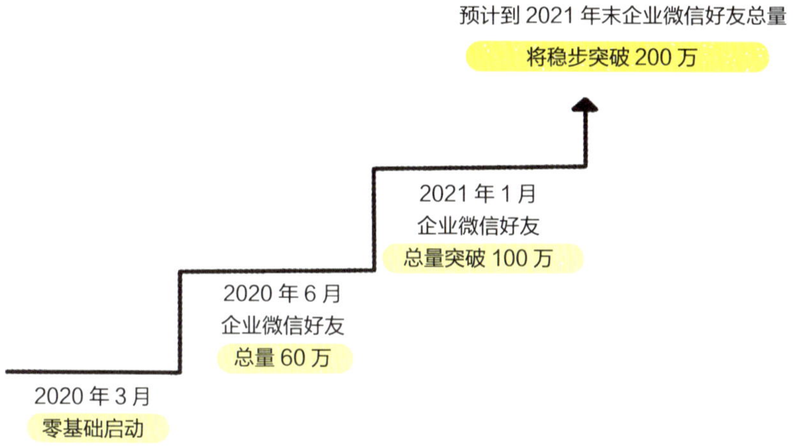

啄木鸟企业微信好友增长量

同时，啄木鸟在企业微信上与客户的月均互动对话达 10 万次，大大提高了与客户的互动率，也增强了客户对啄木鸟家庭维修品牌的感知。啄木鸟原本是一家低复购属性的家庭维修企业，打造了自己的私域流量运营体系之后，复购率上升至 14%。

更令人惊喜的是，啄木鸟已经初步形成“公域平台客户流向私域→公众号客户轻度留存→企业微信内客户关系深化→微信小程序成交转化→复购”的私域转化闭环。据统计，这一年来，啄木鸟的私域平台下单量已超过 100 万，超过企业总订单量的 1/4。

如果要在公域平台取得同样的业绩，企业至少需要投入几十万元的广告成本，而私域平台成交的广告成本基本为零。

按照这个势头，啄木鸟家庭维修已经拿到了私域时代的入场券，它的私域流量池也会越来越大，并且会带动业绩节节攀升，为企业开拓更广阔的发展空间。

后　记

感谢你看到了这里，我们再说点心里话。

熟悉我的人都知道，我的座右铭是：慢慢来，比较快。所以，这本书出来得也比较慢，三校三改到最后确认差不多用了一年的时间。

但书里的这些方法，并不是我一个人的经验，而是我在过往的这些年，遇到的那些贵人，帮我一点一滴积累起来的。

这些方法，不仅帮助了我，还帮助了我的团队，我们合作的客户。现在我希望，它也能帮助到你。

最后，我想特别感谢一些人，首先要**感谢冯卫东**在商业定位上的帮助，作为他最年轻的关门弟子，有了它在定位上的指导，我才在这本书的定位和后面的商业课题里，不至于走偏。

感谢我们媒老板合作的诸多老师，是他们每一个人的倾囊相授，我才有了一些章节的写作角度、案例、实操技巧，是他们让这本书从实践中来，再到实践中去，而不是空中楼阁。

他们是**小红书老师啵啵，抖音老师陈江雄，朋友圈老师柚子妹，成交老师赖静茹，豆瓣老师瘦猫，知乎老师尼克，快手老师谦行公子，企业微信老师庞亮。**

感谢剽悍一只猫在社群营销上的帮助，没有他的悉心指导，我无法在后来的社群营销上，琢磨出关于快闪群的运营方法，也就谈不上这本书快闪群的内容。

感谢《超级转化率》作者陈勇，作为提升转化率上的专家，他教会我怎么在每一个细节上做到极致，让我对转化率方面的问题，有了更系统和清晰的思考。

感谢畅销书作家吕白在爆款内容上的帮助，他超强的内容能力，让我在写这本书的过程中受益匪浅，我们还是人生的盟友。

最后的最后，**感谢我的爱人舒欣，**让我在每次写不下去的时候，都充满力量，感谢她这么多年如一日的包容我。

慢慢来，比较快。

所以，在私域流量这条路上，你做好准备和我一起慢慢来了吗？

当然，执行一定要快。

书读到这里，赶紧行动起来，没有行动，一切等于零。

杨坤龙

2021 年 12 月